## 基金项目：

福建省社会科学规划青年项目"福建海上丝绸之路核心区建设与东南亚闽籍华人社团的作用研究"（FJ2015C044）的阶段性成果。

福建省社会科学规划一般项目"20 世纪 50 年代以来东南亚闽籍华人的再移民"（FJ2015TWB004）的阶段性成果。

# 二战后东南亚华人的海外移民

Emigration of Ethnic Chinese in Southeast Asian Countries
After the Second World War

康晓丽 著 ■

厦门大学出版社
XIAMEN UNIVERSITY PRESS

国家一级出版社
全国百佳图书出版单位

# 总　序

庄国土

　　东南亚是我国重要的周边地区,人口众多,资源丰富,扼印度洋和太平洋之间的交通要道,战略地位重要,近代以来一直是大国争斗要地。东南亚和中国有长期密切的政治、经济和文化联系,汉唐以降,两地商人、使臣往来络绎于途。西方殖民者东来以后,东南亚相继沦为殖民地和列强的势力范围,中国也成为半封建半殖民地的国家。二战以后,东南亚各国和中国先后独立,各自在维护主权独立和经济、文化发展过程中取得重大成就。20世纪70年代以来举世瞩目的"东亚经济奇迹",其核心内容之一就是东南亚和中国的崛起。

　　近代以来,中国和东南亚共同的命运、山水相连的近邻、全球化推动下的区域资源最佳配置和基于相近的价值观,使中国和东南亚之间的密切合作已是水到渠成。1991年,中国与东盟建立了对话伙伴关系。2002年,中国国务院总理朱镕基和东盟十国领导人签署了《中国—东盟全面经济合作框架协议》,启动了中国与东盟建立自由贸易区的进程。2003年,中国第一个加入《东南亚友好合作条约》,第一个明确支持《东南亚无核武器区条约》并与东盟确立了"面向和平与繁荣的战略伙伴关系"。由对话关系上升到战略伙伴关系,是中国—东盟关系的升华,由此开启此后的"黄金十年"睦邻合作。十年来,中国与东盟关系进入全面合作与发展的新阶段,全方位、多层次和宽领域的经济合作不断深化。在2002年至2012年,中国与东盟的进出口贸易额从547.67亿美元增至4000.93亿美元,增长6.3倍。双方互为最重要的贸易伙伴之一。在国际经济不景气的大背景下,中国—东盟贸易额创历史新高,突破4000亿美元,同比增长 10.2%,高于同期中国对外贸易平均增幅(6.2%)。中国连续四年是东盟的第一大贸易伙伴,东盟继续为中国的第三大贸易伙伴。中国与东盟相互投资规模也日益扩大,尤其是近年来中国对东盟的投资更是飞速增长。至 2012 年底,双方相互投资总额累计达 1007 亿美元。中国在东盟还建立了多个境外经贸合作区,如泰中罗勇工业园、柬埔寨西哈努克港经济特区、越南龙江工业园、越南中国(海防—深圳)经贸合作区。东盟国家一直是中国重要的海外承包工程市场和劳务市场。至 2012 年底,中国在东盟工程承包签署合同额达 1478.7 亿美元,完成营业额 970.7 亿美元。比经济合作更为重要的是人员交流。2012 年,双方人员往来超过 1500 万人次,其中,中国赴东盟游客 732 万人次,较十年前增长 2.6 倍,是东盟第二大游客来源地。而东盟各国则成为中国公民的最主要旅游地。中国在东盟的留学生超过 10 万人,东盟在中国的留学生也超过 5 万人。此外,中国与东盟在政治、安全、海洋、环保等方面的合作日益深化。2002 年 11 月,中国同东盟国家签署了《南海各方行为宣言》,显示了双方共同致力于加强睦邻互信伙伴关系,维护南海地区和平与稳定的决心。2011 年 7 月,中国与东盟国家就落实《南海各方行为宣言》后续行动指针达成一致。2013 年 9 月,双方在苏州开始《南海行为准则》的谈判。

2013 年 9 月,中国总理李克强在第十届中国—东盟博览会上致辞,将中国—东盟过去十年的合作成就形容为"黄金十年",并表示双方有能力创造新的"钻石十年"。2014 年以来,习近平主席、李克强总理相继访问东南亚国家,提出与东盟加强海上合作,共同建设 21 世纪"海上丝绸之路",这对夯实与加强中国与东盟国家的利益基础与纽带,开启中国东盟合作"钻石十年"具有极其重要且深远的意义。

诚然,中国与东盟关系中,还存在一些矛盾和问题,尤其是南海争端。我的看法是南海争端被过多关注和夸大。首先,南海争端是殖民时期的遗留问题,并非东南亚国家独立以后出现的新争端。中国与相关国家完全有能力在双边会商的基础上解决争端。其次,南海争端是中国与其南海邻国长期存在的问题,海域划分和相关岛屿归属也是国际社会普遍存在的问题。因此,中国与相关南海主权声索国可本着"搁置争议、共同开发"的原则,不必急于一时解决。再次,由于当事国各方的节制,南海争端并不比以前更激烈。1988 年以来,没有发生过军事冲突,各方都期待以和平方式处理争端,"南海行为准则"的协商也在中国与东盟之间进行。因此,我们有理由期待,中国与东盟的合作伙伴关系将排除各种干扰而加速推进。我要强调的是,广西将在中国与东盟关系的发展中发挥特殊的作用。

广西是中国唯一与东南亚山水相连、血脉相通的省份,是华南经济圈、西南经济圈和东盟经济圈的结合部,在中国实施中国—东盟自由贸易区战略中,具有重要战略地位和作用,这也是从 2004 年起每年的中国—东盟博览会落户南宁及广西作为中国—东盟经贸合作区唯一落户省份的原因,由此也使广西成为中国和东盟合作与发展的主要平台之一。但如何真正成为中国—东盟合作的带头羊、引领中国的东南亚战略,是广西面临的重大机遇和挑战。

中国领导人最近提出,中国期待与东盟合作建设"海上丝绸之路"。在 21 世纪中国海上丝绸之路新战略中,广西责无旁贷。中国传统海上丝路的起源地,就在北部湾东北部的现广西合浦县。合浦离南宁 176 公里,距北海市 28 公里。这是《汉书·地理志》的记载,也是中国最早的中国商人携带丝绸经海路前往印度洋的记载。海上丝绸之路自此开张。现在海上丝绸之路要推动的中国—东盟互联互通,广西是唯一与东盟山海相连的省份,海通陆也通,广西理应在 21 世纪海上丝绸之路建设中发挥更大的作用。

中国—东盟合作的重大发展战略,其论证和实施需要顶层设计,而深度解读东盟是前提。有幸的是广西政府能高瞻远瞩,在广西民族大学设立东盟学院,并将广西第一批八桂学者中,唯一的文科八桂岗位"中国与东南亚关系研究"落户于东盟学院,委以深度研究东盟和培养高端东盟事务人才之重任。

近两年来,东盟学院几近从空白开始,在学科建设、资料建设、咨询服务、国内外交流平台、科研队伍建设方面已经有初步成效。到现在拥有三个学科和数十个硕士生规模,有国内独树一帜的信息员队伍,取得包括省部级以上项目、论文和咨询报告的科研成果,获得新华社、国务院侨办、中国—东盟中心的好评,有几份报告送呈政治局书记处,并得到采纳证明。

东盟学院八桂学者团队深度研究东南亚的部分学术成果,以《中国与东南亚研究丛书》出版,本书即是该项目的成果之一。这些研究成果基于作者数年乃至十数年的研究积累,可谓发前人之未发。虽然各书作者学力所限,难免有各种疏漏,本人作为主编,当负全责,但本人仍期待读者,关注各书体现的创新性,包括分析的创新和资料的刷新。

八桂学者　庄国土

广西民族大学东盟学院

2014 年 12 月 31 日

# 目　　录

# 第一章

# 绪 论

作为专门的学理性研究领域,从清末算起,中国对华侨华人研究已经有了百余年的历史。近 30 年以来,华侨华人成为中国现代化建设的重要推手,如邓小平所言,华侨华人是中国发展的"独特机遇"。因此,华侨华人也成为世界主要国家政治界、经济界、学术界关注的热点。

东南亚地区华人的海外移民不仅是华人移民的重要组成部分,二战以来更是世界移民大潮的组成部分。华人高度集中在东南亚地区,这一现象不仅是地缘因素使然,更是华人谋生存求发展的经济文化因子影响使然。随着战后国际政治经济局势的改变,东南亚地区政局出现不稳。东南亚各国先后摆脱殖民枷锁,展开民族独立运动,政变频发。此外,东南亚各国工商业和经济发展依然落后,不能满足华人经济发展所需,加之欧美等发达国家移民政策趋于开放以及东南亚地区和国家出现的大量排华事件。在这种环境影响之下,东南亚华人海外移民走出了原本传统的单向移民模式,开始走向移民循环的新模式,成为全球人才流动的重要组成部分。

## 一、选题的意义和研究现状

东南亚地区华人是海外华人的主要构成部分,了解这些华人海外移民的数量、类别和国别分布,海外移民原因及其影响对于全面把握东南亚地区华人的现状、世界华人人口的变迁、华人人才的质量评估、东南亚华人海外移民输出国和世界华人海外移民接收国的影响等方面意义深远,同时了解华人海外移民情况也能为政府制定移民政策提供较准确的指南。

本书的题目是"二战后东南亚华人的海外移民",之所以提出这个课题,主要基于以下几方面的考虑:

第一，从国内关于东南亚华人海外移民的研究来看，大体而言，国内研究者尚未做过系统研究。国内学者的专文较少，仅有黄英湖的《战后华侨的再移民及其原因剖析》(1989年)、刘建彪的《对战后东南亚华侨华人再移民现象的探讨》(2000年)和郭玉聪的《越、柬、老华人再移民的民族认同》(2008年)，这三篇文章可视为对东南亚地区华人海外移民进行研究有代表性的论文，但文章仅对东南亚地区华人海外移民的背景、原因和去向进行了简要的宏观介绍，缺乏关于华人海外移民的实证数据。前两篇所关注的时间段也仅截至20世纪90年代初期，郭玉聪教授则只关注印度支那。笔者于2012年在《华侨华人历史研究》发表了《战后马来西亚华人再移民：数量估算与原因分析》一文，通过马来西亚方面的人口统计数据和人口自然增长率推算了马来西亚华人再移民的数量。该文可作为本书的前期研究成果。

第二，从国外关于东南亚华人海外移民的研究来看，国外研究中大体是从国际移民管理角度对东南亚地区的出境移民进行探讨，较多关注的是印支难民、菲律宾劳动力移民、印尼的非法移民、新加坡和马来西亚之间的边境移民等。较重要的有研究东南亚移民问题的美国专家查尔斯·赫希曼(Charles Hirschman)，他较早关注20世纪东南亚地区国家人口的变迁，出生率、死亡率和经济发展之间的关系。尤其值得注意的是，他曾对独立后马来西亚的出境移民及其移民原因进行创建性的探讨。其主要代表作有《20世纪东南亚的人口与社会》(Population and Society in Twentieth-Century Southeast Asia)、《从历史的视角看东南亚的人口与社会》(Population and Society in Southeast Asia：A Historical Perspective)、《新兴的东南亚人口结构转型》(The Emerging Demographic Transitions of Southeast Asia)、《1974—1975年马来亚的人口分布趋势》(Demographic Trends in Peninsular Malaysia，1974—1975)、《1957—1970年马来亚人口的对外净迁移》(Net External Migration from Peninsular Malaysia，1957 to 1970)等。另一位美国学者皮莱·帕特里克(Pillai Patrick)则较为系统地对20世纪60—90年代初马来西亚移民的历史和发展进行了整理，并粗略归纳了20世纪70到80年代出境劳动力移民的数量，详见《迁徙的人群——马来西亚近年来人口移入和移出概述》(People on the Move：An Overview of Recent Immigration and Emigration in Malaysia)和《马来西亚在国际移民中的趋势和近年来的发展》(Malaysia：Trends and Recent Developments in International Migration)。泰国学者 Jerrold W. Huguet

和 Aphichat Chamratrithirong 编辑出版的《泰国移民报告》(*Thailand Migration Report 2011*),是当前研究包括华人在内的泰国出境移民数量和分布情况的主要资料。越南学者 Dang Nguyen Anh 在其《越南》(*Viet Nam*)一文中对越南出境移民概况做了详细的综述。澳大利亚学者乔克·柯林斯(Jock Collins)、卡罗尔·里德(Carol Reid)、查尔斯·普林斯(Charles A. Prince)的研究关注 1945—1994 年间澳大利亚的华人概况以及前往澳大利亚的印支难民概况,见代表性文章《1945—1994 年在澳华人移民模式、种族认同和就业机会的变化》(*Chinese in Australia 1945— 1994: Changing Patterns of Migration, Radicalization and Opportunity*)和《澳大利亚的难民和移民》(*Refugees and Mass Migration: Australia*)。此外,美国学者杰里米·海因(Jeremy Hein)的《难民、移民与美国》(*Refugees, Immigrants and the State*)、迈克尔·泰特尔鲍姆(Michael S. Teitelbaum)的《权利的对抗——美国的移民与难民政策》(*Right versus Right: Immigration and Refugee Policy in the United States*)、道格拉斯·梅西(Douglas S. Massey)的《美国的新移民和少数族裔》(*The New Immigration and Ethnicity in the United States*)、莎伦·李(Sharon M. Lee)的《亚裔美国人的多样性和增长》(*Asian Americans: Diverse and Growing*)、杰奎琳·德斯布拉特斯(Jacqueline Desbarats)的《美国印支华人难民的安置》(*Indo-Chinese Resettlement in the United States*)等文章中都有相关数据、政策和背景介绍美国的亚裔移民、难民等情况。澳大利亚学者格雷姆·雨果(Graeme Hugo)是研究二战后东南亚地区国际移民的重要专家,他对二战后东南亚各国的国际移民情况,特别是数量和国别分布有较为全面的论述,见其文章《二战后东南亚的国际移民》(*International Migration in Southeast Asia since World War Ⅱ*)。法国学者路易雅克·多雷斯(Louis-Jacques Dorais)在《加拿大、法国和丹麦三国的越南移民社群》(*Vietnamese Communities in Canada, France and Denmark*)一文中详细介绍了加拿大、法国和丹麦这三国越南移民的概况。虽然这些国家的移民也包括部分华人,但并不是对华人海外移民的专论。

　　第三,从对东南亚地区华人海外移民做深入研究的成果来看,新加坡学者 Leo Suryadinata、Evi Nurvidya Arifin、Aris Ananta 撰写的《印度尼西亚的人口》(*Indonesia's Population: Ethnicity and Religion in a Changing Political Landscape*)一书,系统论述印尼人口和族群、宗教状况,包括 2000

年印尼人口统计中华人在 11 个州的分布情况,对于把握华人在印尼的生存状况以及再移民原因分析较有价值。Evi Nurvidya Arifin、Aris Ananta 还编著了《东南亚的国际移民》(*International Migration in Southeast Asia*)一书,其中介绍了菲律宾的国际移民政策、印尼移民政策、东南亚地区非法移民、马来西亚和泰国的劳动力移民概况,对于全面分析东南亚地区华人海外移民的影响有诸多借鉴价值。2012 年美国学者包洁敏(Jiemin Bao)所撰的《从中国到泰国再到美国的华人们》(*The Chinese Diaspora: From China to Thailand to the USA*),文章首次对前往美国的泰国华人海外移民进行了微观的个案分析,通过访谈方式,研究泰国华人海外移民对祖籍国泰国和居住国美国的文化和身份认同。对本书撰写帮助较大的研究成果,是新加坡学者苏瑞福(Saw Swee-Hock)的著作。苏教授是广受尊重的人口统计学专家,他的几部新马人口研究专著中含有新加坡和马来西亚独立以来至 20 世纪 80 年代历年的各项人口统计数据,如关于两国华人人口比例、出生率和死亡率、移入和移出等统计数据,也包含了极为珍贵的新马华人再移民的相关内容,如《新加坡人口研究》(*The Population of Singapore*)、《新加坡人口统计书目》(*Bibliography of Singapore Demography*)、《马来西亚人口研究》(*The Population of Malaysia*)、《马来亚人口研究》(*The Population of Peninsular Malaysia*)等。上述研究成果虽未对华人海外移民的数量、类别和国别分布、原因和影响进行专题研究,但其从国际移民管理以及移民政策分析的视角进行研究,对于本书的撰写提供了较有借鉴价值的研究思路和背景。

综上所述,在国内外学术界,华人海外移民的现象仍未受到足够的关注。尽管有些华侨华人和移民的研究成果也有涉及华人海外移民的内容,但专论和系统性的研究仍基本空白。

## 二、研究问题、内容和方法

本书以"二战后东南亚华人的海外移民"为题进行研究。拟在以下几个方面展开:

1. 东南亚华人海外移民的基本脉络和现状概况。
2. 东南亚地区各国华人海外移民的数量、类别和去向(接收国)。
3. 东南亚地区各国华人海外移民的原因。
4. 东南亚地区各国华人海外移民对于移民输出国和移民接收国的

影响。

5. 东南亚华人海外移民与全球人才流动、华人人才质量评估、移民政策制定的关系。

基于这些问题,本书从对华人海外移民相关理论的探讨出发,将按以下六个部分进行研究:

1. 东南亚华人海外移民背景考察。介绍二战后特别是 20 世纪 60 年代以来世界的移民潮以及东南亚地区发生的影响移民的重要历史事件,探讨华人海外移民大规模发生的国际和区域背景。

2. 东南亚华人海外移民规模评估。对海外移民规模的研究是本书的重点。本书对东南亚地区各国华人海外移民的数量进行估算的方法,主要是通过搜集东南亚华人海外移民输出国、东南亚华人海外移民接收国、国际移民机构和学者研究成果所提供的相关数据,进行对比分析,在此基础上对东南亚地区各国华人海外移民进行总体的规模评估。

3. 东南亚华人海外移民的结构。通过分析东南亚华人海外移民的年龄结构、学历结构、职业结构、移民类别等四个方面,探讨这个群体的内部构成。

4. 东南亚华人海外移民的分布。通过分析移民的去向和分布状况,探讨前往发达国家和前往东南亚区域内国家的不同动机和背景,把握东南亚地区华人海外移民的分布全貌。

5. 东南亚华人海外移民的原因。本书基于推拉理论,从移民输出国的推力和移民接收国的拉力状况,双向探讨促成华人海外移民的基本因素。

6. 东南亚华人海外移民的影响。特别关注华人海外移民对东南亚地区华人现状、世界华人人口分布和变化、华人人才的质量评估、东南亚华人海外移民输出国和接收国的影响。

在研究方法层面上,本书将采用理论研究与抽样调查、对比分析相结合的方法,对二战后东南亚地区的华人海外移民情况进行研究和调查,具体的研究方法主要有:

1. 在研究华人海外移民数量、类别和国别分布中,运用数量统计法从华人海外移民输出国角度计算;运用抽样调查法从移民接收国角度计算;运用文献归类法从国际移民机构角度计算,包括国际移民组织(IOM,International Organization for Migration)、联合国难民署(UNHCR,United Nations High Commissioner for Refugees)、人口计划署(PRB,

Population Reference Bureau)、移民政策研究院(MPI,Migration Policy Institute)、亚洲移民研究中心(AMCM,Asian Research Center for Migration)、世界银行(WB,World Bank);运用文献归类法对学者研究统计进行追述。

2. 运用纵向和横向对比分析法,对华人海外移民的原因和影响进行分析。

3. 在华人海外移民数量估算中,还将运用 Excel 等工具进行相关数据处理。

## 三、经济全球化背景下国际移民理论和相关的概念界定

在经济全球化加速的背景下,国际移民已经成为国际关系的重要内容,移民本身也成为非传统国际安全因素的重要组成部分。近半个世纪以来,全球性移民大潮引发了国内外学术界对移民的极大关注,传统国际移民理论得到新的诠释,新的国际移民理论也不断提出。这些相关国际移民理论,对本书的研究有较大的指导意义。

### 1. 经济全球化(知识经济全球化)

"全球化"这个概念,是 20 世纪 60 年代由"罗马俱乐部"提出的。20 世纪 80 年代中叶以后,在知识界、传媒界、商界和其他各界广泛使用,全球化理论的探索因此成为国际学术界的热点之一。[①]但关于这一概念的界定,至今没有形成统一的认识。很多学者从不同的角度来理解经济全球化的含义。多数学者认为,经济全球化是一个历史过程或趋势,是比国际化更新、更复杂的一个历史阶段,它是从经济生活的国际化发展和转变而来的。经济学家多将"全球化"用来形容商品、服务、资本和技术在世界性生产、消费和投资领域中的扩散。尽管广义的全球化趋势实际上从产业革命时就开始了,但直到 20 世纪 80 年代中期,特别是 20 世纪 90 年代以来,经济全球化的发展速度越来越快,进入了一个加速发展的阶段。[②]在谈到经济全球化时,有必要区分经济全球化、经济一体化和经济国际化三者的差别。首先,

---

① 倪世雄、蔡翠红:《西方全球化新论探索》,《新华文摘》2001 年第 10 期。

② 李坤望、刘重力:《经济全球化:过程、趋势与对策》,北京:经济科学出版社,2000 年。

经济全球化是一个比国际化层次更高、外延意义更宽的概念,是在全球层面的描述,而国际化是指一个国家与数个国家的经济往来,经济活动局限于一定地域;其次,经济全球化体现的是一种世界范围经济发展的客观趋势,而经济一体化更多反映的是一种主观政策行为,是当市场跨越国界延伸为世界市场时,在国际层面为全球性经济提供全球性的规则和制度。由于超强体制的存在和对称体制的欠缺,经济一体化进程明显落后于经济全球化的进程。①基于此,本书采用国际货币基金组织执行总裁、著名经济学家斯坦利·费雪(Stanley Fischer)的观点。他认为,所谓经济全球化是在科技革命和生产国际化的基础上,各国经济在生产和市场上相互依赖、相互渗透逐渐加深,阻碍生产要素在全球自由流动的各种壁垒不断削减的历史进程,是人力、资本、商品、服务、技术、信息等生产要素跨国界流动的规模与形式不断增加,世界范围内各种生产要素和资源的配置效率不断提高的经济发展趋势,是全球范围内以国家为基础的经济活动在某种程度上运作的整合。②简言之,经济全球化就是人力、资本、商品、服务、技术和信息等生产要素在全球范围内的交换活动。

　　在经济全球化发展进程中,知识日益成为一种不可忽视、更为重要的生产要素。它是继人力、资本等生产要素之后另一个新的经济增长源。知识的生产和传播推动了知识经济的发展和经济一体化的进程,因此经济全球化也通常被称为知识经济全球化。1996 年经济合作发展组织(OECD)在科技发展报告中正式提出"知识经济"的内涵:知识经济(knowledge economy)或基于知识的经济(knowledge-based economy)是建立在知识的生产、分配和使用(或消费)之上的经济,是容纳新技术革命中一切科学知识和新技术等经济增长因素并以此来推动经济发展和社会财富增加的一种经济。它是新时代经济形态的根本特征。③知识经济具有四大特征:其一,科学和技术研究开发日益成为知识经济的重要基础;其二,信息与通信技术在知识经济的发展过程中处于中心地位;其三,服务业在知识经济中扮演了主

---

① 雷达、于春梅:《经济全球化影响的制度思考》,《世界经济》2000 年第 4 期。

② Stanley Fischer, Globalization: Threat or Opportunity, *An IMF Issues Brief*, 2000, http://www.imf.org.

③ 李会明:《知识经济全球化趋势》,北京:时事出版社,2000 年,第 10 页。

要角色;其四,人力的素质和技能成为知识经济实现的先决条件。[①]由此可以看出,知识经济最突出的现象是信息技术的广泛应用,知识经济发展的根本是人才,灵魂是创新。

知识经济与经济全球化是当今世界经济发展的两大趋势,二者之间有很强的一致性和互动性,主要表现在知识经济和经济全球化有共同的动力源,科技革命是推动二者发展的主要动力;知识经济是经济全球化的内在驱动力;知识经济制约着全球化的深度和广度,经济全球化的进程反过来也影响和制约着知识的进步和知识经济的发展。在知识经济时代经济全球化的特点尤为鲜明:国际分工与产业结构调整;科技和经济的发展对经济全球化影响日趋加速与扩大;以跨国公司为载体的生产全球化。[②]

由此可见,谁掌握了知识,谁就掌握了经济增长源,掌握了经济发展的主动权,谁就能在知识经济全球化的时代处于世界经济中的领先地位。知识经济与传统以资本为主要动力的经济发展模式最大的不同,就是知识经济的载体是掌握知识的人力资源。因此,知识的传播与人才的流动是互为表里的。

**2. 人才流动理论**

传统的劳动力流动理论的思想源头可以追溯到古典经济学家大卫·李嘉图(David Ricardo)。其核心观点主要是:农村剩余劳动力从收益递减的农业当中脱离出来,流入具有递增收益特征的工业生产中,表现在地域上就是从农村流入城市,并且劳动力流动过程中不会引起城市与农村地区工资水平的提高。这一思想为后来古典和新古典劳动力流动理论模型的建立及其与区域经济发展之间的内在联系分析奠定了基础。到 20 世纪 60 年代末 70 年代初,美国经济学家托达罗(Michael P. Todaro)提出了一个对发展中国家的劳动力流动问题研究非常具有实际意义的现实的理论框架模型。他认为,第一,决定人口流动的不是实际收入,而是城乡预期收入的差异。只有当农村劳动者估计其在城市预期收入高于其在农村的收入时,迁移才会发生。第二,农村剩余劳动力的迁移不仅取决于城乡预期收入的差异,而且取决于城市的就业率和失业率,当城市失业率很高时,即使城乡预期收入很

---

① 谢家平、马仁宏:《组织转型——从资讯服务到科技政策研究》,台北:"国家实验研究院"科技政策研究与资讯中心,2006 年 11 月 20 日,http://www.narl.org.tw/tw/topic/topic.php? topic_id=16.

② 李会明:《知识经济全球化趋势》,北京:时事出版社,2000 年,第 33 页。

大,劳动力也不会流动。托达罗认为城市工资不是固定的,而是上升的。不断上升的工资,导致城乡预期收入的差异,引起了人口流动速度快于工业部门创造就业的速度,这是城市失业存在的重要原因。此外,托达罗还强调传统部门发展的重要性。[1] 在托达罗模型的影响下,劳动力流动理论被赋予诸多内涵。以此理论为基础,人口学、经济学、地理学、语言学、社会学、历史学、政治学和教育学从不同的视角深入探讨劳动力流动的空间属性、时间属性和目的属性(主要指是否改变居住地),以此来界定劳动力流动的内涵和外延,进而对现实进行解析。尽管视角不同,但劳动力流动与人口迁移和社会发展进程息息相关。超越古典的城乡分析,劳动力突破了跨国流动的时空界限,在知识经济全球化的大背景下,人才的流动成为劳动力中最引人关注的热点问题。

在探讨人才流动理论之前,首先需要明确人才和人才流动的概念。本书所指的人才是广义的人才概念,按照《美国统计摘要》的定义,即指从事专业、技术和同类工作者(professional, technical and kindred workers)。[2] 人才流动的含义也有广义和狭义之分。广义的人才流动,是指人才从一种工作状态到另一种工作状态的变化,包括知识分子、创新人才及有潜能的人才(包括大学生)在内的专门人才的流动。如签有工作合同的科学家、学者、教练、运动员、演员和其他从事创造性活动但与科学无直接联系的专门人才。狭义的人才流动是指高素质科学和教学人才的流动,以及从事科学研究与发展的人才的流动。[3] 本书的人才流动采用广义的人才流动概念。

人才流动通常包括人员的流入和流出,即通常提到的"人才收益和人才流失"(brain gain and brain drain)。在当前知识经济全球化的大背景下,大规模人才流动已经成为趋势,并给人力资源的流动和发展带来了巨大的机遇和挑战。当前国家间人才流动的总体趋势是从发展中国家流向发达国家,从较发达国家流向更发达国家;从社会和政治不稳定的国家流向社会相对稳定,政治气候宽松的国家,从低水平生活环境的国家流向相对高水平生

① Todaro, M. P., A Model of Labor Migration and Urban Unemployment in Less Developed Countries, *American Economic Review*, Vol. 59, No. 1, 1969, pp. 138~148.

② Definition of Talent, *Statistical Abstract of the United States*, 1985, p. 22.

③ Mobility of Labor, *Business Dictionary*, http://www.businessdictionary.com/definition/mobility-of-labor.html.

活环境的国家。由于发达国家生活和发展环境较好,成为大规模人才的跨国流动的受益者,因此,人才流动理论在相当长一段时间内的争论,更多的是围绕着人才流失对发展中国家和发达国家的损失、收益的影响,以及应采取的应对政策和措施进行探讨。国际组织如联合国开发计划署(UNDP,United Nations Development Programme)、国际劳工组织(ILO,International Labour Organization)、经济合作组织(OECD,Organization for Economic Co-operation and Development)和世界银行(WB)也发表报告加入到对人才流失进行评估的争论之中。世界银行在 2002 年发表报告《构建知识型社会:高等教育的新挑战》(Constructing Knowledge Societies:New Challenges for Tertiary Education)阐述发展中国家知识型人才的迅速流失对发展中国家高等教育的影响,并由此引发了对发展中国家知识型人才缺失而阻碍经济发展的关注。联合国开发计划署 2001 年《人力发展报告》(Human Development Report)同样指出了发展中国家人才流失对发展中国家在各方面的消极影响,进而倡议发展中国家采取强有效的措施阻止这种趋势的进一步恶化。① 与此同时,经济合作组织(OECD)2001 年发表报告阐述发达国家也面临着如何满足这部分流入进来的人才的需求,平衡国内人才和国际人才之间的差异,以及如何制定更有效的措施吸引更多的人才等问题。然而,人才流动的驱动力不只是经济因素,文化、政治、教育以及族群网络(diasporic network)的作用更为明显,分析这些因素的共同作用,才能解释复杂的人才流动现象。近年来人才的流动,特别是随着职业和职业劳动市场的国际化,引起了对影响劳动力职业发展和流动趋势等因素的关注。目前研究更多的关注点在一个国家接受了教育和训练的职业人选择到另外的国家从事知识型工作和职业发展的相关因素的分析。这种现象被定义为人才流失(brain drain)和人才流动(talent flow)。② 目前人才流动较人才流失和人才收益被作为更广泛的概念框架普遍应用。因为人才流动更多地被定义为"技术人才在国家间的流动。人的选择决定了人才流动,同时无边界的全球化的就业构成了人才流动的大背景(或者说

---

① F. Rizvi, Rethinking "Brain Drain" in the Era of Globalization, *Asia Pacific Journal of Education*, 2005, Vol. 25, No. 2, pp.175~176.

② Y. Baruch, P. S. Budhwar, N. Khatri, Brain Drain: Inclination to Stay Abroad after Studies, *Journal of World Business*, Vol. 42, 2007, pp.99~112.

促进了人才的流动)"①。如果人才流动是相互的,或者至少流动方向是平衡的,那么国家则从人才流动中受益。即在全球知识经济大背景之下,人才交换或人才循环有利于国家参与全球经济贸易的互动。②

人才流动的类型根据工作的岗位、工作的地点、职业的性质、服务的对象及其性质等因素的不同而分类。根据人才服务对象是否改变,人才流动可以分为组织内流动和组织间流动。组织内流动通常由该组织的人事部门通过提升或调动来完成,是组织管理行为的结果。而组织间的流动,即人们通常所理解的人才流动,在不同的经济体制下,人才流动的表现形式和作用机制很不相同。而人才的跨国流动则指人才从一个国家转向另一个国家,其表现形式主要为留学、移民、签订工作合同、做访问学者等。

人才跨国流动的最主要形式是国际移民。I. G . Ushkalov 和 I. A. Malakha在其关于人才流失的研究中指出,随着社会生活和知识的全球化,人才的国际移民正在扮演重要角色,特别是科技人才的跨国移民。此外,留学、合同工作、访问学者等也是人才跨国流动的主要形式。

### 3. 国际移民理论

根据联合国 1997 年《国际移民统计建议》(*Recommendations on Statistics of International Migration*)报告中关于国际移民概念和分类的统一规定,国际移民指任何改变其常驻居住地的人,而其常驻居住地特指此人居住的地方,即此人在某一国有固定的居住场所并长时间居住生活的地方。临时的以出国旅行的方式休闲、度假、经商、医疗或宗教等目的改变居住场所不包括在移民的范畴内。③

联合国规定,根据移民改变其常驻居住地时间的长短,国际移民被分为

---

① S. C. Carr, K. Inkson, K. Thorn, From Global Careers to Talent Flow: Reinterpreting the "Brain Drain", *Journal of World Business*, Vol. 40, 2005, pp. 386~398.

② G. Hugo, D. Rudd, K. Harris, Austalia's Diaspora: Its Size, Nature and Policy Implications, *CEDA Information Paper*, No. 80, 2003, Melbourne VIC: Committee for Economic Development in Australia; Frey, W. H, *Diaspora: The World Wide Web of Australians*, Sydney NSW: The Lowy Institute for International Policy, 2004.

③ Recommendations on Statistics of International Migration, Department of Economic and Social Affairs Statistics Division, *Statistical Papers Series M*, No. 58, New York: United Nations, 1998, p. 17.

常住居民、长期国际移民和短期国际移民三种类型。规定如表 1-1 所示。

各国对外国移民和常住人口身份的界定有不同的规定,但都与联合国移民组织的认定大同小异。

表 1-1　常住居民和长短期国际移民定义

| 常住居民 | 常住居民是指在经常居住的地方,注册登记了常住户口的人。以旅游、休闲、度假、探亲访友、经商、医疗、宗教朝拜等名义的短期外出并不改变作为常住居民的身份。 |
| --- | --- |
| 长期国际移民 | 长期移民是指移居非常住国至少一年的人,以至于目的国实际上变成了其新的常住国。 |
| 短期国际移民 | 移居非常住国达到至少 3 个月,又短于 12 个月的人群,但为娱乐、度假、探访亲友、商务、医疗或宗教朝拜等目的而前往该国的除外。 |

资料来源:联合国:《国际移民统计建议》,1997 年。

众所周知,知识经济全球化的发展必然带动人口的流动和迁移,抑或可以说,大规模人口的跨国流动与经济全球化互为表里,越来越成为经济全球化的本质特征,正如戴维·赫尔德(D. Held)所说:“有一种全球化形式比其他任何全球化形式都更为普遍,这种全球化形式就是人口迁移。”[①]伴随着全球化的发展进程,国际移民规模不断扩大。移民的类型因移民的生存状况而随着时间、空间和环境的变化有所不同。处境较好的是被称为“智能型移民”的留学人员和专业技术人员;处于中间状态的是劳务工人;处境最糟的是难民和失去家园的寻求避难者,通常被称作“经济难民”或“环境难民”。

关于国际移民理论的研究著述颇多,涉及人口构成、社会传统、经济发展、地理环境、心理素质、价值取向等多重因素。20 世纪西方关于国际移民的理论中,推拉理论、新古典主义经济理论、新经济移民理论、劳动力市场分割理论、历史—结构主义理论、世界体系理论、双重劳动力市场理论等都是

---

① ［英］戴维·赫尔德:《全球大变革:全球化时代的政治、经济与文化》,杨雪冬等译,北京:社会科学文献出版社,2001 年,第 448～455 页。

较有代表性的理论体系。① 经济全球化的加速导致了大规模的国际移民，特别是知识经济兴起的 20 世纪 80 年代。下面将介绍主要几个理论，以为本研究之借鉴。

第一，推拉理论。在"推拉理论"中，"推力"指原居地不利于生存、发展的种种排斥力，它可以是战争、动乱、天灾、生态环境恶化等对某一地区具有普遍性影响的因素，也可以是某一小群体遭遇的意外或不幸。"拉力"则是移入地所具有的吸引力，它可以是大量呈现的新机会，也可以是仅仅对于某一小群体的特殊机遇。纵观 20 世纪 70 年代以前发表的诸多研究移民问题的著述，大多研究者都不同程度地强调移民被"推"往异国的排斥力和被"拉"往异国的吸引力。"推拉理论"认为"推"和"拉"双重因素决定国际移民的存在和发展，但对政治因素、移民本身的主观能动性等变量对移民的影响不够重视。因此随着"推拉理论"不断遭到质疑，更多的学者已经不再简单地去寻找、罗列不同的或特殊的"推拉因素"，而更多地着眼于分析究竟是哪些因素、在什么情况下、在哪些区域作用于移民行为的"推力"或"拉力"，而相似的"推力"或"拉力"又如何在不同的对象身上发生不同的效应。

第二，新古典主义经济理论。其以亚瑟·刘易斯（Arthur Lewis）、乔治·J. 波亚斯（George J. Borjas）、迈克尔·托达罗（Michael Todaro）、拉里·萨斯塔（Larry Sjaastad）等为主要代表。该理论着重从经济学的角度分析移民行为产生的动因。部分学者主要从宏观上比较移民输出国与移民输入国之间人均收入及就业机会方面存在的明显差距，或具体对移民个体移出之前与移入之后的收入差距做出定量分析，进而指出：国际移民取决于当事人对于付出与回报的估算，如果移民后的预期所得明显高于为移民而付出的代价时，移民行为就会发生。但这种理论显然不足以解释，与发达国家具有同样明显收入差距的发展中国家中，有些国家一向是移民输出国，而有些国家的民众则视移民为畏途。

第三，新经济移民理论（the new economics of migration theory）。该理论的主要代表是奥德·斯塔克（Oded Stark）、爱德华·泰勒（J. Edward Taylor）等。首先，该理论强调移民的动因不应仅仅着眼于分析迁移的个体，而必须以一家、一户甚至一个社区为单位进行剖析。其次，本地与国外

---

① ［西班牙］华金·阿朗戈:《移民研究的评析》,《国际社会科学杂志(中文版)》2001 年第 8 期。

的收入并不是相互排斥的,移居国外的收入可能用于增加在原居地的投入,二者各有所图。在此情况下,移民行为并不会因为工资收入差距缩小而中止。再次,移出地与移入地之间可能不存在收入上的明显差异,甚至可能移入地的收入比移出地还低。可是,移入地由于生活质量高、社会环境优等因素而对潜在移民群体具有心理上的吸引力,因而足以抵消经济上的负效应而依然成为潜在移民群体的理想移居地。这种理论重视移民的群体效应和经济收入以外的其他因素,可用于解释某些地域或某类群体的移民动机,但缺乏对普遍移民现象动机的宏观解释。

第四,劳动力市场分割理论(the segmented labor market theory)。迈克尔·皮奥雷(Michael Piore)从分析发达国家经济体制内部对于劳动力的结构性需求来探讨国际移民的起源问题。他认为,国际劳动力迁移主要是由需求决定的,而且,在大多数情况下,都是由发达国家的雇主们(或由政府代其出面)大量雇佣发展中国家的廉价劳动力而引发的。皮奥雷指出,现代发达国家也已形成了双重劳动力需求市场,上层市场提供的是高收益、高保障、环境舒适的工作,而下层市场则相反。由于发达国家本地劳动力不愿意进入下层市场,故而需要来自第三世界的廉价劳工填补其空缺。在"双重市场理论"的基础上,阿莱安德罗·波特斯(Aleandro Portes)和罗伯特·巴赫(Robert Bach)进一步指出了"三重市场需求理论",即再加上一个"族群聚集区"(ethnic enclaves)。他们认为,这一在移民族群自身发展基础上形成的经济圈对其原居地人群有特殊的吸引力。一方面,该经济圈的运作需要引进新的廉价劳动力以增强其产品的市场竞争力;另一方面,由于族群经济圈的形成,移民企业家的地位更显突出,原居地人群往往从这些成功者身上汲取移民的动力,从而推动新的移民行为。这个理论有针对性地解释 20 世纪 80 年代以来发展中国家向发达国家移民的"推力"因素,但不足以解释越来越多的发展中国家相互移民的现象。

第五,历史结构与世界体系理论(the historical-structural theory and world systems)。历史结构理论最早出现于 20 世纪 50 年代,并在 20 世纪 60—70 年代形成著名的"依附理论"(the dependency theory),进而达到其影响的顶峰。西尔索·弗塔多(Celso Furtado)、弗纳多·H. 卡多索(Fernando H. Cardoso)、恩佐·福勒托(Enzo Faletto)、安德烈·贡德·弗兰克(Andre Gunder Frank)等一批受马克思主义影响的学者们指出:资本主义强权国家通过不平等贸易而迫使不发达国家依附于它们,形成世界范围内位于"核心"地位的工业化国家与被置于"边缘"的不发达国家之间的不平等分工。虽然"依附理论"并没有直接涉及国际移民问题，但是，进入 20世纪 80—90 年代后，伴随着学界对于"全球化"问题的高度关注，越来越多学者将人口的跨境迁移与全球化时代的世界体系形成相互结合进行考察。其主要观点是：商品、资本、信息的国际流动，必然推动国际人口迁移，尽管后者可能呈现出与前者的反向流动，但毫无疑问，国际移民潮是市场经济全球化的直接结果。这一理论实际上与"劳动力市场分割理论"本质上没有什么不同，只是在更宏观的世界体系层面，论证处于"核心"地位的发达国家对劳动力，尤其是人才的吸引力，而劳动力市场分割理论则从发达国家的劳动力市场变动，论证发达国家对高端人才和廉价劳动力的需求。

每一理论在不同的阶段和范畴内都具有其理论和现实的价值，也必然存在某种缺陷。如历史—结构主义理论与沃勒斯坦的世界体系理论有诸多相同，都认为正是核心国家对边缘国家的压榨，才导致了跨国移民和地区形势的动荡。跨国移民现象的实质，正是在于资本主义生产方式由核心国家向边缘国家渗透、扩张，使得边缘国家日益融入以核心国家为主导的统一的全球经济体系中。但历史—结构主义高估了资本的作用，而对移民的动机及其行为本身重视不够。双重劳动力市场理论是对发达国家劳动力市场进行分割，专注于劳动力市场和劳工移民，但却忽略了网络移民（network migration）或者说移民链（migration chain）在当代国际移民中的重要作用。

本书认为移民系统理论是对当今知识经济全球化时代移民及定居现象最具说服力的解释。

在强调国际关系、政治经济、集体行为和制度因素等对国际移民影响的前提下，移民系统理论认为，移民系统往往由两个或多个相互交换移民的国家组成，特别强调对移民流两端的所有关系（比如国与国的关系、文化联系以及家庭与社会网络）进行整体性研究。在移民系统理论中对宏观与微观结构的双重结构分析，有助于理解当今移民的模式。宏观结构指的是世界市场的政治经济状况、国与国关系以及移入与移出国为控制移民与定居所制定的法律与各项制度，它对现代移民的产生与发展具有决定性的作用；而微观结构主要指的是移民链，移民链使得移民过程较为安全、稳妥，有助于增进新移民对移居国的了解。在新移民到达目的地后尽快找到工作并适应环境等方面,移民链有着重要的影响。移民链一旦建立,便会生生不息地运作下去。①移民系统理论还认为,对亚裔移民的研究表明移民的决定通常是由家庭而非个人所做出的。家庭提供了经济与文化的支持,使得移民得以发生和继续。②此外,移民系统理论还从波恩(W. R. Böhning)对移民与定居的"四阶段说"中提炼出了移民—定居模式。从移民发生、定居到生存、发展等阶段详细定位了移民族群的模式和发展趋势。③

在经济全球化背景下,国际移民浪潮与国际劳动力市场的互动,一方面为那些受过高等教育或者有技术专长的高素质技术人员和管理人员提供了广阔的发展空间;另一方面,大量的国际劳工、难民和非法移民成为低端劳动力市场的主体,满足了国际劳动力市场的多元化需求。而国际移民理论则为鲜活的国际人口大迁移以及国际移民新浪潮提供了最适时的注解。

## 四、有关东南亚华人海外移民等概念的界定

### 1. 华人

关于华人的概念,厦门大学南洋研究院庄国土教授在《"华侨"一词名称考》和东南亚与华侨华人研究系列丛书《二战以后东南亚华族社会地位的变化》中进行了系统的溯源和阐述。本书对华人概念的阐述主要参阅庄国土教授的论断。

"华人"概念的普遍使用,与"华侨"这一概念内涵的变化相关。19世纪末以前,中国官方和民间对中国海外移民及其后裔没有统一称谓,诸如"唐人"、"汉人"、"内地人"、"华民"、"华商"等,都被用来称谓这个群体。19世纪末期以后,对东南亚中国移民及其后裔的称谓逐渐集中于"华侨"这一概念,④也即海外中国人。1909年,清朝颁布中国历史上第一部国籍法《大清国籍条例》,以血统主义为原则,规定父母一方是中国人,其子女即为中国

---

① A. R. Zolberg, The Next Waves: Migration Theory for a Changing World, *International Migration Review*, Vol. 23, No. 3, 1989, pp. 403~430.

② G. Hugo, Migration and the Family, *Occasional Paper Series for the International Year of the Family*, No. 12, 1994.

③ E. G. Ravenstein, The Laws of Migration, *Journal of the Statistical Society of London*, Vol. 48, No. 2, 1885, p. 138.

④ 参见庄国土:《"华侨"名称考》,载郑民等编:《华侨华人研究论文集》,北京:海洋出版社,1989年。

人；也即只要是有中华种族血缘之人，不论是否生于中国，均属中国籍民。
1929 年，中华民国颁布《国籍法》，基本上沿用《大清国籍条例》的国籍认定
原则：凡具有中华民族血统者，均具有中华民国国籍。因此，"华侨"即中国
的海外籍民，无论其是否拥有外国国籍。从中华人民共和国成立到 1955
年，中国政府基本上沿用民国时期对华侨法律身份的认定。因此，从"华侨"
这个概念使用以后到 1955 年以前，其内涵是指所有海外有中国血统的人，
无论是否拥有外国国籍，都被当作是中国侨民。

　　由于华侨的大部分居住国都采取"出生地主义"的国籍原则，只要在当
地出生，通常可以获得当地国籍。大部分国家还有归化政策，即在当地居住
长达一定年限，可以申请加入当地国籍。很多华侨及其在当地出生的后代
为了谋生和发展，通常也持有当地国籍，因此，部分华侨拥有双重国籍。在
20 世纪 50 年代，无论是作为中国侨民，还是持有双重国籍，华侨问题都成
为当时新中国政府发展与华侨居住国关系的主要障碍之一。国际反华势力
更污蔑"华侨社会是国中之国"，华侨是新中国的"第五纵队"，达到打击华侨
和污蔑新中国的目的。

　　1955 年 4 月，中华人民共和国总理周恩来在万隆亚非会议上就旧中国
遗留下来的双重国籍问题，提出新中国准备就双重国籍问题与海外华人居
住国进行协商解决。[①] 亚非会议期间，中国和印度尼西亚签署了关于双重
国籍的协议，正式放弃双重国籍的政策，规定所有持有双重国籍的华侨必须
在规定时间内选择一个国家的国籍。定居在外国并拥有中国国籍者，才被
认定为"华侨"。凡是拥有外国国籍者，就不被视为作为中国籍民的"华侨"。
同时，中国政府鼓励华侨加入当地国籍，成为当地国国民。此后，东南亚绝
大多数具有中国国籍的"华侨"归化为当地国民。但对"华侨"这一概念做出
明确法律解释，则迟至 1990 年。根据《中华人民共和国归侨侨眷权益保护
法》(1990 年)第 3 条规定，"华侨指定居在国外的中国公民"。[②]根据《中华人
民共和国国籍法》(1980 年)第 3 条和第 4 条规定，"中国公民身份的法律界
定是：父母双方或一方为中国公民，本人出生在中国或外国者具有中国国

---

① S. Z. Li, Y. Shang, The Day Zhou Enlai Spoke at Bandung, *China Reconstructs*, 1985, pp. 14~16.

② 国务院侨务办公室编：《侨务法规文件汇编：1955—1999》，内部文件，1999 年，第 1 页。

籍,但本人出生时即具有外国国籍者不具有中国国籍"。①

从中国政府放弃双重国籍以后,加入当地国籍的"华侨"及其后裔在政治、社会生活、经济、文化方面融合于当地,但绝大多数人仍然保持一定程度的中华文化特征和族群与文化的认同,他们通常被称为和自认为是"华人"。这一仅与族裔相联系的概念泛指中国之外具有中国人血统并一定程度保留中国文化者,原来泛指所有海外中国人及其后裔的"华侨",从此仅指那些保留中国国籍者。

因此,本书论述的"华人"指:一定程度上保持中华文化(或华人文化)、中国人血缘的非中国公民。血缘和文化,是华人属性的最本质特征,体现了客观差异的标识。②

随着中国海外移民及后裔与其海外居住国之间不断调整、适应和发展变化,华侨、华人、华裔、华族等概念在不同的历史时期蕴含了不同的深意,同时也见证了海外华人族群发展和演变的特征及脉络。随着华侨先后加入当地国国籍,一方面在政治上认同当地国,另一方面从文化和族群特征上认同华人群体,20 世纪 50 年代后,华人概念逐渐以其新特征,成为"海外中国移民及其后裔"这个群体的主要概念。中国主管涉侨事务的国务院侨办,基于国籍法给予华人(外籍华人)以严格的定义:"外籍华人指原是华侨或华侨后裔,后已加入或已取得居住国国籍者。"③

虽然在法律上,华侨与华人有严格的区分,但华侨与华人同根同源,在种族和文化属性上一致,在社会生活中更没有明显区别。

相比"华侨"这个具有明确政治和法律属性的概念,华侨华人居住国的官方和民间,使用"华人"这个概念称谓包括华侨在内的中国移民及其后裔也越来越普遍。如美国人口统计局将非美国公民的华侨华人群体(出生时没有美国的公民资格)归为一类,称为"非本土出生华人(foreign born from China),包括后来加入美国国籍的人(华人)、法律许可的长期居民(华侨)、

---

① 国务院侨务办公室编:《侨务法规文件汇编:1955—1999》,内部文件,1999 年,第 151 页。

② 庄国土:《二战以后东南亚华族社会地位的变化》,厦门:厦门大学出版社,2003年,第 18 页。

③ 国务院侨办:《关于华侨、归侨、华侨学生、归侨学生、侨眷、外籍华人身份的解释(试行)》(国侨发 1984 年 2 号),载国务院侨务办公室编:《侨务法规文件汇编:1955—1999》,内部文件,1999 年,第 153 页。

难民、合法非移民(留学生、工作和其他短期签证持有者),以及非法移民。[①]
用"Chinese Diaspora"来界定所有的华人族裔,将其归入移民及其后裔群
体,无论其是否出生于美国还是拥有美国国籍。1984 年,台湾侨委会对"海
外华人"的定义也是广义的华人,指包括华侨、华人和华裔(中国父母的后
代)的所有居住在海外的中国人及其后裔。在国际学术研究领域,除非在需
要特别区别其法律身份的时候,通常将华侨华人视为一体。体现在关于"华
人"的英文概念,如 Chinese,Ethnic Chinese,Chinese Diaspora 等,在绝大
部分情况下也都统指所有的华侨华人。

本书的研究对象,是作为种族和文化意义上的华人,所用的"华人"概
念,是广义的华人概念,涵盖法律身份可能是"华侨"的群体。

### 2. 移民和国际移民

移民(emigrant)指"人口在一定距离的空间上的迁移,这种迁移具有定
居性质"。如上所述,尽管移民的成因有多种理论解释,但大体而言,造成持
续性移民现象的基本原因主要是为了寻求更好的谋生手段和生存空间。

本书讨论的是国际移民或跨国移民(international migrant, overseas
emigrant)。何为国际移民? 本书采用联合国人口司(United Nations
Population Division)和世界移民组织(International Organization for
Migration)对"国际移民"的概念界定,即跨越国界的常久性人口空间移动。

关于国际移民的分析有多种框架。从移民的规模分析,可以将移民分
为个体移民、集体移民、大规模移民;从移民的居留时间分析,可分为短期移
民、中期移民、永久移民;从移民是否正式与合法分析,可分为合法移民、非
法移民;从移民被接受的类别分析,可分为技术移民、投资移民、亲属团聚移
民、劳工移民、难民等。

联合国为了协调各国关于移民数据的统计管理,以便让不同国家的移
民数据之间具备更高的可比性,曾在 1953 年拟定了《国际移民统计建议》,
此后又在 1976 年和 1997 年进行了修订和更新,对国际移民的界定和分类
提出规范性建议。根据联合国统计处拟定的《1997 年国际移民统计建议》,
将国际移民界定为"任何改变常住国的人",并对长期移民和短期移民进行

---

[①]　Aaron Matteo Terrazas, Bhavna Devani, *Chinese Immigrants in the United
States*, Migration Policy Institute, US in Focus, Migration Information Source, 2008,
p. 6.

区分：长期移民是指"移居非常住国至少一年的人"，以至于目的国实际上变成了其新的常住国；短期移民定义为"移居非常住国达到至少3个月，又短于12个月的人群，但为娱乐、度假、探访亲友、商务、医疗或宗教朝拜等目的而前往该国的除外"。①此外，世界旅游组织（World Tourism Organization）将国际游客界定为：前往非常住国和离开常住环境旅行不超过12个月，并且其主要旅行目的不是工作的人。持续较长时间的旅游并不能认定为移民，而为工作前往其他国家并居留3～12个月则是短期移民。②

尽管联合国对"常住"定义的时间建议为一年，但不同国家对常住居民的时限规定仍有差别，从1～12个月都有。总体而言，还是以一年时限最为普遍。本书讨论的东南亚华人海外移民，即指离开其移出国一年以上的群体。

### 3. 华人海外移民

本书的研究对象"华人海外移民"，区别于从中国移出的华人移民，即指"中国以外的华人移民"。泛指华人或华侨华人，通常被视为从中国移出的移民及其后裔，他们的再次跨国移民，即是本书讨论的"华人海外移民"。③本书主要讨论从中国移出前往东南亚的华人的再次跨国移民，这部分海外移民的概况，即东南亚华人的海外移民。一些国外学者为了研究方便，将移民首次出境后的再次移民现象统称为"二次移民"（second wave migration）。本书的"华人海外移民"，与国外学者讨论的"二次移民"有一定异同。"华人海外移民"既包括作为移民的华人本身的"二次移民"，还包括华人移民后代的移民。2012年，台湾"中央研究院"的东南亚区域研究年度研讨会便以东南亚的移民及华人海外移民现象为主题，进行深入探讨。

一般来说，华人海外移民包括华人的永久移民、临时移民和非法移民三个部分。

---

① Recommendations on Statistics of International Migration, *Statistical Papers Series M*, No. 58, Rev. 1, Department of Economic and Social Affairs Statistics Division, New York: United Nations, 1998, pp. 45～83.

② *UNWTO Basic Documents*, Volume I, Fourth Edition, May 2013, http://dtxtq4w60xqpw. cloudfront. net/sites/all/files/docpdf/130718basicdocumentsenweb. pdf.

③ 对华人海外移民的关注，是近年来人口学和华侨华人研究领域的热点。2010年，国家社科基金和教育部社会学/人口学重点项目，均有华人海外移民研究项目的立项。

　　根据移民接收国统计,移民一般分为永久居民(permanent residents)和短期移民(temporary entrants),前者包括技术移民(skill stream)、家庭团聚(family stream)、特殊资格类(special eligibility),后者包括访问学者、留学生、劳工、旅游和商业类等。鉴于东南亚地区各国的移民类型各不相同,如菲律宾以劳动力移民为主,印尼以非法移民为主,新加坡和马来西亚以边境移民为主以及印支半岛的难民等现象,因此东南亚地区华人的海外移民的估算仅包括永久居民和留学生类、劳工类短期移民,移民类型则是大多以技术移民为主,家庭团聚和留学为辅。来自东南亚的华人非法移民也属海外移民,但因数量较少,本书不做特别归类及专门研究。

　　此外,本书对东南亚华人海外移民的估算既包括存量(stock)也包括流量(flow),一方面与各国统计标准的不同有关,另一方面也与国际人口普查的口径一致。[①]

　　东南亚华人海外移民主要流向发达国家,也有部分前往中国。本书重点研究前往世界其他地区,尤其是发达国家的东南亚华人海外移民。

---

　　① 有些国家人口普查的统计仅包含存量,有些国家人口统计则仅包含流量。为了统一行文,本书将存量和流量一起汇总作为整体估算之用,其中重叠统计部分会单独列出,均在一定的误差范围之内。

# 第二章

# 二战后世界移民潮和
# 东南亚移民发展概况

二战后,国家间交往逐渐加强,地区发展愈发不平衡。发达国家经济发展急需廉价的劳动力和科技开发的生力军。20 世纪 60 年代中期以来,发达国家陆续修改移民法,放宽对发展中国家移民的限制,引发全球移民潮。无论是来自中国的移民还是来自东南亚华人的海外移民,都属于全球移民潮的组成部分。

## 第一节　二战后的世界移民潮

东南亚移民是二战以后国际移民潮的组成部分。自以美国为首的发达国家相继修改移民法以便大规模引入外国移民以来,世界移民潮方兴未艾,持续至今。

### 一、世界移民历史的基本脉络和当代移民潮的特点

#### 1. 世界移民历史的基本脉络

大体而言,现代国际移民历史可分为如下四个阶段。

第一阶段:资本原始积累时期的国际移民(1500—1800 年)。这一时期世界移民输出地主要集中在欧洲,大量欧洲人随着殖民扩张和寻求经济增长所需的商品和资本,移民到全球各地。为巩固和扩大其殖民地,掠夺当地资源,为欧洲日益增长的重商主义经济提供原料,欧洲殖民者除了派遣武装人员、行政官吏、传教士外,还需要大量从事生产的劳动力。过去 300 年里,

欧洲移民广泛分布于美洲、非洲、亚洲和大洋洲。[①] 此阶段的移民通常被分为四类：大量的农业移民、少量的管理人员和工匠、较少的企业家（开设工厂为欧洲商品经济发展提供原材料）、罪犯移民（遣送至海外殖民地接受处罚）。欧洲人通过武力扩张，在非洲、亚洲、美洲建立广袤的殖民地，也为欧洲移民开拓了足够的空间。第一阶段的欧洲移民多为配合殖民扩张，这些移民是殖民地管理和开发的主角，是殖民地的统治阶层或上层居民。

第二阶段：欧美工业化时期的国际移民（1800—1914 年）。这一时期是世界历史的大变革时期，工业化的进程从欧洲迅速扩展到欧洲人在亚非拉各大洲的主要殖民地或由欧洲移民为主建立的国家，北美和拉丁美洲是欧洲移民的主要目的地。资本主义完成了从手工业阶段向大工业的过渡后，紧接着在 19 世纪末自由资本主义向垄断资本主义过渡。在这样的背景下，国际移民呈现出历史上空前的盛况。[②] 欧洲的大规模移民较为普遍，几乎所有欧洲国家都有不同程度的移民情况发生，主要前往阿根廷、澳大利亚、加拿大、新西兰和美国。这对 19 世纪和 20 世纪初欧洲的社会、经济和人口变革影响深远。值得注意的是，这一时期亚洲也出现大量人口国际迁移的现象。19 世纪中叶黑人奴隶制取消后，取而代之的是中国和印度的契约劳工制，这些契约劳工主要被输送到欧洲人的殖民地。19 世纪中叶到 20 世纪初期，中国海外移民多为契约劳工，20 世纪初期以后才为自由劳工所取代。[③]

第三阶段：世界大战期间及前后的国际移民（1914—1960 年）。这一时期垄断资本之间的矛盾空前尖锐，发生了 1914—1918 年的第一次世界大战、20 世纪 30 年代的全球性经济危机和 1937—1945 年的第二次世界大战以及战后民族独立运动的高潮。一战中断了欧洲向外移民的高潮，战后移

① Hugh Tinker, The British Colonies of Settlement, pp. 14～20, Jan Lucassen, Emigration to the Dutch Colonies and the USA, pp. 21～27, Ida Altman, Spanish Migration to the Americas, pp. 28～32, Michael Heffernan, French Colonial Migration, pp. 33～38, in Robin Cohen, ed., *The Cambridge Survey of World Migration*, Cambridge: Cambridge University Press, 1995.

② Timothy J. Hatton, Jeffrey G. Williamson, *The Age of Mass Migration: Causes and Impact*, New York: Oxford University Press, 1998.

③ L. Potts, *The World Labour Market: A History of Migration*, London: Zet Book Ltd., 1990, p. 63, p. 108.

民虽有所回升,但规模只及战前的 1/3。1910—1914 年,前往美国的东南欧"新移民"占移民总数的 4/5,1921 年及 1924 年美国制定了限制移民入境的政策,将东南欧配额降至 1/5,移民人数因之大降。1937 年第二次世界大战的爆发,使得国际的普通经济移民几乎中断,而政治性移民空前增加。[①]

第四阶段:后工业化时期的国际移民(1960 年至今)。20 世纪 60 年代后的世界移民潮与之前的国际移民截然不同,而发生了深刻的变化,国际移民不再像工业化时期那样由少数欧洲国家流向少数欧洲人建立的定居地,而是真正具有全球规模,移民从范围上讲真正走向了国际化。从数量和类别上来看,移民输出国和移民接收国的数量和种类也增多了,第三世界国家的移民迅速增加。[②] 在工业化时代,国际移民是从人口密集、经济较为发达的国家转向人口稀少、经济正在崛起的新兴国家。然而,后工业时代的移民却是从人口稠密而处于工业化初期的国家,流向人口或稀疏或密集的后工业化社会。自 20 世纪 60 年代以来,欧洲的向外移民在国际移民中所占的份额越来越小,而非洲、亚洲和拉丁美洲的移民迅速增加。[③] 同时,移民目的地的数量和种类也增多了。除了大洋洲和美洲等传统的移民接收地区外,大航海时代以来一直输出移民的整个欧洲地区,现在都在吸收大量外来移民,尤其是德国、法国、比利时、瑞典、瑞士和荷兰等国。[④] 它们在战后初

① Diana Kay, The Resettlement of Displaced Persons in Europe, 1946—1951, pp. 154~158, Colin Holmes, Jewish Economic and Refugee Migrations, 1880—1950, pp. 148~152, Gérard Noiriel, Italians and Poles in France, 1880—1945, pp. 142~145, Keith Sword, The Repatriation of Soviet Citizens at the End of the Second World War, pp. 323~326, in Robin Cohen, ed., *The Cambridge Survey of World Migration*, Cambridge: Cambridge University Press, 1995.

② Stephen Castles, Mark J. Miller, *The Age of Migration: International Population Movements in the Modern World*, New York: The Guilford Press, 1993.

③ Peter Stalker, *The Work of Strangers: A Survey of International Labour Migration*, Geneva: International Labour Office, 1994. Hania Zlotnick, *International Migration 1965—1996: An Overview*, *Population and Development Review*, 1998, Vol. 24, pp. 429~468.

④ Muhammad Anwar, New Commonwealth Migration to the UK, pp. 271~273, Nermin Abadan-Unat, Turkish Migration to Europe, pp. 274~278, Tomas Hammar, Labour Migration to Sweden: The Finnish Case, pp. 297~301, Philip E. Ogden, Labour Migration to France, pp. 289~297, in Robin Cohen, ed., *The Cambridge Survery of World Migration*, Cambridge: Cambridge University Press, 1995.

期是从南欧招聘劳工的,后来转而从中东和北非大量招募"客籍劳工"。20
世纪 70 年代后,随着经济的发展,即使一直作为移民输出国的意大利、西班
牙和葡萄牙等也开始接收来自中东和非洲的大量外来移民。① 1973 年以
来,随着石油价格的迅速增长,波斯湾许多产油国由于劳工的短缺,也开始
吸收外来劳工而成为新的移民目的地。② 截至 20 世纪 80 年代,除日本外,
东亚新兴工业化国家和地区如韩国、新加坡、马来西亚、泰国、中国台湾和香
港等也开始大量吸收外来劳工移民。③ 这一时期,传统移民接纳国的移民
模式也经历了深刻变化,不仅入境移民急剧增加,而且主要来自劳动力资源
丰富但资金短缺的国家,接收国大都采取限制政策,非法移民因而日益
增多。

### 2. 当代移民潮的主要特点

与工业化时期国际移民的状况相比,后工业时期(1960 年后)的国际移
民潮有如下三个主要特点:

一是大部分移民来自资本少、劳力多、就业率低的发展中国家,这些国
家人口与经济的失衡现象造成严重的生存压力,与欧洲工业化时期的移民
输出国主要为了求发展有很大差异。全球化催生的两极分化和贫富悬殊状
况,不仅在国内普遍存在,国家间的差别甚至可能更大。因此,发展中国家
的向外移民的意向,远比 19 世纪更强烈。

二是当代移民接纳国大都是资本和技术密集且国民教育程度高的发达

---

① Rossettos Fakiolas, Italy and Greece: From Emigrants to Immigrants, pp. 313
~315, Carlota Solé, Portugal and Spain: From Exporters to Importers of Labour, pp.
316~320, in Robin Cohen, ed., *The Cambridge Survey of World Migration*,
Cambridge: Cambridge University Press, 1995.

② J.S. Birks, A. Sinclair, *International Migration and Development in the
Arab Region*, Geneva: International Labour Office, 1980. Manolo I. Abella, Asian
Migrant and Contract Workers in the Middle East, pp. 418~423, in Robin Cohen, ed.,
*The Cambridge Survey of World Migration*, Cambridge: Cambridge University Press,
1995.

③ Helmut Loiskandl, Illegal Migrant Workers in Japan, pp. 371~375, Chan
Kwok Bun, The Vietnamese Boat People in Hong Kong, pp. 380~385, Lian Kwen Fee,
Migration and the Formation of Malaysia and Singapore, pp. 392~396, Graeme Hugo,
Illegal Migration in Asia, pp. 397~402, in Robin Cohen, ed., *The Cambridge Survey
of World Migration*, Cambridge: Cambridge University Press, 1995.

国家。这些国家由于资本的集中和科技的进步,技术密集型产业发达,国民普遍具有从事高端行业的能力,本国劳动力向高端行业流动,劳动力密集型产业或低端产业职位空缺。而且发达国家普遍存在低出生率和老龄化现象,劳动力短缺,需大量外来移民补充。对于当代发达国家来说,如果说在工业化时期,外来移民除从事低端行业外,还能被视为发展制造业和建立民族国家工业体系所必需的劳动力队伍的重要力量,而在后工业化时期,技术发展对劳动力的挤出效应甚至导致本地劳动力也大量过剩,外来移民除了少数高级人才外,受到多方的限制,通常只能从事"3D"工作。[①]

三是移民输出国和接收国之间在财富、收入、实力、发展和文化等方面的差距远比工业化时期更大。工业化时期的主要移民输出地——欧洲国家比移民目的地要先进。[②] 他们的移民动机,很大程度是为了发展而非为了生存。后工业化时代巨大的发展差距乃至鸿沟,导致发展中国家与发达国家生存和发展环境有巨大悬殊。无论是对图生存的移民还是图发展的移民来讲,发达国家都有比工业化时期更为强大的吸引力,导致更普遍和更大规模移民现象的出现。

## 二、世界移民潮的五大体系

进入 21 世纪,国际移民呈现新的特点和发展趋势,主要表现在五大国际移民体系的形成、移民模式的多样化以及移民数量增长和非法移民问题严重。美国社会学家 Massey 认为,到 21 世纪初,国际人口迁移已经明显形成五大体系,即北美体系、欧洲体系、波斯湾体系、亚太体系和拉美南角体系。

1.北美移民体系。在北美体系中,美国吸收的外来人口数量约为加拿大的 10 倍。北美体系的移民主要是欧洲移民、拉丁美洲的墨西哥和加勒比地区移民及亚洲移民。在 20 世纪 60 年代之前,进入美国的移民主要来自欧洲。20 世纪 60 年代以后,来自拉丁美洲和亚洲的移民合计超过进入美国的移民总量的 80%,还有部分来自非洲、中东和大洋洲的移民。

---

① "3D"指的是脏(dirty)、累(difficult)、险(dangerous)的工种。

② Douglas S. Massey et al, *Worlds in Motion：Understanding International Migration at the End of the Millennium（International Studies in Demography）*，New York：Oxford University Press，2005，pp.6~7.

2.欧洲移民体系。欧洲经历了由移民主要输出地向移民接收地转变的过程。20世纪70年代前,欧洲移民体系主要体现在欧洲范围内的人口流动,其移民的基本流向是从南欧向西欧流动。20世纪70年代后,欧洲也成为世界移民的主要目的地之一。先是西欧各发达国家成为移民的目标国,此后南欧各国也很快成为移民输入国。欧洲移民体系目前是西亚和非洲移民的主要目的地,来自西亚的移民主要移出国是土耳其和黎巴嫩,占了1/3。非洲前往欧洲的移民主要来自北非马格里布国家,即阿尔及利亚、突尼斯和摩洛哥等国,占30%。东欧的波兰、俄罗斯和其他苏联加盟共和国也是前往欧洲其他国家的移民输出国,他们占前往欧洲移民总量的18%。来自亚洲的移民较少,约有10%,来自美洲的最少。欧洲移民体系的形成是国际移民史上的新现象,即首次大规模移民从人口相对稀少的地区向人口稠密地区迁移,而这种迁移还出自欧洲主动招募"客工"。欧洲人原本希望"客工"完成任务后,依约返回原籍,但事与愿违,移民反客为主,遂使人口稠密的欧洲成了多元民族和多元文化的社会。

3.波斯湾移民体系。这个体系是20世纪70年代石油危机后才形成的。由于石油美元的大量流入和当地劳工严重短缺,中东成了吸收移民的一大新的中心。波斯湾国家开始时主要招募中东周边国家的劳工,20世纪80年代转而招募巴基斯坦、印度和孟加拉等亚洲国家的穆斯林,随后又招募越南、韩国、菲律宾等国的非穆斯林劳工。由于接收国不愿外来移民成为永久居民,更不愿意同族、同文、同教的移民介入当地的政治,因此目前这个体系的移民多为临时工,其中只有13%来自中东各国,80%以上来自其他亚洲国家。

4.亚太移民体系。这个体系的特点是多中心。目前已形成澳大利亚、日本、东亚和东南亚新兴工业国家与地区四个移民接纳中心。其中澳大利亚的移民也如北美一样,过去以欧洲白人为主,现在则以亚太移民为主。日本从20世纪80年代起,在吸收亚洲移民的同时也开始大量接纳美洲日裔劳工。20世纪80—90年代东亚的韩国、中国台湾,东南亚的新加坡、泰国和马来西亚也随着亚洲经济"奇迹"的出现,先后由移民输出地变为移民输入地。就整个亚太体系而言,来自亚洲的移民占81%,来自美洲和大洋洲的移民约占7%,来自中东的只占4%。

5.拉美南角移民体系。这个体系中的阿根廷、巴西和乌拉圭,是传统的移民接纳国,主要接纳来自意大利、西班牙和葡萄牙的移民。1800—1970

年间进入拉丁美洲的 1380 万移民中,大约 3/4 定居于巴西和阿根廷。二战以后,拉美来自欧洲的移民锐减。以阿根廷为中心的拉美南角移民体系的特点是移民流量少,洲际移民不多,主要来自阿根廷周边国家。据统计,这个体系中,有 87% 的移民来自拉美,6% 来自欧洲,7% 来自亚洲。[①]

除了上述五大移民体系外,Massey 认为,值得注意的还有南非移民体系。笔者认为,由于政治、经济、文化与历史因素,以俄罗斯为中心的独联体移民体系也是不可忽视的。中国国际移民广泛分布在上述五大移民体系之中,二战前的老移民主要分布在亚洲,高度集中在东南亚,而改革开放后的新移民则多前往北美、欧洲和澳洲。东南亚地区的华人海外移民也遵循这个流向规律,在五大体系中的北美、欧洲和亚太广泛分布。

## 三、移民模式多样化

二战后的世界移民大潮,就其移民类别、渠道、目的地而言,最大的特点是多样化。

英国学者斯蒂芬·卡斯尔斯(Stephen Castles)认为,21 世纪是全球化进程空前加速的时代,新的交通工具和通信技术的飞速发展使得资金、商品、信息、文化产物以及人员有可能通过政府间的官方网络、跨国公司、各种非政府民间跨国机构甚至跨国犯罪集团频繁流动。在此背景下,21 世纪国际人口流动过程中最有时代特色并对今后发展具有重大影响的有两点:一是移民模式的多样化与不同类别移民间的界限日趋模糊。政府虽极力鼓励某种移民入境同时限制某种移民入境,但发现很难将其加以明确区别,甚至在鼓励某类移民进入时,却客观上不得不接受其他非鼓励进入的移民,因而无法实施其政策。如技术或人才移民是各移民接收国欢迎的移民类型,但当接收人才移民时,其亲属团聚却经常带来更多限制类的移民。二是现代信息与交通技术迅速发展,人口跨国流动日趋经常化,临时性移民(temporary migration)、往返性移民和巡回性移民(repeated and circulatory migration)日益增多,越来越多的移民通过各种网络,生活于两个或两个以上的社会,形成跨国社会(transnational community),并产生强

---

① Douglas S. Massey, *Patterns and Processes of International Migration in the 21st Century*, Jun 7, 2003, http://diasporaydesarrollo.com/index.cfm/publications-view? ID=e9c85f10-570d-42e0-b0ac-e9bc43987962.

烈的跨国主义意识(transnationalism)。过去,国际人口迁移是在两国之间进行的,他们或者成为永久居民,逐步汇入主流社会,或者只是暂时的劳工和侨民,与母国保持着密切联系。在这两种情况下,国家的主权和权力都没有受到怀疑。但在全球化加速的今天,随着跨国社会的普遍出现和跨国主义意识的增强,多重认同(multiple identities)、多层公民权(multi-layered citizenship)和双重国籍(dual nationality)等问题应运而生,国家主权问题受到严峻的挑战。国际人口迁移模式的复杂化与类别的模糊化,人口流动方式的经常化、多样化和跨国社会的普遍化及其对国家主权构成的严峻挑战,是新世纪国际移民的重要特点,也是今后发展的重要趋势。

与移民类型多样化和复杂化同时存在的是国际移民数量的增长与非法移民问题的日趋严重。国际移民人数大为增长主要源自:(1)全球化对发达国家和欠发达国家的影响,使得他们之间的差距越来越大。到 2000 年,高收入国家人均收入是中等收入国家的 16 倍,低收入国家的 66 倍。许多贫困国家的人们为逃避贫困、自然灾害和战乱,寻求安全和出路转而千方百计向发达国家移民。①(2)经济发达国家生育率大幅下降,人口负增长与老龄化日趋严重,劳动力极度缺乏,而发展中国家人口正处于高增长期,劳动力大量过剩。高出生率和劳动力过剩必然带来移民的压力。② (3)交通和信息业的革命为跨国移民提供了越来越便利的条件,不但人员来往增多,而且运费便宜。(4)全球化过程中各种官方与民间网络的发展也为人口跨国迁移提供了渠道和机制。移民网络的形成扩大了移民信息来源,降低了移民成本和风险,使整个移民过程获得内在动力,而移民产业的兴起更促进了移民数量的增加。③

## 第二节　二战后东南亚移民状况评述

第二次世界大战结束后,东南亚各国人民为反对西方国家重建殖民统

---

① Philip Martin, *Copenhagen Consensus: Challenge Paper on Population Migration*, Cambridge: Cambridge University Press, 2004, p. 11.

② Philip Martin, *Sustainable Migration Policies in a Globalizing World*, Geneva: International Institute for Labour Studies, 2003.

③ Stephen Castles, The Factors that Make and Unmake Migration Policies, *CMD Working Paper*, No. 3, 09a, 2003.

治,建立政治独立的国家,进行了包括武装斗争在内的长期抗争。1946 年,菲律宾摆脱美国的殖民统治,完全独立。1948 年,缅甸脱离英国 60 多年的殖民统治,获得独立。1949 年,印度尼西亚结束与荷兰的冲突获得独立。随后是 1954 年法国殖民者撤出印度支那,柬埔寨和老挝独立,越南以北纬十七度为界分成两个独立国家,即北部的越南民主共和国(北越)和南部的越南共和国(南越)。1957 年,马来西亚同英国达成协议,获得了在英联邦内的独立。1959 年 6 月,新加坡也获得自治。二战以后,以美国为首的西方国家旋即掀起冷战序幕,世界日益分化为以美国为首的西方阵营和以苏联为首的社会主义阵营。独立以后的东南亚各国,除北越加入社会主义阵营外,其他东南亚国家或多或少地加入或倾向于西方阵营。长期殖民统治的阴影、冷战时期反共反华和民族国家之间各种政治、经济、民族冲突,尤其是大国势力在东南亚的角逐和干涉,使东南亚各国从 20 世纪 50—70 年代不同程度陷入政局不稳的状态,意识形态斗争、阶级和族群冲突加剧,经济发展滞后。在此期间,东南亚各国政府都不同程度推行限华乃至排华政策,造成华侨华人社会普遍的动荡和困境,从而诱发大规模的海外移民。二战结束后,东南亚移民进程共分为三个阶段:1945—1970 年的移民,20 世纪70—90 年代的移民和 21 世纪初的移民。

## 一、1945—1970 年的东南亚移民

欧洲殖民统治时期,东南亚地区各国相互移民现象很少。此时,该地区的移民主要来自中国、欧洲和中东各国。随后的日据时期,欧洲移民被迫离开东南亚,很多华侨也回到中国或到其他国家避难。20 世纪 50—60 年代,除了东南亚的一些华侨华人因排华等原因回到中国外,东南亚地区的国际移民,主要是随欧洲殖民者返回欧洲或前往澳大利亚,这些国际移民大多与殖民者有各种联系,同时,随行的有少部分的留学生和劳工。这时期的东南亚国际移民还包括相当数量的留学生,他们主要是在科伦坡计划(Colombo

Plan)资助下前往欧美各国,包括部分华人学生。[①] 同时,美国还招募泰国劳工为美国的军事项目服务,随后又派遣这些劳工前往南越。在印尼,荷兰殖民者大批离去,随行携带一部分在印尼时的雇员,他们大多拥有一技之长并且信奉基督教,被带往欧洲各国集中投资和殖民活动的地区。[②] 这些人中,有相当多的华人。

1960 年 1 月 20 日,《中华人民共和国和印度尼西亚共和国关于双重国籍问题的条约》生效。根据条约规定,华侨凡属于双重国籍者,均按自动原则选择一种国籍。一批印尼华侨选择中国国籍后,陆续返回中国。1965 年 9 月 30 日,印尼雅加达发生了由苏加诺(Bung Sukarno)总统卫队营长翁东(Untung)上校领导的军事政变,试图从右派手中夺取陆军领导权。时任印尼总统的苏加诺由于政治立场倾向社会主义阵营,被支持西方的苏哈托(Haji Suharto)推翻。苏哈托随即在全国策动反共大清洗,导致大量华人被当作共产党员处决,大量华人被迫离开印尼,到海外生活。

此外,印尼、马来西亚、泰国、菲律宾和文莱的一些穆斯林教徒,离开居住国前往麦加朝圣,少数人或留居中东地区。

1945—1970 年,东南亚地区尚未形成大规模区内移民的主要原因,在于东南亚各国相继独立后,重新划定边界,加强管理,减少了区域内人口的流动。同时,各国经济发展水平较低,交通和移民成本较高,容纳移民的空间有限。加之广播、电视和其他大众媒体的传播不畅,使得东南亚各国人民对外部了解有限,移民意愿不强。

## 二、20 世纪 70—90 年代的东南亚移民

1970 年后,东南亚区域内各国经济迅速发展,推进了东南亚移民的进程,移民类型也日益多样化,技术移民、留学生、难民、家庭团聚、劳工等成为

---

① 科伦坡计划是世界上第一批援助计划之一,它在 20 世纪 50 年代由英联邦国家发起。美国在东南亚的举动引起英国的强烈不安,针对美国酝酿实施的"第四点计划",英国政府开始筹划新的经济发展计划——"科伦坡计划",旨在通过以资金和技术援助、教育及培训计划等形式的国际合作,来加强南亚和东南亚地区的社会经济发展。科伦坡计划既是英国维护其在亚洲传统影响的结果,又是英国在南亚、东南亚推行冷战政策的产物。

② Graeme Hugo, Migration in the Asia-Pacific Region, Global Commission on International Migration, 2005, p. 6.

20 世纪 70—90 年代东南亚移民的主要形态。

1. 技术移民。新加坡是亚洲经济奇迹（Asian economic miracle）的组成部分，著名的亚洲四小龙之一。新加坡经济高速发展，在需要高技术专业人士和管理人才的同时，也需要大量非技术劳动力填补国内劳动力市场的空缺，大量来自马来西亚、菲律宾、印尼等国的移民前往新加坡寻找就业机会。与此同时，随着欧美等国相继修改移民法，吸引了以技术和家庭团聚类为主的大量东南亚移民。20 世纪 70—80 年代，来自新加坡和马来西亚的移民主要以经济类移民和留学生身份，前往英国、美国和澳大利亚；来自印尼的移民集中前往荷兰和中东石油国；来自菲律宾的移民主要前往美国、澳大利亚和中东地区。

2. 难民。20 世纪 70—90 年代，东南亚地区难民成为世界上最大的难民群体，是这个时期东南亚移民中的一个最重要组成部分。

(1)越战后的难民潮。1975 年 4 月 30 日，南越的西贡政权被推翻，越南的南北两部分实现了统一。随后，越南又先后陷入与柬埔寨和中国的战争。长期的战争以及与西方世界的隔绝导致越南经济崩溃，通货膨胀，国民生活水平急速下降。20 世纪 70 年代后期，超过 150 万越南难民逃离越南。在难民潮伊始，很多人的避难首选之地是东南亚邻国，但是被这些邻国以各种原因拒绝接收，如泰国、马来西亚、印尼都将"越南船民"拒之门外。于是，印支难民大量前往中国、法国、美国、加拿大、澳大利亚等国避难。根据联合国难民署 1985 年 2 月提供的数字表明，当时的印支难民人数高达153 万。[①]

(2)1998 年印尼排华事件。1998 年 5 月 13 日至 16 日，印度尼西亚暴徒发动了一系列针对华裔社群的大屠杀，被称为"黑色五月暴动"，数万名华裔遭到有组织的虐待与杀害，而印尼政府对此采取了默许的态度。印尼排华事件导致了大量印尼华人遇难，华人财产蒙受重大损失，众多华人工厂、店铺、房屋、住宅被烧毁。大批印尼华人逃离印尼，前往接受了"避难请求"的新加坡、美国、香港等国家和地区。

(3)缅甸难民和菲律宾穆斯林难民。1962 年，以奈温（Ne Win）为首的缅甸军人集团发动军事政变，建立了社会主义纲领党一党专政的军人政权，

① *World Refugee Population*：*1977—1994*，U. S. Committee for Refugees，World Refugee Survey，https://migration. ucdavis. edu/mn/cir/95report6/pages121. htm.

推行的一系列激进的民族主义政策和"缅甸式社会主义纲领",包括华人在内的很多富裕者逃离缅甸。1988 年,缅甸爆发大规模要求民主的抗议活动,缅甸军政府对此进行血腥镇压。部分追求民主的缅甸人逃离缅甸,进入邻近的泰国和孟加拉国避难。菲律宾独立以后,摩洛穆斯林民族解放阵线于 1977 年开始争取在菲律宾第二大岛棉兰老岛上建立独立的伊斯兰教国家"摩洛国",与菲律宾政府展开了长达 20 年的武装冲突,约有 12 万人在冲突中丧生,导致菲律宾南部陷入长期混乱与贫穷,大量居民背井离乡沦为难民。据联合国世界粮食计划署统计,这些难民有 60％暂住在难民营,另有 40％投奔了亲戚。①

3.劳工。1973 年,中东石油危机,需要大量劳工用于基础设施建设。东南亚移民集中前往中东。其中,非技术或半熟练工人主要来自劳动力过剩的国家如菲律宾、印尼、泰国、缅甸和越南,少部分高技术专业人才主要来自新加坡、马来西亚和菲律宾。1997 年,亚洲金融风暴席卷泰国,泰铢贬值,不久这场风暴席卷了马来西亚、新加坡、印尼、日本和韩国等国。东南亚金融危机把笙歌一片的东南亚带入了一片萧条的境况,各国经济大受打击。在东南亚各国经济中占有相当比重的华人企业损失尤其惨重,部分华人企业倒闭,一批华人企业集团转而向海外扩展业务或将企业移出,在海外建立子公司或合营公司,从而不少华人管理人员和技术人员随其企业前往国外。东南亚经济危机后,各国政府在政策上不同程度更加倾向于采取扩大国营经济部门,限制某些行业发展,保护原住民低收入阶层等政策,以避免贫富差距过大进而维持社会稳定。由于历史上的原因,东南亚各国华人的经济收入平均高于原住民。在这一情况下,东南亚国家实施的保护土著经济发展的政策,对华人企业给予不公平的待遇。如马来西亚继续执行"新经济政策"、印尼的"经济力量薄弱集团"(原住民集团)优惠政策等,部分华人选择移民欧美,寻找生存和发展的空间。

20 世纪 70—90 年代,东南亚地区各国开始大规模移民的主要原因在于:(1)经济全球化的发展,特别是交通和信息技术的进步,移民成本降低。(2)发达国家这些传统移民接收国普遍修改移民政策和移民法,基本上摒弃了以种族为参考标准的带有歧视性的政策,移民的选择更重视技能和家庭

---

① Hania Zlotnik, International Migration 1965—1996: An Overview, *Population and Development Review*, Vol. 24, No. 3, 1998, p.445.

团聚。如澳大利亚"白澳政策"的废除,为东南亚移民前往澳大利亚工作、学习和生活提供了更大的空间。(3)随着人口结构的不均衡发展,劳动力过剩和劳动力缺失国家间的劳动力供应差距增大。经济发展水平较高的西方国家,人口生育率较低,而人口生育率相对较高的大部分东南亚国家则劳动力过剩,这就导致大批东南亚移民前往西方国家谋生存,求发展。同时,中东地区石油国经济发展,也为东南亚各国非技术和半熟练劳动力提供了就业和移民的可能。(4)发达国家的人道主义援助和难民政策,为因战争和社会动乱的难民提供了移民的机会。印支难民得到国际社会的援助,随着难民的离境,以家属团聚方式移民的数量也随之增加。(5)留学成为移民的一种方式。英国、美国和澳大利亚等国大力吸引东南亚各国的留学生,特别是与英美教育接轨的新加坡、马来西亚和菲律宾的留学生,进而从中挑选急需的专业人才留下为其经济发展服务。目前,澳大利亚政府允许留学生毕业后留澳,符合条件可获得永久居民身份。

## 三、21 世纪初的东南亚移民

21 世纪初,经济全球化在广度和深度上不断发展,商品、技术、信息、服务、货币、人员的跨国和跨地区流动更加频繁。21 世纪初的东南亚移民,在延续 20 世纪 70—90 年代移民模式的同时,又表现出新的特点:(1)移民数量继续增加。20 世纪 70—90 年代,离开东南亚的移民在迁居国已经形成了自己的社群,如美国第四大移民族群(ethnic groups)的菲律宾移民、人数众多的印支难民群体等,他们仍在继续帮助祖籍地的民众通过家庭团聚、技术移民和留学等方式移民海外。(2)移民方式更加多元。除低技术劳动力外,欧美各国乃至区域内如新加坡等国,大量吸引东南亚各国的专业和高技术人才移民;欧美各国还通过吸引留学生来培养和招徕技术人才;婚姻移民也日益增多,如泰国和菲律宾女性,多以婚姻方式移民海外;此外,非法移民一直没有停止,东南亚地区已经成为非法移民的重要移出地和中转站。(3)移民年轻化。与 20 世纪 70—90 年代移民相比,21 世纪初的东南亚移民年龄结构趋向低龄化和年轻化。在劳工移民、留学生和技术移民群体中,移民年龄结构呈现橄榄型结构,即 14 岁以下和 65 岁以上移民较少,20~55 岁之间的移民最多。

20 世纪 60 年代中期以后,发达国家陆续修改移民法,发展中国家开始大规模向发达国家移民。在 1970—1995 年间,仅西方发达国家就净接纳

3500 万移民,占其人口增长的 28%。[①]虽然 20 世纪 90 年代以来,发展中国家之间的移民也呈增长态势,但向发达国家移民仍是世界移民主流。2005年,国际移民达 1.91 亿人。其中,1.15 亿在发达国家,0.75 亿在发展中国家。约 1/3 的移民是从一个发展中国家移居另外一个发展中国家。[②]近 50年的东南亚国际移民的去向也是如此。东南亚人口流动数量不断增加、规模不断扩大、移民模式更加多样化,这都将对东南亚地区社会、经济、政治和人口发展产生重要的影响。在移民目的地方面,虽然东南亚区域内移民有较大增长,但向发达国家移民仍是基本趋势。

---

[①] 联合国经济和社会事务部:《人口、环境与发展简要报告》中文本,纽约:联合国,2001 年,第 15 页。

[②] 时任联合国秘书长安南在联合国第 60 届会议(议程 54. C)关于《国际迁徙与发展》的报告(中文本),2006 年 5 月 18 日,第 11 页。

# 第三章

# 东南亚地区华人海外移民规模评估

东南亚是全世界华侨华人最集中的地区。自20世纪50年代以来,除新加坡和马来西亚外,东南亚各国都没有正式发布有关族群结构的人口统计数据。国内外学者不仅对东南亚华侨华人数量的看法莫衷一是,而且针对东南亚华人海外移民数量的估算也仍处于空白状态。

东南亚地区共包括11个国家,其中马来西亚、泰国、新加坡和文莱等4国为移民主要接收国,菲律宾、印度尼西亚、缅甸、越南、柬埔寨、老挝和东帝汶等7国为移民主要输出国。其中马来西亚和泰国既是较大规模的移民输出国也是移民接收国。

多种因素导致东南亚地区华人海外移民估算的困难。首先,东南亚华侨华人数量规模的不确定。战后绝大部分东南亚华人相继加入当地国籍,其身份认同呈多元化状态。很多华人或自愿或被迫同化于当地社会,隐瞒华人特征,导致其"华人"身份认定的不确定性,在社会人口统计中多被归入土著民族。其次,华侨华人问题一直被东南亚各国政府视为敏感问题,其真实存在状况的信息通常被回避或扭曲。即使在新加坡政府发布的族群结构统计数据中,也未公布非永驻新加坡的外国人来源地的统计数据。除新加坡和马来西亚外,其他国家几乎没有任何关于族群结构的可靠统计资料。再次,东南亚各国的出入境统计数据大多不全,尤其是没有关于出入境日期类型的明确记录。最后,在缅甸、柬埔寨、老挝乃至菲律宾和泰国,很多中国新移民可通过各种方式改变居留身份而不进入官方的归化统计记录。以上种种情况导致对东南亚华侨华人数量把握的困难,在此基础上更难以推估华人海外移民的规模。

此外,国际移民的统计资料可供利用的不多,且较为模糊,存在可信度的偏差,并且可获得性不强。这主要源自移民体系的多样化、国籍和归化立法的不同、各国历史和现实发展状况的差异等。以移民接收国(澳大利亚、加拿大、新西兰和美国)为例,这些国家的人口统计将入境移民按照出生地进行归纳,而其他 OECD 成员国家则以国籍作为统计标准。一些国际组织,特别是联合国,虽然强烈建议各国对国际移民的概念和统计采取统一的标准,但在具体落实方面则困难重重。各国的相关移民数据不全且偏差较大,主要原因在于数据不容易获得。一些国家定期进行人口注册统计,而其他一些国家则以出入境和签证为移民统计数据基础,甚至有些国家将外国劳工数据归并在社会保障信息体系内。此外,人口普查的数据、关于人口特征的调查问卷、跨境记录等虽都是可利用的数据来源,但一些国家的政府并不愿意将数据公开或全部公开,这更加大了移民数据统计的难度。

因此,准确估算,甚至是大体估算东南亚华人海外移民的数量,难度极大。鉴于该领域仍基本处于空白状态,且国际学术界的华人华侨研究,似乎都将世界华侨华人当作来自中国的移民,因此,本书仍尝试从各渠道汇总和评估东南亚华人海外移民的数据和规模,旨在了解当前东南亚华人海外移民大体规模和结构的概况,其中数据统计方面不免有些误差和失误。

本章拟从四个方面的数据对东南亚华人海外移民的过程和规模进行评估。

一是从移民输出国的角度进行数据评估。移民输出国的人口数量受出生率、死亡率、移民三大因素的影响。对华人海外移民的规模评估,主要是通过考察该国历史人口统计数据变动、人口自然增长率、华人所占比率和华人人口增长率等因素,再参考其他特殊因素(如灾荒、战乱、排华等),对移出华人人数进行推估。大体而言,作为估算基础的东南亚国家的历史人口统计数据,大多对实际的华侨华人数量低估。因此,本书或存在对华人海外移民数量估算时偏向低估的状况。泰国、印尼、越南、缅甸等国的族群和移民统计资料缺乏,因此采取推估的方式。新加坡和马来西亚的人口统计资料(包括移民数据)相对完整,可主要依靠该国统计数据,再参考其他因素进行较精确的估算。

二是从移民接收国的角度进行数据评估。鉴于相关移民接收国大多只是统计移民的来源地,甚少对某国移民的具体族群进行细分,因此,在对移民接收国中的华人海外移民数量进行推估时,或只能通过推估华人移民在东南亚地区各国移民中的比例,由此来了解整体概况。

三是从国际移民机构提供的数据进行分析。虽然各个机构统计口径有所不同,但相关移民机构的很多数据,都可作为华人海外移民总量评估的参考。

四是利用相关学者已有的研究成果。假设这几方面统计可相互印证,其结论应该比较接近真实状况或偏于低估。

无论如何,笔者仍通过搜集和综合各方面的信息,力图描述东南亚地区华人海外移民的整体状况,评估出大体规模,不敢奢求精确,仅是力求接近实际状况。

笔者的初步结论是,迄 2014 年,东南亚地区华人海外移民总数在 345 万左右,占全球 4543 万(2007—2008 年)华侨华人的 7.5% 左右,见表 3-1。

表 3-1 二战以后东南亚地区华人海外移民数量

| 国家 | 年份 | 华人海外移民数量 |
| --- | --- | --- |
| 新加坡 | 1960—2012 | 26 万 |
| 马来西亚 | 1957—2010 | 105 万 |
| 菲律宾 | 1974—2011 | 77882 |
| 印度尼西亚 | 1969—2010 | 136800 |
| 泰国 | 1960—2010 | 70 万 |
| 印支三国 | 1970—2009 | 96 万 |
| 缅甸 | 1948—2014 | 27 万 |
| 总计 | | 3455026 |

# 第一节 华人海外移民输出国数据评估

本节从华人海外移民输出国的角度对华人海外移民进行数量评估。鉴于人口的变动与出生率、死亡率和移民情况紧密相关,因此计算华人海外移民的数量需要获得人口出生率和死亡率,通过出生率和死亡率计算人口自然增长率,再参照华人人口数量对华人海外移民数量的影响因素,评估华人海外移民的人数。

东南亚地区各国家相关数据的具体情况不同,仅有新加坡、马来西亚、泰国和越南公布了历年或部分年份人口统计数据,从中可以获得计算华人海外移民数量的相关参数。由于其他国家未公布这些数据,因此无法获得准确的华人人数以及人口自然增长率，只能就目前能够获得的数据材料，大体推估华人海外移民规模。

## 一、新加坡华人海外移民规模

1965 年新加坡独立，此后经济和社会发展迅速，成为东南亚地区重要的移民接收国、移民输出国和中转站。1965—1975 年间，新加坡本土产业发展有限，高度依赖英国的经济支撑，接受移民的空间不大，所以此阶段的移民较少。随着新加坡制造业的兴盛、对外直接投资和出口的增加，新加坡成为东南亚地区经济起飞的先导者，大量移民进入新加坡，满足新加坡对普通劳工、中等管理层乃至高端技术和管理人员的快速增长的需求。随着经济全球化的发展，新加坡出境移民也日益增多。

### 1. 关于新加坡人口资料的说明

新加坡公布的人口统计资料，一向包括各族裔国民人数和定居的外国人人数，但没有发布出境移民的数量和族裔比例。1947 年后，新加坡不再作为战前海峡殖民地之一或之后马来西亚的组成部分，开始单独进行人口统计。新加坡以十年为人口统计的节点，目前可获得 1970 年、1980 年、1990 年、2000 年、2010 年的较为完整的人口统计数据。

新加坡向海外移民的具体情况缺乏统计资料，要进行准确的分析存在一定难度，即使是新加坡最著名的人口学家苏瑞福教授也持此看法。[①] 为了获得其他国家公民身份而宣布放弃新加坡公民身份的人员记录，是唯一可获得的出国移民数据资料。但是，由于有些新加坡海外移民的接收国实行双重国籍制度，部分新加坡人仍然能够保留新加坡的公民身份，其在国内的公民身份仍然保留，未必全部被计入出境移民之内。还有一种情况是，保持新加坡国籍但申请移入国的永久居民身份，这些移民的数据并不体现在新加坡关于移出国民的记载中。以上这两种情况说明，如果仅从新加坡的出境移民统计来看华人海外移民的数量，就会造成低估，甚至大大低估。

到目前为止，我们虽有新加坡人口变动的各项数据，但仍缺乏各个时期从新加坡移出人数的统计数据，仅掌握关于新加坡公民 2003 年和 2012 年的海外移民（overseas Singaporean）的数量。本书将根据这些数据推估新加坡海外移民和华人海外移民人口数量。

---

① ［新加坡］苏瑞福：《新加坡人口研究》，厦门：厦门大学出版社，2008 年，第 81 页。

**2. 新加坡海外移民数量估计**

(1)新加坡公民的移民规模

根据新加坡法规,新加坡公民身份指通过出生、注册或入籍的方式获得合法国籍的人。若某人被认定拥有双重国籍,在人口普查中,则按其自主选择来确定公民身份。新加坡的公民身份证件包括新加坡公民身份证、新加坡护照和新加坡红色身份证。

2012年9月,新加坡国家人口和人力资源部(NPTD,National Population and Talent Division)发布《2012年人口简报》。报告指出,2003年,在海外工作的新加坡公民有15.7万。到2012年6月,这个数量增长到20万,增长率为27%,主要是前往澳大利亚、英国、美国和中国。绝大多数移民的年龄在20~54岁之间。[①] 该报告还说明,这20万人仅包括那些有明确的在外国居住地址及在过去一年里超过半年不在国内的人口。

2003年,在海外工作的新加坡公民有15.7万。2000年,新加坡总人口中,华族比例为76.8%;2006年华族比例为75.2%。我们取两者平均值76%为2003年的华族比例。假如新加坡公民中华族比例也为76%,则2003年新加坡华族公民移出人数为119320万。依此比例计算,2012年的新加坡海外公民中,有15.2万华人。

(2)新加坡永久居民的可能移民人数

新加坡人口中的永久居民,指在现有移民条例中被赋予新加坡永久居留权,即因为在新加坡长期居住而拥有永久居民身份的人。其身份证件是持有外国护照并带有新加坡移民局授予的入境和回境签证的外国人,以及那些拥有新加坡蓝色身份证的人。

由于新加坡政府并没有发布关于新加坡永久居民的海外移民状况,我们仅能参照新加坡公民海外移民规模给予评估。2000年,新加坡永久居民人数29万人,约是公民人数的10%。此后,新加坡大量引进外国移民,永久居民比例有较大上升。2009年以来,新加坡接收移民的政策趋于严厉,永久居民比例又有所下降。2011年,新加坡总人口518万。其中,公民325万人,永久居民50万人,约是公民人数的14.4%。大体而言,2000—2012年,永久居民大体上是公民人数的12%。假如新加坡永久居民在海外工作

---

① Theresa Tan,200000 Singaporeans living abroad,*The Straits Times*,Oct 14,2012.

的人数与公民的比例相当,则可以推估,2003 年,新加坡永久居民中,海外
移民人数约为 1.9 万。2012 年的海外新加坡永久居民有 2.4 万,华人
1.8 万。

依此推估,到 2012 年,海外新加坡公民和永久居民中,华人约有 17 万。
但这并不是新加坡华人移出人数的全部,还应该包括那些放弃新加坡国籍
而移民海外和那些放弃新加坡永久居民身份而移民海外的人。据估计,那
些离开新加坡多年的新加坡公民中有很多人已经加入当地国籍而放弃新加
坡国籍。尤其是在 20 世纪 80 年代以前新加坡收入水平不高的时期,新加
坡的海外移民大多加入当地国籍,其应当不在这 17 万人的统计之内。但由
于新加坡缺乏相关数据,只能依据接收国的数据推估。

从新加坡的海外移民去向来看,新加坡的主要移民国家是美国、澳大利
亚、英国等发达国家,以及新加坡对外投资国,如东盟各国和中国(包括港澳
台)。新加坡的主要对外投资国缺乏相关新加坡移民的统计数据,但美国等
国则有相关统计。

根据美国国土安全部移民统计年鉴,1986—2011 年美国的新加坡永久
居民和归化类人员数量为 24829 人(表 3-2)。

表 3-2　1986—2011 年美国的新加坡移民数量

| 年份 | 永久居民 | 归化 | 合计 | 非移民 |
|------|---------|------|------|--------|
| 1986 | 480 | 168 | 648 | —— |
| 1987 | 469 | 155 | 624 | —— |
| 1988 | 492 | 137 | 629 | —— |
| 1989 | 566 | 141 | 707 | —— |
| 1990 | 620 | 162 | 782 | —— |
| 1991 | 535 | 180 | 715 | —— |
| 1992 | 774 | 145 | 919 | —— |
| 1993 | 798 | 157 | 955 | —— |
| 1994 | 542 | 209 | 751 | —— |
| 1995 | 399 | 170 | 569 | 96592 |
| 1996 | 561 | 292 | 853 | 113517 |

续表

| 年份 | 永久居民 | 归化 | 合计 | 非移民 |
|---|---|---|---|---|
| 1997 | 460 | 168 | 628 | — |
| 1998 | 388 | 141 | 529 | 123443 |
| 1999 | 355 | 292 | 647 | 120014 |
| 2000 | 668 | 404 | 1072 | 145438 |
| 2001 | 1100 | 306 | 1406 | 134948 |
| 2002 | 1033 | 322 | 1355 | 97680 |
| 2003 | 582 | 273 | 855 | 97993 |
| 2004 | 966 | 332 | 1298 | 118345 |
| 2005 | 1204 | 338 | 1542 | 126714 |
| 2006 | 997 | 347 | 1344 | 135328 |
| 2007 | 985 | 315 | 1300 | 146288 |
| 2008 | 922 | 433 | 1355 | 160356 |
| 2009 | 832 | 403 | 1235 | 123309 |
| 2010 | 774 | 336 | 1110 | 152901 |
| 2011 | 690 | 311 | 1001 | 175908 |
| 合计 | 18192 | 6637 | 24829 | |

资料来源:根据美国国土安全部1986—2011年移民年鉴汇总而得(*Yearbook of Immigration Statistics*,*1986—2011*,Office of Immigration Statistics,Homeland Security,U.S.)。

备注:非移民包括旅游和商务往来者、留学生及访问学者、短期劳工及家属、外交工作人员及代表等短期居住的移民,并非以移民为目的。在统计时,美国将新加坡公民和永久居民以非移民身份入境的合并统计在非移民分类里。

汇总澳大利亚移民局移民数据,1965—2012年,新加坡定居移民和永久居民的数量为81315人(表3-3)。

表 3-3　1965—2012 年澳大利亚的新加坡移民数量

| 年份 | 定居移民 | 永久居民 | 合计 |
|---|---|---|---|
| 2012—2013 | 1737 | 2555 | 4292 |
| 2011—2012 | 1125 | 2275 | 3400 |
| 2010—2011 | 1095 | 1823 | 2918 |
| 2009—2010 | 1421 | 2040 | 3461 |
| 2008—2009 | 1454 | 2281 | 3735 |
| 2007—2008 | 1815 | 2583 | 4398 |
| 2006—2007 | 1658 | 2512 | 4170 |
| 2005—2006 | 2685 | 3664 | 6349 |
| 2004—2005 | 3036 | 4087 | 7123 |
| 2003—2004 | 2224 | 3114 | 5338 |
| 2002—2003 | 1751 | 2501 | 4252 |
| 2001—2002 | 1493 | 1985 | 3478 |
| 2000—2001 | 1361 | — | 1361 |
| 1995—2000 | 3994 | — | 3994 |
| 1990—1995 | 3766 | — | 3766 |
| 1985—1990 | 7983 | — | 7983 |
| 1980—1985 | 3275 | — | 3275 |
| 1975—1980 | 3120 | — | 3120 |
| 1970—1975 | 3506 | — | 3506 |
| 1965—1970 | 1396 | — | 1396 |
| 总计 | 49895 | 31420 | 81315 |

资料来源:根据澳大利亚移民局移民报告汇总而得(*Immigration Update*,1996—2012,Statistical Publications,Department of Immigration and Border Protection,Australian Government)。

备注:定居移民(settler arrival)通常是指持有长期或短期签证抵澳,并且想定居澳洲的人。该移民计划包括家庭流动、技术流动和特殊技能移民。永久居民(permanent resident)指持有永久居民签证,可以永久居住于澳大利亚的外国公民。

20 世纪 60 年代至 2012 年,美国和澳大利亚的新加坡移民共计

106144,如果按照华族占新加坡人口76％的比例计算,则美国和澳大利亚的新加坡华人的数量为80669人;又根据英国2011年族群人口报告,新加坡华人数量为1.2万人;加拿大2006年人口普查,新加坡移民及其后裔的数量为1390人,则新加坡海外华人的数量为9万多。再结合从新加坡方面的推算,到2012年,海外新加坡公民和永久居民中,华人约有17万。即20世纪60年代至2012年,新加坡华人海外移民共计26万。

事实上,这个数据可能低估了新加坡华人海外移民的数量。比如,前来中国的新加坡华人数据无法估算。根据新加坡国际企业发展局的一项调查显示,新加坡在华投资企业超过4800家,新加坡中小企业近半在华投资。① 另据中国商务部统计,新加坡2013年在中国的投资额达到73.27亿美元,成为中国最大外资国。② 由此可知,应当有一定数量新加坡华人及其家属和工作人员前来中国居住、经商。鉴于这部分数据的不可获得性,所以新加坡华人海外移民26万应属于低估。

**3. 新加坡华人海外移民的原因**

新加坡公民和永久居民离开新加坡的原因不一而足。大体而言,首先,顺应新加坡对外投资的需要而移居海外的人应当不在少数,尤其是那些到中国的。其次,接受了海外教育而不想回新加坡、到国外寻求本地不易获得的更好的工作、子女不适应第二语言、儿子不想服兵役、跟外国配偶结婚而移居配偶国、逃离新加坡拥挤和快节奏的生活而寻求更轻松的生活、华人英语水平较高更易移民适应移居国生活等,都是离开新加坡的原因。③ 此外,期待国外有更自由的政治环境和学术环境,是某些新加坡人,尤其是一些崇尚学术、社会和政治自由的学者离开新加坡的原因。其中,包括不少原南洋大学的毕业生。④

---

① 《新加坡中小企业近半在华有投资》,中国经济网,2013年11月18日,http://intl. ce. cn/sjjj/qy/201311/18/t20131118_1766022. shtml.

② 《新加坡去年在华投资73亿美元》,网易财经,2014年2月2日,http://money. 163. com/14/0202/09/9K2N7ULK00252G50. html.

③ [新加坡]苏瑞福:《新加坡人口研究》,厦门:厦门大学出版社,2008年,第81页。

④ 如在日本龙谷大学和上智大学任教的卓南生教授和蔡史君教授,都是南洋大学的毕业生,在日本定居30多年,仍持新加坡护照。他们在担任厦门大学南洋研究院客座教授期间(2007年),曾谈及南大校友离开新加坡而前往世界各地的原因,其中部分人是希望有更满意的社会政治环境。

**4.新加坡华人人口概况**

自 20 世纪 90 年代开始,新加坡华人出生率逐渐降低。导致华人人口数量减少的因素,除生育率下降和死亡之外,还有中国人移入新加坡的数量减少和华人移民前往海外数量增多所致。

**表 3-4　1970—2011 年新加坡三大族群人口生育率**

单位:%

| 年份 | 1970 | 1975 | 1985 | 1990 | 2000 | 2007 | 2008 | 2009 | 2010 | 2011 |
|---|---|---|---|---|---|---|---|---|---|---|
| 华人 | 3.03 | 2.07 | 1.50 | 1.65 | 1.43 | 1.14 | 1.14 | 1.08 | 1.02 | 1.08 |
| 马来人 | 3.50 | 2.14 | 2.11 | 2.69 | 2.54 | 1.94 | 1.91 | 1.82 | 1.65 | 1.64 |
| 印度人 | 3.19 | 1.96 | 1.94 | 1.89 | 1.59 | 1.25 | 1.19 | 1.14 | 1.13 | 1.09 |

资料来源:(1)Saw Swee-Hock: *The Population of Singapore*, Singapore: ISEAS Publishing, Institute of Southeast Asian Studies, 2007, p. 169.

(2)*Yearbook of Statistics Singapore*, Department of Statistics, Ministry of Trade & Industry, Republic of Singapore, 2012, Table 3. 6 "Live-Births by Ethnic Group and Sex".

鉴于新加坡人口统计未专门统计华人人口的自然增长率,因此需要通过出生率和死亡率进行计算。新加坡历年人口统计也没有公布华人人口的出生率和死亡率,仅可获得已公布的华人人口的生育率。因此,在无法获得新加坡华人出生率的情况下,以生育率代替出生率可以了解新加坡华人人口的变动情况。大体在 1990 年以后,华人生育率始终低于总生育率,更低于其他族群的生育率。如果假设华人人口死亡率不变的话,那么华人人口自然增长率呈下降的趋势。然而,事实上也证明,新加坡华人人口自然增长率呈逐年下降的趋势。苏瑞福教授在《新加坡人口研究》一书中指出,华人的人口增长率与印度人和马来人相比,波动较小。华人的人口年均增长率在 1824—1830 年期间达到了最高值 12%,在随后的 20 年间则快速地下降了。随后又经历了非常缓慢而又平稳的增长,到了 19 世纪末增长率大约是 3%,在 20 世纪前半叶维持着比该值略高的水平。[1] 移民是新加坡华人人口增长的主要因素,战后初期,新加坡人口死亡率迅速下降而出生率不断上升,导致新加坡人口增长率加快,年均增长率为 4.5%。这是 20 世纪新加

---

① [新加坡]苏瑞福:《新加坡人口研究》,薛学了等译,厦门:厦门大学出版社,2009 年,第 13~14 页。

坡人口增长率的最高纪录。① 苏瑞福在《新加坡人口研究》一书中还指出，二战后至 1958 年，新加坡华人人口总生育率一直维持在 6.5% 左右的水平，华人持续不变的生育率导致新加坡的总生育率在此阶段也维持着一个较高的水平。1958 年后，华人总生育率逐渐下降，由 1958 年的 6.4% 下降至 2006 年的 1.11%。②

表 3-5　1970—2011 年新加坡人口出生率和死亡率

单位：‰

| 年份 | 1970 | 1980 | 1990 | 2000 | 2010 | 2011 |
|---|---|---|---|---|---|---|
| 出生率 | 22.1 | 17.6 | 18.2 | 13.7 | 9.3 | 9.5 |
| 死亡率 | 5.2 | 4.9 | 4.7 | 4.5 | 4.4 | 4.5 |
| 人口自然增长率 | 16.9 | 12.7 | 13.5 | 9.2 | 4.9 | 5.0 |

资料来源：Singapore Department of Statistics，http://www.singstat.gov.sg/statistics/browse_by_theme/population.html.

表 3-6　1970—2010 年新加坡华人人口

| 年份 | 1970 | 1980 | 1990 | 2000 | 2010 |
|---|---|---|---|---|---|
| 华人人口 | 1597365 | 1890083 | 2370643 | 2513847 | 2794000 |

资料来源：Singapore Department of Statistics，http://www.singstat.gov.sg/statistics/browse_by_theme/population.html.

新加坡人口的两大组成部分展现了两种完全不同的人口增长模式。由于自然增长是人口增长的主要因素，因此，作为新加坡人口重要组成部分的常住居民绝对数的增长相当平稳，平均增长率也相当平稳，通常在 2% 以下。而作为新加坡人口较小组成部分的非常住居民，大多数是短期逗留的外国人，其人数的变化则非常大。2000 年以后，新加坡出生人口减少而死亡人口增加，实际上，新加坡的人口自然增长呈现平稳下降的趋势。③ 另根

① ［新加坡］苏瑞福：《新加坡人口研究》，薛学了等译，厦门：厦门大学出版社，2009 年，第 17～19 页。

② ［新加坡］苏瑞福：《新加坡人口研究》，薛学了等译，厦门：厦门大学出版社，2009 年，第 177 页。

③ 据联合国亚洲及太平洋经济社会委员会出台的《2008 年亚洲及太平洋统计年鉴》，整个亚太地区自 2000 年以来年均人口增长率已经降至 1.1%，低于人口替换率 2.1% 的标准。除出生率降低外，向外移民加剧了人口出生率下降的趋势。

据新加坡 2011 年统计年鉴的数据显示,在 2000—2011 年新加坡各族裔的出生人口比中,华人由于人口数量基数大,其出生人口绝对数量仍远远超过马来人和印度人,华人基本上每年出生人口维持在 23303~27063 之间,马来人口维持在 5711~7816 之间,印度人口维持在 3712~4376 之间,华人仍占新加坡出生人口的主要比例。[①] 但如果考虑到华人的人口数量占新加坡总人口 75% 左右,其他两族的合计人口仅占 25%,则可发现华人的出生率远低于其他两族。

## 二、马来西亚华人海外移民数量估算

根据移民接收国统计,移民一般按永久居民和短期移民进行分类统计。永久居民包括技术移民、家庭团聚、特殊资格类;短期移民包括访问者、留学生、劳工、旅游和商业类等。马来西亚华人海外移民包括永久居民和留学生类短期移民,大多以技术移民为主,家庭团聚和留学为辅。那些加入接收国国籍的人包括永久居民,也属于海外移民。因此接收国的永久居民中,应当是包括加入国籍的人。

表 3-7　马来西亚华人人数统计

单位:百万

| 年份 | 总人口 | 华人人数 | 占总人口比例 |
|---|---|---|---|
| 1980 | 13.83 | 3.65 | 26.39% |
| 1985 | 15.76 | 4.04 | 25.63% |
| 1990 | 18.21 | 4.45 | 24.43% |
| 1995 | 20.73 | 4.91 | 23.68% |
| 2000 | 23.30 | 5.36 | 23.00% |
| 2005 | 26.21 | 5.81 | 22.16% |
| 2010 | 28.30 | 6.24 | 22.04% |

资料来源:(1)Department of Statistics Malaysia, Official Portal, Population and Housing Census, Malaysia, 1970, 1980, 1991, 2000, 2005, 2010, http://www.statistics.gov.my/portal/.

(2)Saw Swee-Hock, *The Population of Peninsular Malaysia*, Singapore: Institute of Southeast Asian Studies, 2007.

---

① *Yearbook of Statistics Singapore*, Department of Statistics, Ministry of Trade & Industry, Republic of Singapore, 2012, Table 3.6 "Live-Births by Ethnic Group and Sex".

　　关于华人移民的数据,马来西亚政府并未在官方的出版物中发布。马来西亚方面能够获取的数据就是数次人口统计中关于人口出生地的统计,以此来大体了解进入马来西亚移民的情况,而马来西亚向外移民的数据在马来西亚人口统计中并未公布。此外,根据马来西亚1963年以来总计五次的人口统计,1970年和1980年的人口统计是按照总人口进行统计的,并未对各族群人口数量进行分类统计。而1991年、2000年和2005年的人口统计才将族群人口进行分类,按照是否为马来西亚公民的标准归类。根据马来西亚人口统计数据显示,马来西亚华人的人口增长率缓慢,生育率低于马来人和印度人。华人人口数量减少除生育率下降和死亡之外,最重要的是华人移民至海外数量增多所致。

表 3-8　1970—2010 年马来西亚人口出生率和死亡率

单位:‰

| 年份 | 出生率 | 死亡率 | 人口自然增长率 |
|---|---|---|---|
| 1970 | 32.4 | 6.7 | 25.7 |
| 1975 | 30.7 | 6.0 | 24.8 |
| 1980 | 30.6 | 5.3 | 25.4 |
| 1985 | 31.5 | 5.0 | 26.5 |
| 1990 | 27.9 | 4.6 | 23.3 |
| 1995 | 26.1 | 4.6 | 21.5 |
| 2000 | 25.3 | 4.5 | 20.8 |
| 2005 | 23.1 | 4.5 | 18.6 |
| 2009 | 22.2 | 4.8 | 17.4 |
| 2010 | 21.4 | 4.8 | 16.6 |

资料来源:(1)Department of Statistics Malaysia, http://www.statistics.gov.my/portal/download_Economics/files/DATA_SERIES/2011/pdf/21Perangkaan_Penduduk.pdf.

　　(2)Index Mundi, http://www.indexmundi.com/g/g.aspx? c=my&v=25.

表 3-9　1991—2010 年马来西亚三大族群的总生育率

单位:%

| 年份 | 马来人 | 华人 | 印度人 |
|---|---|---|---|
| 1991 | 4.2 | 2.5 | 2.8 |
| 1994 | 4.0 | 2.6 | 2.7 |
| 1999 | 3.6 | 2.2 | 2.5 |
| 2005 | 3.4 | 2.3 | 2.4 |
| 2009 | 2.8 | 1.7 | 1.9 |
| 2010 | 2.6 | 1.5 | 1.7 |

资料来源:(1)Department of Statistics Malaysia, Official Portal, Population and Housing Census, Malaysia, 1991, 2005, http://www. statistics. gov. my/portal/.

(2) Saw Swee-Hock: *The Population of Peninsular Malaysia*, Singapore: Institute of Southeast Asian Studies, 2007, p. 126.

(3) Department of Statistics Malaysia, http://www. statistics. gov. my/portal/images/stories/files/LatestReleases/vital/Vital_Statistics_Malaysia_2010. pdf.

表 3-10　2009—2010 年马来西亚华人的出生率和死亡率

单位:‰

| 年份 | 出生率 | 死亡率 | 人口自然增长率 |
|---|---|---|---|
| 2009 | 12.8 | 5.4 | 7.4 |
| 2010 | 11.3 | 5.4 | 5.9 |

资料来源:Department of Statistics Malaysia, http://www. statistics. gov. my/portal/images/stories/files/LatestReleases/vital/Vital_Statistics_Malaysia_2010. pdf.

根据 2009—2010 年马来西亚华人人口出生率和死亡率的数据可知,华人人口自然增长率分别为 7.4‰和 5.9‰(表 3-10),而同期总人口的自然增长率分别为 17.4‰和 16.6‰(表 3-8),华人人口自然增长率约相当于总人口自然增长率的 42% 和 35%,表明华人的人口自然增长率远低于占人口绝对多数的马来人的人口自然增长率。苏瑞福教授在《马来西亚人口研究》一书中指出,自 1969—2005 年,马来西亚华人的死亡率基本维持在 4.8‰~5.83‰之间,变动微弱。① 这意味着,华人的人口自然增长率变动主要受出

————————

① Saw Swee-Hock: *The Populaton of Peninsular Malaysia*, Singapore: Institute of Southeast Asian Studies, 2007, pp. 126~130.

生率的影响。根据表 3-9 中华人生育率递减的变化趋势可知,华人的人口自然增长率也呈降低的曲线。

在马来西亚所公布的 1980—2010 年人口数据中,包括各族群的人口总数及其人口自然增长率。影响马来西亚华人人口数量的因素,是华人人口的机械增长(指外来华人移入和本地华人的移出)和自然增长。根据现有文献和资讯,大体可以认定,在这一期间,虽然有外来华人移入马来西亚,如马来西亚的银发计划吸引了一些中国人及部分留学生,以及部分因婚姻获得移民资格的中国人,但总量仅十几万,[①]且很多人是非正式居留,不计入马来西亚的官方人口统计。世界其他地方的华人,也少有大规模移居马来西亚的记载。因此,大体可以推定,影响马来西亚华人数量变动的因素,主要在于马来西亚华人本身的自然增长率和移出的规模。根据其自然增长率所应当达到的人口数量和其实际统计出来的人口数量之差,基本上是其移出的数量。

表 3-11　1980—2010 年马来西亚华人人口移出人数统计

| 族群 | 1980 | 1985 | 1990 | 1995 | 2000 | 2005 | 2010 |
|---|---|---|---|---|---|---|---|
| 华人 | 3651196 | 4041357 | 4459971 | 4910183 | 5363139 | 5810258 | 6245361 |
| 时间段 | 1980—1985 | 1985—1990 | 1990—1995 | 1995—2000 | 2000—2005 | 2005—2010 | |
| 人口自然增长率% | 2.85 | 3.17 | 2.57 | 2.33 | 1.85 | 1.73 | |
| 移出人数 | 1980—1985 年移出华人达 160648 人;1985—1990 年移出华人达 263860 人 1990—1995 年移出华人达 153119 人;1995—2000 年移出华人达 146366 人 2000—2005 年移出华人达 67669 人;2005—2010 年移出华人达 85177 人 合计移出:876839 人 | | | | | | |

移出人数计算公式:1980—1985 年间移出人数=1980 年华人数量×(1+2.85%)5−1985 年华人数量,其他年段计算方法与此相同。

资料来源:(1)Saw Swee-Hock:*The Population of Peninsular Malaysia*,Singapore:ISEAS Publishing,2007.

(2)Department of Statistics,Malaysia,http://www.statistics.gov.my/portal/.

(3)马来西亚统计局(Department of Statistics,Malaysia)统计月刊(*Monthly Statistical Bulletin Malaysia*)。

(4)IPUMS International,https://international.ipums.org/international/index.shtml.

---

① 姚珠玲:《生存与发展:中国新移民在马来西亚》,厦门大学南洋研究院未刊硕士学位论文,2007 年 6 月。

根据《1974 年马来西亚人口统计报告》(*The Population of Malaysia*),马来西亚自 1957 年独立到 20 世纪 70 年代,马来半岛(西马)的华人海外移民约达 25 万,移民新加坡的达 64000 人,其余 185000 人海外移民至英国、美国和其他国家。[①] 这时的华人海外移民年龄介于 15~29 岁之间,男性占 60%,且多是年轻的高技术人才,具有高等教育背景,通过再次移民继续求学或寻找新的就业机会。[②] 另据 IPUMS-International 项目公布的马来西亚人口统计分类数据显示,[③]1980 年的华人人口总量达 365 万1196 人。[④] 1980—2010 年间,马来西亚华人合计移出达 87 万 6839 人。由此可以大体推估出,1957—2010 年间,马来西亚华人移民出境总数约达113 万。

虽然马来西亚政府自 1957 年独立至今从来没有公布过国民移民海外的数量,但马来西亚政府相关政要均不同程度地透露过移民相关的信息。从他们公布的资料中,我们可以大体推测出马来西亚华人海外移民不断增加的变化趋势。马来西亚外交部副部长柯希兰(A. Kohilan Pillay)曾公布过资料指出,从 2008 年 3 月至 2009 年 8 月短短 18 个月内,就有逾 30 万名马来西亚人移居海外,这个数目只是在海外工作及有向马来西亚驻当地大

---

① Dorothy Z. Fernandez, Amos H. Hawley, Silvia Predaza prepared, R. Chander, J. M. Y. ed., *The Population Of Malaysia*, 1974 World Population Year, C. I. C. R. E. D. SERIES, 1975, pp. 42~54.

② Charles Hirschman, Migration from Peninsular Malaysia, 1957—1970, *The Malayan Economic Review*, vol. 20, no. 2, 1975, pp. 44; Kok Eng Chan, Tey Nai Peng, Demographic Processes and Changes, in Kam Hing Lee, Chee-Beng Tan eds., *The Chinese in Malaysia*, New York: Oxford University, 2000, p. 82.

③ IPUMS-International 是 Integrated Public Use Microdata Series-International 的简写,是当前全球最大的人口普查数据库,总部位于美国明尼苏达州大学明尼苏达州人口统计中心。IPUMS-International 将世界各国的人口统计微观数据整合成统一的模式,方便不同的年份和国家间进行比较,旨在通过提供微观数据进行对比分析,方便了解全世界各国社会和经济发展变迁。

④ *Malaysia Population and Housing Census 1980*, University of Minnesota, IPUMS, https://international.ipums.org/international. 1980 年的人口统计分类数据由马来西亚政府统计局(Department of Statistics, Malaysia)和美国明尼苏达州人口统计中心(Minnesota Population Center)的联合项目提供。其他年段华人人口数据见马来西亚政府统计局历年人口统计报告和苏瑞福教授所著《马来西亚人口研究》一书。

使馆登记的马来西亚人。在 2009 年头 9 个月内,就有高达 21 万人移居海外,这其中,约一半是专业人士,此外,另有 5 万名马来西亚人在海外留学。资深在野党领袖林吉祥(Lim Kit Siang)指出,马来西亚自 1957 年独立至今,估计有 100 万人才流失。前总理署部长纳兹里(Mohamed Nazri Abdul Aziz)在 2007 年国会中指出,马来西亚建国 50 年里,估计有 100 万～200 万人才外流。执政党国阵总协调蔡细历(Chua Soi Lek)指出,1957—2010 年,在外国工作的马来西亚技术和专业人才达 90 万人。马来西亚前人力资源部长冯镇安(Fong Chan Onn)透漏,外流人才华人居多,政府成功吸引回国的数百名人才,八成是华人。华社研究中心主任文平强(Voon Phin Keong)在《马来西亚华人人口比例下降:事实与响应》一文中指出,从 1957 年独立至 1991 年,华人人口的自然增长是 338 万人,不过在同时期华人的净迁移是 110 万人。他指出,华人在 20 世纪 80 年代移民情况严重,在那个年代,增长的华人人口就有一半(39 万人)离开马来西亚。[①] 由此可以看出,马来西亚华人海外移民过百万的推算可能大体接近实际情况。

因此,根据华人人口数量和自然增长率推估,1957—2010 年间,马来西亚华人海外移民总量约达 113 万人。如果考虑到这个时期有少数外国华人移入,则合理的数据应当是 105 万～110 万。

## 三、泰国华人海外移民数量估算

泰国是东南亚地区除新加坡之外,华人人数最多的国家。泰国国家统计局每十年进行一次人口普查,从 1909 年开始共计 11 次人口普查。前五次人口普查主要由内政部(Ministry of Interior)负责,1960 年开始的第六次人口普查则由国家统计局全面负责,严格执行每十年一次的统计周期。1987 年前,省级注册机构全面负责泰国人口出生、死亡、移民等信息的搜集整理工作。1988 年起,注册管理局通过居民身份证号码建立了人口注册数据库,自此,泰国人口统计工作更为精确。本书就以泰国历年人口普查材料和国家统计局的统计为资料来源,根据泰国人口数量和华人所占比例推算华人人数,再根据泰国人口自然增长率推估华人海外移民数量。此外,为了与华人海外移民数量相印证,特别对泰国出境移民人数进行汇总,从而根据

---

① 林友顺、萧伟基:《大马华人精英异乡大放异彩》,中新网,2010 年 2 月 6 日,www.chinanews.com.cn.

华人比例推估华人海外移民人数。两种方法相互印证,可推出华人海外移民的大概规模。

泰国华人数量大且较难估算,学者和相关机构根据各种资料和研究成果对泰国华人人数提出了多种推算假设。如廖建裕教授推估的华人占泰国人口 8.6% 的比例;台湾"华侨志编纂委员会"提出的 15% 的比例;台湾"侨委会"提出的 11% 的比例,斯金纳(W. G. Skinner)教授提出的 10% 的比例等。斯金纳教授是泰国华人的权威研究专家,他综合泰国历年华人出入境数据,对华人聚居地进行调查,对泰华融合程度进行判断,估计 1955 年泰国华人总数为 231.5 万,约占泰国总人口的 10%。他对泰国华人的研究还包括华人的地域分布、籍贯结构和行业结构等。[①] 斯金纳对泰国华人数量的判断成为迄今广为接受的数据,以后各国学者对泰国华人的估算,大多以此为基础。本书拟采用斯金纳教授对泰国华人占泰国总人口的比例,作为评估泰国华人海外移民数量的基础。但我们仍应考虑到其他影响泰国华人数量和华人海外移民的因素,如 20 世纪 80 年代以来可能有近 50 万中国新移民前往泰国,[②]华人生育率可能略低于泰族人生育率,华人被移民国接受的机会更多等因素。

表 3-12　泰国华人人数统计

单位:百万

| 年份 | 总人口 | 华人人数 |
| --- | --- | --- |
| 1960 | 26.3 | 2.63 |
| 1970 | 34.4 | 3.44 |
| 1980 | 44.8 | 4.48 |
| 1990 | 54.5 | 5.45 |
| 2000 | 60.6 | 6.06 |
| 2010 | 66.0 | 6.60 |

资料来源:National Statistical Office, Ministry of Information and Communication Technology:1960—2010, *Population and Housing Census*, http://popcensus. nso. go. th/en/.

---

① W. G. Skinner, *Chinese Society in Thailand:An Analytical History*, Ithaca:Cornell University Press, 1957. [美]施坚雅:《泰国华人社会:历史的分析》,许华等译,厦门:厦门大学出版社,2010 年,第 221~266 页。

② 庄国土:《东南亚华人华侨数量的新估算》,《厦门大学学报(哲学社会科学版)》2009 年第 3 期,第 65 页。

采取斯金纳教授提出的 10％的比例,结合泰国历年人口普查关于泰国人口的数量和人口增长率,是推算泰国华人人口数量的途径之一。

华人人口自然增长率与泰国总人口的自然增长率或许相当,或许可能略低一点,主要原因在于:从人口自然增长率的衡量指标——出生率、生育率和死亡率来分析。泰国人口死亡率变动不大,生育率成为决定人口自然增长的重要指标。二战以后一直到 20 世纪 70 年代,泰国人口呈高速增长态势。1946 年,泰国总人口 1740 万人,到 1960 年,增至 2640 万。从1960—1985 年,泰国人口又增长一倍,达 5190 万。由于经济增长很大程度上被人口快速增长所抵消,从 1967 年开始,泰国政府和一些非政府组织提出实行合理家庭计划,倡导计划生育,收效甚著。20 世纪 50 年代初,泰国的出生率为 4.54％,20 世纪 60 年代初,仍为 4.4％。到 20 世纪 70 年代初,降至 4.13％,到 20 世纪 80 年代初,更降至 3.6％。1976—1982 年,泰国人口增长率从 20 世纪 60 年代之前的 3％,降至 2.3％。[1] 1990—2000 年,泰国平均年人口增长率仅为 1.05％,至 2000—2010 年,泰国年人口增长率进一步下降为 0.77％。到 2010 年,泰国总人口为 6600 万人。[2] 华人在泰国总人口中的比例远远低于泰族人 75％的绝对多数的比例,且华人在总人口中的比例基本变动不大,这意味着华人的生育率逐年降低,出生人数较少。在死亡率变动不大的情况下,泰国总人口的自然增长率主要受泰族人的出生率影响。

从华人的生育意愿、经济条件、社会地位来看,华人在泰国的经济地位举足轻重,在金融业、纺织业、钢铁业、制糖业、运输业、农产品加工业等方面都有很强的实力。经济地位较高的华人,特别是女性,社会地位较高,有很好的教育程度,她们更倾向于少生育子女。

泰国妇女生育率日益下降,社会老龄化日益加剧。根据泰国国家统计局 2013 年的统计资料,泰国 15 岁以上未婚女性占 21％。调查显示,妇女受教育愈多,经济地位越高,生育子女的欲望越低;而生活在大都市的妇女

---

① 李滋仁:《泰国的人口》,《人口与经济》1986 年第 4 期,第 60 页。
② 2010 年人口普查数据,泰国国家统计局公布,引自(泰国)《世界日报》2011 年 4月 9 日。

比起在乡村的妇女,更倾向于不婚或不生育。① 华人多经商,集中在曼谷等大城市,生育意愿并不强烈。

**表 3-13　泰国人口出生率和死亡率**

单位:‰

| 年份 | 人口出生率 | 人口死亡率 | 人口自然增长率 |
|------|-----------|-----------|--------------|
| 1970 | 25.4 | 5.2 | 20.2 |
| 1990 | 20.9 | 6.0 | 14.9 |
| 2010 | 12.0 | 6.5 | 5.5 |

资料来源:(1)Office of the Permanent Secretary, Ministry of Public Health.

(2) *Statistical Yearbook Thailand 2012*, National Statistical Office, http://web. nso. go. th/.

(3)世界银行数据库和《国际统计年鉴 2005》,http://publications. worldbank. org/index. php? main_page＝page&id＝8.

由表 3-13 可以看出,泰国的人口自然增长率由 1970 年的 20.2‰下降至 2010 年的 5.5‰,所以取中间值 1990 年的人口自然增长率 14.9‰作为华人人口自然增长率的参考标准。由表 3-12 可知,1980 年泰国华人数量为 448 万,2010 年为 660 万,以平均自然增长率为 14.9‰来计算,人口由 1980 年自然增长至 2010 年应为 6981931。20 世纪 80 年代以来,可能有近 50 万中国新移民进入泰国,他们中的很多人以各种方式获得定居泰国的身份。② 假如有一半人,即 25 万人在泰国合法定居,则 2010 年,泰国华人人口应当是 7231931 人。这一数据与 2010 年华人数量 660 万相差 631931 人,可能大体上是这一期间泰国华人的移出值,这一数量相当接近泰国官方公布的关于泰国出境移民中华人可能的数量。

泰国方面可利用的关于泰国海外移民的相关资料与数据极其匮缺,比较可靠的数据是泰国外交部所提供的关于海外泰国人的资料以及泰国国家统计局关于历年出境移民的资料。泰国政府所指的海外泰国人,仅指持泰

---

①　泰国统计局 2012 年统计报告摘要,http://www. dst. dk/pukora/epub/upload/16251/00tit. pdf.

②　庄国土:《东南亚华人华侨数量的新估算》,《厦门大学学报(哲学社会科学版)》2009 年第 3 期,第 65 页。

国护照的泰国公民,包括未获得接收国国籍的永久居民和其他短期移民,与新加坡政府所认定的海外新加坡人规定相当,也即本书认为的狭义的海外泰国人。根据泰国外交部提供的数据,截至 2010 年,居住在海外的泰国人达 1006051 人。[①]

海外泰国人主要分布在美国、德国、日本、新加坡、韩国、英国、澳大利亚、马来西亚、台湾等国家和地区。其中美国 282000 人,德国 140581 人,中国台湾 67600 人,日本 49609 人,新加坡 45000 人,韩国 43865 人,英国 40000 人,瑞典 32000 人,澳大利亚 30000 人,马来西亚 28286 人,以色列 26000 人,新西兰 22353 人,瑞典 22000 人,利比亚 23000 人。[②]

根据泰国国家统计局的统计,截至 2011 年,泰国出境移民合计达 7111050 人。[③]泰国国家统计局关于历年出境移民的数据则是统计历年所有泰国的出境移民,包括移民后保持泰国公民身份和改变国籍者。因此,这个数据实际上指的是官方认为的广义海外泰国人,类似菲律宾政府所认为的海外菲律宾人。如果 700 多万的广义海外泰国人中 10% 是华人的话,则泰国华人的移民数量为 71 万,这个数据与我们根据泰国人口自然增长率推估出的 1980—2010 年的 63 万多大体接近。

因此,参考泰国官方公布的这两项数据,并根据华人各个时期泰国的人口自然增长率和华侨华人不同时期的数量变动,我们估计,1960—2010 年间,泰国华人海外移民总量为 70 余万。这一统计不仅包括拥有中国籍的华侨人数,也包括拥有泰国国籍的泰国华人。

## 四、印度尼西亚华人海外移民数量估算

印尼是一个多种族的国家,有超过 100 个族群或民族,但大部分族群人数较少,只有 15 个族群人数超过 100 万。从学理角度来讲,某一族群特指拥有"共同祖先"的后代。一般而言,某一族群特指拥有"共同祖先"的后代,

---

① Statistical Yearbook Thailand 2013, http://web. nso. go. th/en/pub/e_book/YEARBOOK_2013/.

② Jerrold W. Huguet, Aphichat Chamratrithirong, Kerry Richter, *Thailand Migration Profile*, *Thailand Migration Report 2011*, Thailand Ministry of Foreign Affairs, p. 8.

③ Statistical Yearbook Thailand 2013, http://web. nso. go. th/en/pub/e_book/YEARBOOK_2013/.

同时也可以指拥有共同的语言、传统和行为方式的文化身份的群体。① 然而事实上,族群身份包含很多层面:自我身份的认同、其他认知的身份认同以及国家概念的身份认同。每个阶层或个体的身份认同,对我们理解族群的概念和行为都很重要。在印尼 2000 年人口统计中,使用的族群概念和归类,依据的是自我身份的认同。

在殖民时期,荷属印尼殖民地政府曾于 1930 年进行了一次全面的人口普查,涉及族群的信息。自 1945 年印尼独立至 1999 年,印尼政府分别于1961 年、1971 年、1980 年和 1990 年开展了四次人口普查。但是,这些人口调查材料没有直接涉及华人族群的信息。人口统计人员希望能够获得各族群人口的数量等统计资料,但他们只能通过间接的方式估算,比如通过宗教和语言来推断族群信息。2002 年,印尼政府公布了 2000 印尼人口普查结果,表明所有关于族群的数量探讨只能以 1930 年普查为基础,这看起来好像意味着 70 年来,印尼人口没有发生太大的变化。印尼人口普查缺乏涉及族群信息的主要原因是,印尼总统苏哈托执政时期(又为印尼新秩序时期)的执政理念,是建立统一的民族国家,族群和种族的概念非常敏感,不允许任何关于族群和种族的探讨,认为这样容易造成族群意识,从而对统一民族主体的构建不利。印尼政府认为,不对族群信息进行调查,在族群信息缺失情况下,有利于减少族群差异,促进民族融合。然而事实上恰恰相反,在苏哈托统治时期,印尼族群冲突和矛盾并没有消失。1998 年苏哈托下台后,族群问题不再敏感,2000 年人口普查最终将印尼族群信息列入调查之中。

由此,印尼华人海外移民的估算以 2000 年的人口统计资料为唯一华人族群信息资料来源。此外,以印尼中央统计局(BPS, Badan Pusat Statistik)的年度报告为参考。在此基础上,对印尼华人海外移民的规模做一简要估算。

印尼华人特指从中国移民印尼或在印尼出生长大的这部分华人族群,不论他们是印尼国民还是外籍人士。因 2000 年前的印尼人口普查都未涉及华人人口的数量等信息,所以无法准确获得印尼华人的人数和比例。只有 1930 年、2000 年和 2010 年的人口普查资料中关于华人人数和比例的统计包含可供利用的华人数量信息。根据 1930 年人口统计,华人人数为

---

① Richard M. Burkley, *Ethnic & Racial Groups:The Dynamics of Dominance*, Redwood City, CA:Benjamin-Cummings Pub. Co. , 1978.

1233000 人,占总人口的 2.03％,族群人数排名第六。根据 2000 年人口普查,华人人数为 1738936 人,占总人口(201241999 人)的 0.86％,族群排名第十五。另外 93717 名(占 0.05％)华人在统计中被归入外籍人士,大多都是大陆和台湾人,主要是因为他们没有钱成为印尼居民。[①] 该华人人数仅是人口普查中公布出来的 11 个省里面登记为华人的人数,其他 19 个省里面的华人人数尚未公布。在印尼,很多华人因为种种原因登记为印尼土著。因此可以说,1738936 名的华人人数被极大地低估了。

表 3-14  印尼 2000 年人口普查 11 个省份华人人数

| 省份 | 华人人数 | 总人数 | 所占比例 |
|---|---|---|---|
| 雅加达 | 460002 | 8324707 | 26.45％ |
| 西加里曼丹 | 352937 | 3732419 | 20.30％ |
| 东爪哇 | 190968 | 34756400 | 10.98％ |
| 廖内 | 176853 | 4750068 | 10.17％ |
| 中爪哇 | 165531 | 30917006 | 9.52％ |
| 西爪哇 | 163255 | 35668374 | 9.39％ |
| 邦加-勿里洞 | 103736 | 898889 | 5.97％ |
| 万丹 | 90053 | 8079938 | 5.18％ |
| 西苏门答腊 | 15029 | 4241256 | 0.86％ |
| 巴厘岛 | 10630 | 3145368 | 0.61％ |
| 日惹 | 9942 | 3119397 | 0.57％ |
| 总计 | 1738936 | | 100.00％ |
| 其他 19 个未公布华人人数的省份 | | | |
| 亚齐达鲁萨兰 | 北苏门答腊 | 占碑 | 南苏门答腊 |
| 明古鲁 | 楠榜 | 西努沙登加拉 | 东努沙登加拉 |
| 中加里曼丹 | 南加里曼丹 | 东加里曼丹 | 北苏拉威西 |
| 中苏拉威西 | 南苏拉威西 | 东南苏拉威西 | 巴布亚岛 |
| 哥伦打洛 | 马鲁古群岛 | 北马鲁古 | |

资料来源:The Population of Indonesia, *Results of the 2000 Population Census*, Badan Pusat Statistik, 2001.

---

① Leo Suryadinata, Evi Nurvidya Arifin, Aris Ananta, The Ethnic Chinese: A Declining Percentage, *Indonesia's Population: Ethnicity and Religion in a Changing Political Landscape*, Singapore: Institute of Southeast Asian Studies, 2003, pp. 73~102.

　　根据 2000 年人口普查对华人的调查发现,华人的基数比较低,人数增长主要集中在 15～19 岁,自 1980 年以来,华人的出生人数逐年下降,这意味着华人的生育率逐渐降低。[①] 同时,华人海外移民增多以及更多人追求印尼人的身份认同,导致自认为是印尼华人的人数降低。另外,根据印尼 2010 年人口统计,华人人数超过 280 万,占印尼总人口的 1.2%。[②] 事实上,华人实际人数仍被大大低估。

　　关于印尼华人的数量,因为无法从人口普查中直接获得总量,所以很多学者对印尼华人的数量采取推估的方式获得。综合各家之言,本书采取庄国土教授通过人口自然增长率和机械增长率的推估方式得出的结论,即以 1972 年台湾《华侨经济年鉴》雅加达中华商会推算的华侨人口为 450 万人,占印尼总人口的 3.68% 为基数,根据自然增长率和机械增长率推算出,到 2007 年印尼华侨华人总量约 1000 万。

　　关于华人海外移民的估算,因无法获得历年普查中印尼人口和华人人口的自然增长率,所以无法计算华人海外移民人数。只能通过印尼出境移民的人数来看华人所占比例,进而推算华人海外移民人数,即印尼 1000 万华人中,有多少人再次移民海外。

　　印尼的出境移民,包括印尼官方或公司派遣的大量临时海外劳工以及适量的永久移民、学生和实习生移民,还包括企业集团为对外投资派出的人员及其眷属。1999 年,荷兰的印尼移民数量为 168000 人。2001 年,美国的印尼移民数量为 72000 人,澳大利亚的印尼移民数量为 47158 人。[③] 印尼官方公布的数据显示,在马来西亚的印尼移民达 220000 人,而大量的研究统计认为,在马来西亚的印尼移民数量可高达 750000 人。印尼劳动部指出,2006 年有约 270 万印尼人通过官方渠道前往海外就业,加上 828000 名

　　① Leo Suryadinata, Evi Nurvidya Arifin, Aris Ananta, *Indonesia's Population: Ethnicity and Religion in a Changing Political Landscape*, Singapore: Seng Lee Press, 2003, pp. 73～101.

　　② Kewarganegaraan, Suku Bangsa, Agama dan Bahasa Sehari-hari Penduduk Indonesia Hasil Sensus Penduduk 2010, Badan Pusat Statistik, 2011, http://sp2010.bps.go.id/files/ebook/kewarganegaraan%20penduduk%20indonesia/index.html.

　　③ G. Hugo, *Indonesia's Labour Looks Abroad*, Migration Policy Institute, 2007, http://www.migrationinformation.org/Profiles/display.cfm?ID=594.

非法移民,印尼海外临时移民(temporary migrant)共计 350 万。①

普遍认为,印尼华人经济占印尼私人资本的 75%～80%,前 300 名大型企业的 68%,②以及全部经济的 50%～80%。③ 20 世纪 90 年代末经济危机期间,印尼华人成了各种暴乱泄愤的对象,很多无辜华人女性遭受强奸等非人待遇,④大量华人特别是拥有雄厚资产的华人选择移民澳大利亚和中国香港等地寻求经济发展和保护。1997 年,雅加达的澳大利亚大使馆接受印尼华人移民的申请以每月 30% 的比例迅速增长。⑤ 据澳大利亚移民和多元文化事务部统计,1994—1999 年间,印尼华人移民,包括永久移民、留学生、慈善家以及临时移民澳大利亚的人数为 98105 人。⑥ 印尼华人移民新加坡、中国香港和马来西亚的最多,因为他们不需要签证即可进入这些地区。根据 1998 年《雅加达时报》报道,估计约有 11 万印尼华人家庭在排华时和排华后离开印尼前往上述地区。⑦ 据《亚洲移民消息》(*Asian Migration News*)报道,1998 年 5 月共有 121345 名印尼人,主要是华人因印尼国内动乱前往新加坡。⑧ 其中,有 450 人前往菲律宾,5000 人返回中国。⑨

根据印尼人力资源部统计,1969—1994 年间共有出境移民 1063610 人。1969—1979 年间,几乎半数的出境移民前往欧洲,大部分集中在荷兰。李明欢教授在荷兰访问研究印尼华侨史的专家并走访相关华人社团,汇总提出 20 世纪 50—70 年代,从印尼移居荷兰的华侨华人大约 7000 人,他们属于第一代移民,统计不包含其在荷兰出生的子女。这些华侨华人大多是

---

① G. Hugo, *Indonesia's Labour Looks Abroad*, Migration Policy Institute, 2007, http://www. migrationinformation. org/Profiles/display. cfm? ID=594.

② Margot Cohen, Deport and Deter, *Far Eastern Economic Review*, Vol. 23, 1998, pp. 16～20.

③ Richard W. Baker, Indonesian in Crisis, *Asia Pacific Issues*, No. 36, 1998.

④ Salil Tripathi, Ben Dolven, Shattered Confidence, *Far Eastern Economic Review*, 1998, pp. 20～23.

⑤ Bruce Gilley, John McBeth, Ben Dolven, Salil Tripathi, Ready, Set, *Far Eastern Economic Review*, Vol. 19, 1998, pp. 46～50.

⑥ James Jupp ed., *The Australian People: An Encyclopedia of the Nation, Its Peopole and Their Origins*, Cambridge: Cambridge University Press, 2001, p. 83.

⑦ *Jakarta Post*, 13 June 1998.

⑧ *Asian Migration News*, 15 July 1998.

⑨ *Asian Migration News*, 15 August 1998.

有一技之长的华裔知识分子,荷兰是这些通晓荷兰语的华裔知识分子的主要对象国。[①] 印尼人力资源部统计显示,1979—1989 年,约 3/4 的移民转向中东,主要是沙特阿拉伯,这些人主要是劳工,基本上很少有华人。1989—1994 年间,约 1/3 的移民集中在东南亚区域内,主要前往马来西亚和新加坡,但中东的沙特仍然是移民的主要目的地。从数量上来看,移民由 1969—1974 年间的 5624 人增长至 1989—1994 年间的 652272 人。1993 年,年均劳动力移民为 166244 人,沙特占 61.2%,马来西亚占 20.1%,新加坡占 7.1%,中国台湾或大陆占 3.1%。大量印尼移民还是以非法移民的方式,大多前往邻国马来西亚,印尼官方统计报道指出,当前马来西亚共有 22 万印尼非法移民,而大部分学者研究认为此数量实际可能高达 75 万。根据印尼人力资源部最近公布的数据,1995—2000 年间,共有出境移民 1705384 人。[②] 这些移民中很多是劳工,他们还会返回印尼。

因此,1969—2000 年间,印尼出境移民合计 2768994 人,包括大量的临时海外劳工,适量的永久移民、留学生和家庭团聚类移民。根据印尼出境移民中华人人口所占比例约为 3.68% 来推估,[③]华人海外移民在 1969—2000 年间,移民总量约有 10 万人。在这个期间,因为排华因素,华人的移民肯定远超人口比例,因此华人海外移民人数可能更多。鉴于无法从印尼官方包括人口普查和国家统计局等机构获得 2000—2010 年间印尼出境移民人数,所以这 10 年的华人海外移民人数无法获得。但根据印尼出境移民的规律可大体预测,这 10 年间印尼移民人数应呈增长的趋势,如以 1969—1994 年间出境移民为基础,则在 25 年间平均每年移出五万左右;如以 1995—2000 年间出境移民为基础进行估算,平均每年出境移民在 30 万左右。1995—2000 年出境移民数量增长这么快主要有两个重大的事件,一个是 1998 年印尼的排华事件,另一个是 1997 年亚洲金融危机,这两个事件都使华人大量离开印尼。所以 1995—2000 年年均出境移民数据中,华人所占比例应当远高于在印尼总人口中的比例,综合 1969—2000 年的出境移民增长数量,推估 2000—2010 年,印尼出境移民应在 100 万以上,以 3.68% 为比例计算

---

① 李明欢:《一个特殊的华裔移民群体:荷兰印尼华裔个案剖析》,《华侨华人历史研究》1993 年第 2 期,第 60 页。

② *1995*,*1996*,*1997 Annual Reports*,Depnaker Dirjen Binapenta,Ministry of Manpower,Indonesia,2000.

③ 以华人在印尼总人口中所占比例为参考标准。

华人海外移民,应该约为 36800 人。但这一期间印尼的移民主要是劳工移民,华人所占比例应当远低于其在印尼总人口中的比例。两者或可相互抵消。因此,我们保守估算,1969—2010 年,印尼华人海外移民总量可能约为136800 人,即以印尼华人在总人口中的比例,作为在移民中的比例。文后将根据华人海外移民接收国来统计,与此数据对比参照。

## 五、菲律宾华人海外移民数量估算

20 世纪 80 年代以来,尽管菲律宾华人数量迅速增长,但与大多数东南亚国家一样,都没有公布华侨华人的统计数据。著名菲律宾华人研究专家、加拿大教授魏安国(Edgar Wickberg)估计,20 世纪 80 年代末菲律宾华人数量在 60 万～100 万之间,认为数据不确定性原因在于缺乏官方对华裔菲律宾公民的人口统计。[1] 厦门大学庄国土教授根据菲华人口自然增长率和20 世纪 70 年代以来的中国新移民数量估算得出,截至 2007 年菲律宾华人华侨总数约为 150 万,约占菲律宾总人口的 1.6%。[2] 尽管通过学者的估计可得菲律宾华人的总数,但因无人口统计数据,所以无法通过人口统计中的出生率和死亡率来推算华人海外移民的数量,因此只能通过汇总菲律宾出境移民的人数,再结合华人所占比例对华人海外移民数量做出预估。

1974 年,菲律宾政府引入海外雇佣项目,在此之前关于菲律宾国际移民的数据很少,仅有的数据也并不可靠,只有移民接收国如美国和加拿大公布了一些数据,无法从其他方面获得关于菲律宾移民的数据。随着移民事务的不断展开,相关部门增多,移民数据的获得也变得更加容易。菲律宾政府设置了各个层次的部门来对国际移民进行统计和管理,甚至设置了技术工作组,定期评估菲律宾移民数据统计的技术细节。[3] 2008 年,菲律宾国家统计协调委员会(NSCB,National Statistical Coordinating Board)接受联合国国际移民统计的建议,采取新方法对菲律宾国际移民进行统计。当前,海外菲律宾人委员会(COF,Commission on Overseas Filipinos)负责永久移民的数据统计。菲律宾海外就业署(POEA,Philippine Overseas

① Edgar Wickberg, Some Comparative Perspectives on Contemporary Chinese Ethnicity in the Philippines, *Asian Culture*, No. 14, 1993, p. 24.
② 庄国土、陈华岳等:《菲律宾华人通史》,厦门:厦门大学出版社,2012 年,第 669 页。
③ Institute of Migration and Development Issues, 2008, Philippine Migration and Development: Statistical Almanac.

Employment Administration)负责已注册临时移民劳工的事务。此外,国家统计局(NSO,National Statistics Office)也对海外劳工进行数据的调查和统计。对菲律宾国际移民数据进行搜集、记录的其他政府机构包括菲律宾国家统计协调委员会(NSCB,National Statistical Coordination Board)、劳动和就业部(DOLE,Department of Labor and Employment)、外交部(DFA,Department of Foreign Affairs)、移民局(BID,Bureau of Immigration and Deportation)。

根据海外菲律宾人委员会统计,截至 2011 年,海外菲律宾人共计 10455788 人,其中永久移民占 47%,为 4867645 人,临时移民占 43% 达 4513171 人,非法移民占 10%,约 1074972 人。[①]海外菲律宾人主要集中在美国、沙特阿拉伯、加拿大、阿联酋、马来西亚、澳大利亚、卡塔尔、日本、英国和科威特。其中,永久移民指通过劳务合同的方式移民海外,或持双重国籍者,或海外合法的永久居民。临时移民指在海外居住是与就业相关,合同期满有望返回菲律宾的人。非法移民指无海外合法有效的居留和工作许可,或在海外超期滞留者。

菲律宾国家统计局曾于 1990 年、1995 年、2000 年、2007 年和 2010 年进行了五次人口普查,都未曾涉及任何关于族群的信息,因此无法获得华人的人数、出生率和死亡率等数据,也就无法通过人口普查数据计算出华人海外移民的人数。从对海外菲律宾人的调查来看,也仅公布了海外菲律宾人的人数、职业、来源省份、性别等信息,无法准确获得华人在海外菲律宾人中所占比重。基于这个情况,本书假定以华人在菲律宾总人口中所占1.6% 这一比例为参照系,海外菲律宾人中的华人所占比例也是 1.6% 来计算的话,除去非法移民不在本书所探讨范围之内,永久移民为 4867645 人,则华人海外移民约为 77882 人。因临时移民大部分并不是以移民为目的,还会返回菲律宾,所以计算菲律宾华人海外移民数量时不包括临时移民。文后将根据华人海外移民接收国来统计,与此数据对比参照。

菲律宾华人一直以来都是菲律宾较大的少数族裔之一。在东南亚地

---

① Department of Foreign Affairs, Philippine Overseas Employment Administration, Commission on Filipinos Overseas, *Stock Estimate of Overseas Filipinos*, 2011, http://www.cfo.gov.ph/images/stories/pdf/2011_Stock_Estimate_of_Filipinos_Overseas.pdf.

区,菲律宾人和华人的通婚率较高,仅次于泰国。有研究表明,菲律宾人口中至少40%的人具有华人血统。华人大多是菲律宾社会和政治界的精英阶层,这部分精英中至少50%的菲律宾人含有华人基因。如果算上这部分群体,菲律宾华人和菲律宾华人混血儿人数合计约为980万。① 如果扣除混血儿的部分,根据庄国土教授的估算,迄2007年菲律宾华人人数总数约150万。② 与东南亚其他国家相比,菲律宾华人是经商比例最高的族群。在西班牙和美国殖民时期,菲律宾华侨几乎都是商贩。1946年后由于菲律宾推行长达20年之久的"菲化"政策,菲律宾华人的经济活动受到沉重打击。尽管如此,菲律宾华人经济成就依然斐然,他们是菲律宾政治、文化、社会生活中重要角色的扮演者。此外,菲律宾华人企业集团多从事多元化经营,对金融、保险和房地产等第三产业部门的投资是比较突出的。他们大多进行跨国投资,特别是金融危机期间,大批菲律宾华人企业集团在国外进行投资,转而开拓东盟国家和其他国家的市场,也带动不少菲律宾华商进入他们的海外投资地。从这个角度看,基于经济和政治政策的环境,海外菲律宾人中应有不少华人,但具体数量无法从菲律宾国内的数据推出,只能参照接收国的数据。

## 六、印支地区华人海外移民数量估算

20世纪70年代,印度支那爆发难民潮,数以百万计的印度支那难民逃往国外,包括数十万华人。在此之前,长期进行的印度支那战争已迫使不少印度支那国家的民众离开这些国家。1970年以后,柬埔寨战乱不断,百业凋敝,主要从事商贸和加工行业的柬埔寨华人深受其害。尤其在红色高棉统治时期,私营企业、工商业活动都被当作资本主义活动而被取缔,城市居民被驱赶到农村和边远地区,华人商贸基业被连根拔起,少数有能力的华人逃离柬埔寨。1978年,越南占领柬埔寨,所扶植的韩桑林傀儡政权随即推行类似越南的排华政策。

1975年,美军撤出越南南方,越南共产党指挥的军队攻占西贡,实现了越南的南北统一。旧政权的军政人员、不同政见者和有资产人士,在越共军

---

① Chinese Filipino, Wikipilipinas, Philippine Encyclopedia, http://en. wikipilipinas. org/index. php? title=Chinese_Filipino.

② 庄国土、陈华岳等:《菲律宾华人通史》,厦门:厦门大学出版社,2012年,第670页。

队攻陷西贡前后,就大批逃亡国外,包括很多华人。越南当局随即在南方推行社会主义改造,趁机大肆洗劫华侨工商者。据估计,越南当局剥夺的华侨华人资产,至少达 75 亿美元。① 中越两党关系交恶后,越南黎笋当局公开反华,在国内则有计划地实施排华和驱赶华侨华人的政策。越南当局首先是实行"净化边境地区"活动,将越南毗连中国的边境省份的华侨华人驱赶到中国。其次是发动各种媒体宣传反华政策,让在越华侨华人因恐惧而想方设法逃离。再次,在 1977 年实行主要针对华侨华人的"关于对在越南居住和谋生的外国人政策",不允许华侨从事渔业、林业、印刷业、维修业、客车和轮船驾驶业等,迫使华侨难以谋生。很多加入越南籍的华人也受迫害和遭到驱赶,华人社区被越南军警和民兵等进驻监管。由于大规模迫害和驱赶,华侨华人大规模从越南出逃。受越南政权控制的柬埔寨和老挝政权也效仿越南,在国内大规模排华。老挝政权长期受越南政府控制。1975 年,老挝人民革命党全面推行"社会主义"制度,实行对私有企业的"社会主义改造"。老挝华侨主要从事工商业,自然首当其冲。老挝所实行的剥夺政策,使华人百年经济基业被毁,大部分华人不得不逃离老挝,逃往泰国等周边国家甚至到欧美国家,不少人加入越南和柬埔寨的难民队伍。至 1979 年 7月,共有 100 多万难民被迫从印支三国迁出至其他国家,形成举世瞩目的难民潮和船民问题,其中半数难民为华人。②

20 世纪 70 年代以来,以越南当局为首的印度支那政府驱赶华裔难民以及华侨,其数量之多,分布地域之广,时间持续之长,影响范围之大,迫害手段之残忍,在国际难民史上都是罕见的,也是千百年来印支华人史上最大的一次迁徙。联合国难民署 1985 年 2 月提供的数字表明,印支难民人数已达 153 万。如果按照华人占半数计算的话,则印支难民中华人为 76.5 万人。美国、中国、法国、加拿大、澳大利亚、联邦德国、英国等跨越亚、欧、美、澳四大洲的 20 多个国家都接收安置了印支难民,其中以美国、中国最多,合计约占印支难民总数的 70%。越南政府根据《有秩序离境方案》而公开允许离开越南的难民人数从 1980 年的 4000 多人,增至 1986 年年底的 18000

① 李白茵:《越南华侨华人》,桂林:广西师范大学出版社,1990 年,第 210 页。
② 庄国土:《二战以后东南亚华族社会地位的变化》,厦门:厦门大学出版社,2003年,第 337 页。

多人。东盟各国难民营的印支难民总数在半年多增加了近1万人。[①]

印支难民潮是战后亚洲历史上一次震惊国际社会的大灾难,十多万印支华裔难民涌入以法国为主的西欧国家,在西欧华人社会中形成了一个特殊的"印支华裔"群体。根据联合国难民署的统计资料,接收印支难民最多的西欧国家是法国,截至1986年12月底,法国作为印度支那地区的原宗主国,共接收印支难民114081人;其次是联邦德国,接收了30934人;英国也接收了20700人;其余如比利时、荷兰、瑞典、西班牙、瑞士等国,也分别接纳了数千印支难民,全西欧接纳的印支难民总数在20万~25万人之间。一般认为,印支难民中华人华裔大约占60%。由此,西欧增加了一个大约12万~15万人的华侨华人华裔群体。[②]

1975—1992年,美国共接收印支难民1061004人,包括儿童在内。其中越南难民占61.5%(653521人),柬埔寨难民有13.8%(147460人),老挝难民达24.5%(260023人)。老挝难民中,44%是老挝高地人,56%为低地的老挝人。如按华人占半数计算,约有华裔难民53万。如占60%,则超过60万。同期,进入美国的越南非难民移民人数共计17万3869人。[③] 具体见表3-15。

表3-15 1975—1992年美国接收印支难民和非难民人数

| 年份 | 柬埔寨难民 | 老挝难民 | 越南难民 | 越南非难民移民人数 | 总计 |
|------|-----------|---------|---------|------------------|------|
| 1975 | 4600 | 800 | 125000 | 3038 | 133438 |
| 1976 | 1100 | 40200 | 3200 | 4201 | 48701 |
| 1977 | 300 | 400 | 1900 | 3194 | 5794 |
| 1978 | 1300 | 8000 | 11100 | 2892 | 23292 |
| 1979 | 6000 | 30200 | 44500 | 2065 | 82765 |

① 向大有:《关于印支华裔难民问题的再认识》,《八桂侨刊》1988年第1期,第6~8页。

② 李明欢:《欧洲华侨华人史》,北京:中国华侨出版社,2002年,第67~68页。

③ Jeremy Hein, Refugees, Immigrants and the State, *Annual Review of Sociology*, Vol. 19, 1993, pp. 43~59; Thanh V. Tran, Thang D. Nguyen, Gender and Satisfaction with the Host Society among Indo-Chinese Refugees, *International Migration Review*, Vol. 28, No. 2, 1994, pp. 323~337.

续表

| 年份 | 柬埔寨难民 | 老挝难民 | 越南难民 | 越南非难民移民人数 | 总计 |
|---|---|---|---|---|---|
| 1980 | 16000 | 55500 | 95200 | 1986 | 168686 |
| 1981 | 27100 | 19300 | 86100 | 2180 | 134680 |
| 1982 | 20234 | 9437 | 43656 | 3083 | 76410 |
| 1983 | 13114 | 2835 | 23459 | 3290 | 42698 |
| 1984 | 19851 | 7291 | 24818 | 5244 | 57204 |
| 1985 | 19097 | 5416 | 25457 | 5134 | 55104 |
| 1986 | 9789 | 12869 | 22796 | 6068 | 51522 |
| 1987 | 1539 | 15564 | 23012 | 3635 | 43750 |
| 1988 | 2805 | 14556 | 17654 | 4391 | 39406 |
| 1989 | 1916 | 12432 | 22664 | 15880 | 52892 |
| 1990 | 2323 | 8719 | 27714 | 28271 | 67027 |
| 1991 | 199 | 9232 | 28450 | 33764 | 71645 |
| 1992 | 193 | 7272 | 26841 | 45580 | 79886 |
| 小计 | 147460 | 260023 | 653521 | 173869 | 1234900 |

资料来源:根据1975—1992年联合国难民署统计年鉴汇总而得。

根据联合国难民署的统计,1975—1995年,中国共接收印支难民30万,主要以被越南驱逐的华人为主。从1978年4月至1979年6月,通过云南的河口、广西的东兴及凭祥口岸涌入的越南难民即达26.5万多人。到1980年年初,共有28万多人,绝大多数是华人。[1] 这些印支难民,至今仍分布在广西、广东、福建、云南、江西、海南6省(区)196个安置单位,其中越南难民多达99%。[2]

1991年加拿大人口普查结果显示,1975—1991年,加拿大共接收了94255名越南难民、18620名柬埔寨难民和14840名老挝难民。其中越南难

---

[1] Tom Lam, The Exodus of Hoa Refugees from Vietnam and Their Settlement in Guangxi: China's Refugee Settlement Strategies, *Journal of Refugee Studies*, Vol. 13, No. 4, 2000, pp. 374～390.

[2] 李学举:《民政30年》,北京:中国社会出版社,2008年。

民中华人占 40％,柬埔寨华人占 25％,老挝华人占 20％,即加拿大共有45325 名印支华人难民。[①]

1991 年澳大利亚人口普查结果显示,澳大利亚共有印支难民 149614人,其中 81.8％为越南难民(122325)、11.8％为柬埔寨难民(17643)、6.4％为老挝难民(9646)。在澳大利亚出生的印支难民子女为 3 万人,其中25151 人为越南难民后裔,97.4％的越南难民后裔在 15 岁以下。[②]

20 世纪 80 年代中期以后,越南出境移民主要的类型是劳工移民,越南政府的出入境移民局(The Exit-Entry Department of the Immigration Bureau)全面负责移民出境和入境的管理工作。统计局(General Statistics Office)负责搜集入境移民的相关数据。劳工、荣军与社会事务部(Ministry of Labour,War Invalids and Social Affairs)负责签约劳工移民的统计。公共安全和边境防卫署(Ministry of Public Security and Border Guard Command)负责进出越南的非法移民的管控,但该机构统计的数据从来不对外公布。

总体而言,越南是个移民输出国,移民主要由政府机关负责协调和管理。越南被认为是劳动力剩余的国家,8500 万的人口压力以及战争是推动人们移民的主要动力,而越南移民又主要以劳动力移民或劳动力出口为主。20 世纪 80 年代,越南政府开始派遣劳工前往东欧的社会主义国家,包括苏联、民主德国、捷克和保加利亚。随着苏联解体,政府停止了劳工派遣。自20 世纪 90 年代起,因个人企业和招聘机构主要负责劳工的招聘和派遣工作,越南劳动力出口再次兴起。越南政府的目标是每年派遣 75000 名劳工,事实上 2002—2007 年间,几乎每年平均有 70000 人离境前往海外就业。2007 年,越南派遣了 79000 名劳工,2010 年则超过 100000 人。截至 2007年,海外越南劳工达 500000 人,主要分布在 40 多个国家和地区。[③] 根据海外越南人委员会 2008 年的统计,旅居世界 90 多个国家的越南人超过 350万人,其中 80％居住在发达国家,在美国的人数最多,其他主要分布在法

---

① Louis-Jacques Dorais, The Cambodians, Laotians and Vietnamese in Canada, *Canada's Ethnic Group Series Booklet*, No. 28, 2000, p. 11.

② BIPR, 1991 Census Community Profiles:Vietnam Born, 1994, p. 38.

③ MOLISA, *Annual Review Report on the Situation of Labor Exportation 2007*, Department of the Administration of the Overseas Employed Labor Force, Hanoi, Vietnam.

国、澳大利亚、加拿大、德国、俄罗斯、中国大陆、中国台湾、英国、捷克和老挝。[1] 梁志明教授追踪越南官方报刊和学者著作中的统计,提出 1975 年以前,海外越南人大约有 150 万人,主要侨居在各邻近国家和地区、美国、法国和法属殖民地。从 20 世纪 70 年代中期以来,海外越南人迅速增加,至 2000 年分布在世界 100 多个国家和地区的越南人总数达 260 万~300 万人。[2] 实际上,海外越南人群体不仅包括 20 世纪 70 年代后流亡的难民,还包括永久移民、留学生、家庭团聚移民和临时劳工,以及在移入国出生的后裔。

　　大体而言,在越南政府统计中,对移民特别是国际移民通常采取忽略的态度,每年的统计年鉴也很少包括国际移民的数据,特别是日益增加的出境移民。出入境虽有记录,但又不对外公开,仅有的一份记录是 2009 年的人口普查中对于出境移民的统计。根据 2009 年越南人口普查,越南的出境移民由 1999 年的 1334000 人增加至 2009 年的 2361000 人,他们大部分是劳工移民,擅于经商的华人应当较少加入劳工移民队伍。他们主要前往东南亚区域内国家,特别是湄公河三角洲的移民,几乎 97% 前往东南亚。以 2004 年为例,越南全境已有 160 万人移民东南亚,其中来自湄公河三角洲的达 713000 人,来自中部顺化—岘港及周边地区的达 570000 人,来自红河三角洲的达 195000 人。移民主要的动力是前往目的国寻找就业机会,此外越南移民更倾向于选择周边国家,因为这样离祖籍地和亲朋好友更近一些。[3]

　　汇总 1975—2009 年间欧洲各国、美国、中国、加拿大、澳大利亚等国印支难民,总人数超过 183 万,按半数计算,华人在 96 万左右。

## 七、缅甸华人海外移民数量估算

　　与东南亚其他国家相比,缅甸华人人数较少。1948 年 1 月 4 日,缅甸独立,建立缅甸联邦,华人有 50 万左右。1988 年,缅甸中央统计局公布,缅

---

　　① **Năm 2007, kiều bào đầu tư về nước 89 triệu USD,** http://www.mofa.gov.vn/vi.
　　② 梁志明、游明谦:《当代海外越南人的分布与发展状况研究》,《南洋问题研究》2004 年第 2 期,第 18 页。
　　③ *The 2009 Vietnam Population and Housing Census*, Central Population and Housing Census Steering Committee, 2010, p. 81.

甸华侨华人约有 80 万。<sup>①</sup>缅甸曾于 1973 年和 1983 年进行过两次人口普查,并于 2014 年展开了 30 多年来首次全国人口普查。此前,缅甸对外公布的总人口为 6100 多万,其中缅族占 65%。根据 2014 人口普查,缅甸总人口达 5141 万 9420 人,华人占总人口 3%,达 154 万 2582 人。<sup>②</sup>这次发表的人口初步数据中引起广泛评论的是,总人口数字比预估的少了 900 万人。自 2010 年开始,缅甸人口一直被认为是 6000 万人,现在公布的数据却只有 5100 多万人。对于这一巨大差异,缅甸学界给出的解释是,近 30 年来由于缅甸国内形势动荡不安,人民生活困难,大量缅甸公民涌往国外寻找出路,其中很多都是非法出境。此外,以果敢族和勐稳族的民族身份作为缅甸合法公民的华裔,其人员统计数量可能会被刻意隐瞒。人口普查显示,在缅甸国内人口中,男女比例出现失调的现象(男女比率达到 93∶100)。由于出国人口中男性占大多数比例,因此目前缅甸国内人口中,女性比例大大增高,这是学界对缅甸国内人口男女比例失调的一个解释。<sup>③</sup>

缅甸中央人口普查委员会公布的华人人口数量与美国国务院和中情局 2012 年公布的缅甸华人 163 万 754 人存在些许差异。<sup>④</sup>美国部分研究缅甸的学者认为,缅甸实际的华人人口数量一直被低估,主要原因有:部分华人统计时注册为缅甸族,防止再次遭受歧视;有些华人与当地缅族人结婚而认同缅族身份;20 世纪 90 年代以来非法入境到缅甸的华人未进入人口统计范围之内等。<sup>⑤</sup>

学界涉及缅甸华侨华人规模的估算数据由 30 多万至 300 万不等,是对各国华侨华人数量估计中悬殊最大的。本书参阅厦门大学庄国土教授以民

---

① 缅甸中央统计局:《缅甸联邦计划财政部统计年鉴(1979—1989 年)》,昆明:云南国际问题研究所,1991 年,第 15 页。

② 资料来源:缅甸中央人口普查委员会于 2014 年 8 月 30 日公布的初步数据资料,http://epaper.gmw.cn/gmrb/html/2014-08/31/nw.D110000gmrb_20140831_7_08.htm? div=_1.

③ 参考《缅甸之光报》(*Myanma Alinn Daily*)、《七日新闻日报》(*Seven Day Daily*)、《声音日报》(*The Voice Daily*)、《十一日报》(*Daily Eleven*)的相关报道。

④ *The World Factbook*,CIA.GOV,2012-05-11,https://www.cia.gov/library/publications/the-world-factbook/geos/bm.html; U.S. Relations with Burma,State.gov,2012-05-11,http://www.state.gov/r/pa/ei/bgn/35910.htm#people.

⑤ Michael Barry Hooker,*Law and the Chinese in Southeast Asia*,Institute of Southeast Asian Studies,2002; Lex Rieffel,*Myanmar/Burma: Inside Challenges, Outside Interests*,Washington,DC.:Brookings Institution Press,2010,pp.95~97.

国驻仰光总领事馆 1947 年查报的数据 36 万、占缅甸人口的 2.3％为基础,考虑 1973 年以后缅华非正常减少的因素及 1950 年国民党军溃退缅甸和"文革"期间云南知青大批前往缅甸的因素,取传统缅华社会占缅甸人口 2.2％的估计,再考虑 20 世纪 90 年代以来大量中国新移民前往缅甸后的自然增长,推估缅甸的华侨华人应在 250 万以上。[①]

若缅甸华侨华人在 250 万左右,那么自独立后再次移民海外的华人规模如何,目前尚无准确的数据和普查资料可参考。缅甸至今没有公布出境移民人数,也没有移民方面的法律规定。但是可以确定的是,缅甸华人移民海外从未停止。这是由缅甸国内外的客观环境决定的。

独立后的缅甸,由于缅甸共产党和其他政治派系的对抗,使得国内纷争不断。20 世纪 50 年代发生大规模内战。1960 年缅甸举行大选,由吴努(U Nu)重新取得执政权。1962 年,奈温将军发动政变,随即宣布缅甸为社会主义国家,由军人掌政。1964 年,缅甸推行国有化运动,许多华裔商人被迫离开缅甸,华人创办的学校与报社都被迫关闭。1967 年 6 月,缅甸又爆发了一场激烈的排华暴乱,愤怒的暴民在仰光唐人街杀人放火,华人商店与住家被掠夺一空,许多华人丢了性命。据统计,1963—1967 年间,缅甸有超过 10 万华人离境。华人大多移居泰国、新加坡、澳大利亚与美国的加利福尼亚州。1982 年,缅甸政府通过新公民权法,歧视外籍人,使华人难以立足,于是又掀起另一股离境浪潮,许多华人移居澳大利亚、美国、加拿大、台湾、香港等国家和地区。[②]

1989 年,缅甸改革开放以后,华人在中缅边贸中发挥了重要作用,很多华人前往中国打工,为缅甸创收了不少外汇。此外,还有大量的缅甸移民前往泰国寻找工作,包括大量非法移民。前往泰国的缅甸移民大多从事低技能工作,特别是渔业和水产品加工、建筑、服装厂和家政服务。据粗略估计,目前有 100 万～200 万缅甸工人在泰国务工。[③] 缅甸华人多为经商者,较少

---

① 庄国土、刘文正:《东亚华人社会的形成和发展》,厦门:厦门大学出版社,2009 年,第 430 页。

② 新加坡国立大学图书馆:《海外华人研究之缅甸》电子版,2000 年 9 月 8 日,http://www.lib.nus.edu.sg/chz/chineseoverseas/oc_md.htm#lianbang.

③ 许红艳:《泰国来自邻国的劳工移民问题》,《世界民族》2011 年第 4 期,第 67 页,转引自 Sureeporn Punpuing, *Female Migration in Thailand*, *A Study of Migrant Domestic Workers*, 2010, p.8.

从事低技能劳工,因此前往泰国的劳工中,低技能工种的华人数量可能较少。

因此,在没有直接相关统计数据的情况下,缅甸华人海外移民规模如何,可以通过出境移民中华人所占比例和接收国缅甸移民人数两个方面进行推估。

首先,2014年人口普查与1983年相比减少的这900万人口,如果是像缅甸学界所推测的移民海外的话,按华人占缅甸人口2.3%～3%的比例推算,则缅甸华人海外移民在20万～27万之间。再考虑到华人人数在人口普查中被刻意隐瞒的可能性,那么这900万人口中有20万～27万的华人海外移民则属于保守估计。

其次,缅甸虽未公布出境移民人数,但从缅甸移民接收较多的国家统计缅甸海外移民人数,亦是推估缅甸华人海外移民规模的一个思路。根据泰国劳工部2008年的统计,注册登记的缅甸移民劳工有48万9282人,大多以女性为主,从事比较传统的行业,如农业、家庭佣工、建筑业、渔业及相关产业、垃圾清理、制造业(纺织和制衣、砖厂、冰厂、木材加工)等,其余的从事娱乐业和非正规贸易,[①]在北部和南部各府最为集中,是泰国境内大湄公河次区域移民劳工的主体。此外,还有大量未登记的低技术移民。2007年底,泰国政府公布在泰国的老挝、缅甸、柬埔寨移民未登记人数估计达130万,其中约80%来自缅甸。[②]缅甸华人自缅王时代始即是纯粹的商人,在英国殖民时代亦如此。缅甸独立后,缅甸华人也主要从事经贸、进出口等工商业,吴敏素曾在《工商业中的缅甸人》一文中这样描述华人:"战后缅甸工业发展是由华侨完成的,他们对缅甸经济建设做出了巨大的贡献。"[③]因此,泰国境内大量低技术的劳工中,华人数量应该不多。

另根据联合国难民署的统计,20世纪80年代起自罗兴亚人(Rohingyas)开始的缅甸难民持续不断地进入马来西亚。截至2011年2月底,难民署在马来西亚登记的缅甸难民约85300人,占全部难民人数的

---

① Rosalia Sciortino,Sureepom Punpuing,*International Migration in Thailand 2009*,Bangkok:International Organization for Migration,Thailand Office,2009,p. 12.

② 林憬屏:《泰国境内200万缅寮柬移民,多数非法且无保障》,2009年3月31日,http://www.haixiainfo.com.tw/44720.html.

③ 林锡星:《缅甸华人的社会地位》,《福建侨报》,http://www.66163.com/Fujian_w/news/fjqb/000218/3_2.html.

92%,是马来西亚境内最大的难民群体。[1] 缅甸独立后国内持续发生内乱,1988年军人集团上台后采取的高压政策引发了百万难民(包括缅族和少数民族)逃往泰国、马来西亚、印度、中国、孟加拉等国避难。缅甸难民大多数先偷渡到泰国,后经陆路入境马来西亚。2008年年底以来,难民署在马来西亚开展了大范围的难民和避难寻求者登记活动。2009年该组织第一次大规模承认了近11000名缅甸难民,并认为实际居住在马来西亚的缅甸难民应是登记数字的两倍。[2] 此外,钦族难民联盟(ACR, Alliance of Chin Refugees)的一份报告显示,目前约有5万钦族缅甸人生活在马来西亚,自2001年以来已有2万人获得了难民署的承认。[3] 因华人在缅甸国内遭受排斥,因此难民中华人人数应有一定比例,按缅甸华人占总人口2.3%~3%的比例推算,在马来西亚的缅甸华人海外难民可能接近2.5万人。

中国与缅甸边界曲折悠长,自古以来众多民族跨界而居,产生了众多的跨境民族。虽然边民分属两个不同国家,但民族同源,身处缅甸境内的边民在国籍上虽为缅甸人,但在民族上却对中华民族有认同感,以缅甸南坎地区的华人最为典型。中国作为缅甸华人移民的主要接收国,因两国跨国界贸易和人口跨国境的非正式流动频繁且没有明确的记录,使得这部分人数无法统计。[4] 特别是滇缅边域,滇缅陆路交通经历了云南人跨境移民大潮和缅甸华人移民中国的历史,自20世纪70年代开始,滇缅陆路交通与移民成为常态。[5] 另根据联合国方面的移民统计显示,截至2013年,在缅的合法

---

① Lawi Weng, *UN in Malaysia Grants More Burmese Refugee Status*, 2009-12-02, http://www.irrawaddymedia.com/article/php? art_id=17341,转引自陈松涛:《解读马来西亚的难民政策——以缅甸难民为例》,《黑龙江教育学院学报》2011年第12期,第190页。

② Statistics: Refugees and Asylum-seekers in Malaysia, http://www.unhcr.org.my/cms/basic-facts/statistics.

③ Lawi Weng, *UN in Malaysia Grants More Burmese Refugee Status*, 2009-12-02, http://www.irrawaddymedia.com/article/php? art_id=17341.

④ [缅]Winston Set Aung:《缅甸和中国的非正式跨国界流动》,张成霞译,《东南亚纵横》2011年第2期,第62页。

⑤ 李枫:《1942—1972年云南人滇缅陆路迁徙》,《南洋问题研究》2014年第2期,第57~60页。邵建平:《缅甸的外国移民:历史、现状及其影响》,《红河学院学报》2014年第5期,第94~97页。

中国移民有 48000 人。[1] 然而,虽然中国的缅甸华人众多已成共识,但是具体规模如何,无从考证。

另根据 2013 美国移民政策研究院国际移民趋势报告,截至 2013 年,缅甸移民在世界各国的分布总量为 263 万 5000 人,主要集中在欧洲、北美和亚洲各国。具体分布在泰国(1892000)、马来西亚(248000)、孟加拉(198000)、美国(98000)、巴基斯坦(93000)、印度(52000)、澳大利亚(24000)、英国(9000)、加拿大(6000)、韩国(5000)、挪威(3000)、丹麦(2000)、荷兰(1000)、德国(1000)、瑞典(1000)和芬兰(1000)、新西兰(1000)。[2] 缅甸华人以经商为主,前往泰国、孟加拉、巴基斯坦、印度和马来西亚的多为劳工,华人人数可能不多。前往美国、加拿大、澳大利亚、新西兰和欧洲等发达国家的缅华人数可能更多,如以缅华人口 2.2%～3% 的比例推估,欧美各国 152000 人的缅甸移民中,华人人数为 3000～5000 人。

如上所述,大体可以推估,1948 年缅甸独立至 2014 年,华人海外移民规模应超过 27 万,实际上可能更多。

## 第二节  华人海外移民主要接收国数据估算

200 年来,美国、加拿大、澳大利亚和新西兰等国一直是移民的主要目的地,也是国际上为数不多的采取积极移民政策的国家。20 世纪 60—70 年代以来,这些国家相继摒弃以种族和出生地为参考标准的带有歧视性的移民政策,采取以技能和家庭团聚为核心的积极的移民政策,来自东南亚地区的移民开始大量增加。此外,欧洲也是东南亚移民的主要目的地,这源于之前的殖民关系、人道主义的难民接收政策和劳动力短缺等因素。

本节从华人海外移民接收国的角度估算华人海外移民总体规模。欧美等华人海外移民主要接收国在统计入境移民时大多都未对移民的族裔进行细分,只以来源地作为统计标准。和华人数量相关的数据,仅有介绍华人大体所占来源地移民的比例。因此本节在从接收国角度估算华人海外移民

---

① UN: International Migrant Stock: By Destination and Origin, 2013, http://www.un.org/en/development/desa/population/migration/data/estimates2/estimatesorigin.shtml.

② MPI: International Migrant Population by Country of Origin and Destination, 2013, http://www.migrationpolicy.org/programs/data-hub/charts/international-migrant-population-country-origin-and-destination.

时,只能以其所占移民比例估算总体规模,并与华人海外移民输出国数据相
互印证。此外,尚要考虑从东南亚前往欧洲的移民中,华人的比例总体上应
当高于华人在输出国的人口比例。这是因为在大批涌入欧洲的印度支那难
民中,华人比例远高于其在输出国中的比例,也在于华人教育水平和移民能
力高于输出国的其他族群,更容易被移入国接受。

20世纪60年代以后东南亚地区的华侨华人,绝大部分出生于当地,他
们并非侨居者,而是土生土长,成为当地国家民族的组成部分。但是,因为
居住国政策和社会政治经济环境的压力,东南亚地区的一些华人被迫离开
他们的居住国再次移民至其他国度。20世纪60年代中期以前,也有一部
分华侨华人移民"返回"了祖籍国中国,但大部分则再次移民西方。因此,探
讨东南亚地区华人海外移民接收国数据,基本上也以20世纪60年代之后
的统计为主。东南亚地区最典型的非常态大规模再移民,即是20世纪60
年代和1998年的印尼华人海外移民,以及1976—1986年的印支华人难民。
印尼华人主要被驱赶到中国,少数人前往周边的新加坡、马来西亚和澳大利
亚,越南华人难民部分回国,大部分前往欧美各地和香港,柬埔寨和老挝的
华人难民先是避难于泰国的难民营,之后再流向世界各地。20世纪70年
代以来常态化的东南亚华人移民,在区域内主要流向新加坡(马来西亚华
人),其他大部分前往西方国家,主要集中在美国这个典型的移民国家和原
英联邦国家的澳大利亚、英国和加拿大。经过对这几国的数据和人口普查
调查发现,大部分的华人海外移民来自马来西亚、印尼、新加坡和越南。

本节从移民接收国角度进行统计,主要资料来自新加坡统计局
(Statistics Singapore)、美国国土安全部移民数据办公室(Office of
Immigration Statistics,U. S. Department of Homeland Security)和美国
人口普查局(U.S. Census Bureau)、加拿大移民局(Citizenship and
Immigration Canada)和统计局(Statistics Canada)、澳大利亚移民局
(Department of Immigration and Citizenship, Australia Government)和澳
大利亚统计局(Australian Bureau of Statistics)、英国移民局(Home
Office,UK Border Agency)和国家统计局(Office of National Statistics)、
法国国家统计局(National Institute of Statistics and Economic Studies)和
荷兰中央统计局(Dutch Central Bureau for Statistics)。从接收国的资料对
华人海外移民进行分析,或有助于弥补输出国统计资料不全的缺陷。

## 一、美国的东南亚华人海外移民相关资料

美国宪法规定,每隔十年进行一次人口普查。自 2000 年人口普查开始,人口统计局开始搜集关于族群的信息,目的是为了满足各类立法和项目的需求。通常来说,族群或种族信息,通常被用来服务于与选举相关的立法和配额分配等事项,此外也供各级政府制定政策所需。

因此,要了解东南亚地区各国华人海外移民信息,从美国人口普查中获得各族群分类人口数据总量是至关重要的一环。美国的人口普查问卷虽有对大族群,如亚裔、非裔、西班牙语裔的统计,但未对亚裔内具体某国的族裔进行细分,例如未区分来自马来西亚的华人、马来人、印度人等,故无法从人口普查中直接获得来自东南亚华人海外移民的数量。

根据人口普查材料,华人海外移民数量的推估主要有如下两个依据:第一,美国华裔人口总量。通过历年美国人口普查了解华裔人口总量,并根据华裔人口来源地进行推估:如华裔来自中国大陆、中国台湾、中国香港、中国澳门、东南亚地区国家和世界其他地区国家的可能规模。如无法获得直接来源地的数量,则可通过不同阶段的移民状况(如印支难民时期)和东南亚地区华人比例进行推算。第二,东南亚各国移民数量。美国人口普查中,公布了来自东南亚各国移民的流量、美国本土东南亚各国移民及其后裔人数。通过东南亚各国移民数量,具体分析移民中华人所占比例,进而推估华人海外移民数量。本节对美国的华人海外移民数据的推算,综合运用上述两种方法,以华人来源地统计为主,并辅以华人在不同时期东南亚各国移民中可能占的比例,以推算华人海外移民规模。

根据 2010 年美国人口普查,截至 2010 年,华人(华裔)总量增至4010114 人。[①] 东南亚地区各国移民及其后裔数量分别为:菲律宾移民及其后裔数量为 3416840 人,印尼移民及其后裔数量为 95270 人,老挝移民及其后裔数量为 232130 人,柬埔寨移民及其后裔数量为 276667 人,马来西亚移民及其后裔数量为 26179 人,新加坡移民及其后裔数量为 5347 人,泰国移

---

① The Asian Population: 2010, *2010 Census Briefs*, March 2012, U.S. Department of Commerce Economics and Statistics Administration, U.S. Census Bureau.

民及其后裔数量为 237583 人,越南移民及其后裔数量为 1737433 人。[1] 具体见表 3-16。

表 3-16  2000—2010 年美国亚裔人口统计数据

| 族群 | 年份 | |
|------|------|------|
| | 2000 年 | 2010 年 |
| 柬埔寨 | 206052 | 276667 |
| 菲律宾 | 2364815 | 3416840 |
| 印度尼西亚 | 63073 | 95270 |
| 老挝 | 198203 | 232130 |
| 马来西亚 | 18566 | 26179 |
| 新加坡 | 2394 | 5347 |
| 泰国 | 150283 | 237583 |
| 越南 | 1233736 | 1737433 |
| 华裔 | 2879636 | 4010114 |

资料来源:(1)U. S. Census Bureau, 2010 Census Special Tabulation.

(2) The Asian Population:2010, *2010 Census Briefs*, March 2012, U. S. Department of Commerce Economics and Statistics Administration, U. S. Census Bureau.

备注:2000 年华裔人数包括台湾籍人数,2010 年华裔人数不包括台湾籍人数。

尽管美国的华人人口有单独统计,很多来自东南亚国家的华人,此后在不同时期也归入华人人口统计。但在计入东南亚族裔的人口中,至少越南、新加坡、马来西亚、泰国族裔的人口中,还有一定比例的华人。

---

① 美国 2010 年人口普查:www. census. gov/prod/cen2010/sf1. pdf,www. census. gov/population/race, http://factfinder2. census. gov/main. html, www. census. gov/prod/cen2010.

表 3-17　1960—2000 年美国华人人口增长情况

| 年份 | 美国华人数量 | 前 10 年移入美国华人人数 | 性别比例（％） | 在美出生比例（％） |
|---|---|---|---|---|
| 1960 | 237292 | 25201 | 133 | 60.5 |
| 1970 | 435062 | 109771 | 110 | 53.1 |
| 1980 | 812178 | 237793 | 102 | 36.7 |
| 1990 | 1645472 | 446000 | 99 | 30.7 |
| 2000 | 2879636 | —— | 99 | 52.9 |

资料来源：(1)前 10 年移入美国的华人数据来自邢必昂：《1950—1990 年的移民法律和亚裔的再整合》，1993 年，第 48 页。

(2)其他数据来自 Eric Lai, Dennis Arguelles, eds., *The New Face of Asian Pacific America: Number, Diversity & Change in the 21st Century*, Berkeley: Consolidated Printers, Inc., 2003, p.38.

　　因美国国土安全部移民统计年鉴关于 1980—1989 年进入美国的东南亚地区移民统计数据公布不全面，而此阶段正是印支难民大量进入美国的时期，所以此阶段东南亚地区印支难民的数量统计可以参考联合国难民署的统计（参考表 3-15）。即 1975—1989 年，美国共接收印支难民 950061 人，其中越南难民 570516 人，柬埔寨难民 144745 人，老挝难民 234800 人。按华人至少占半数估算，为 47 万 5030 人。

　　再根据表 3-18，1980—1989 年，除印支难民外，进入美国的东南亚其他国家移民总数为 589878 人；1990—1999 年，进入美国的东南亚移民总数为 2097767 人；2000—2010 年，进入美国的东南亚移民总数为 2133868 人。根据不同时段内华人在东南亚各国族群中所占比例，推算东南亚地区华人移民数量，其中新加坡华人的比例一直稳定地保持在 75％左右；马来西亚华人的比例虽有所下降，但大体范围基本维持在 22％～26％之间，取均值 24％；泰国华人的比例参考斯金纳教授的推断，为 10％；印尼华人的比例参考台湾《华侨经济年鉴》提出的 3.68％；菲律宾华人的比例参考魏安国教授推算的 1.4％；越战后越南华人的比例基本维持在 1.5％左右；柬埔寨华人的比例为 4.3％；老挝华人的比例为 4.8％。

表 3-18　1980—2010 年美国的中国和东南亚移民数量

| 国家或地区 | 1980—1989 | 1990—1999 | | | | 2000—2010 | | | |
|---|---|---|---|---|---|---|---|---|---|
| | | 永久居民 | 归化入籍 | 难民及政治庇护 | 合计 | 永久居民 | 归化入籍 | 难民及政治庇护 | 合计 |
| 柬埔寨 | 41666 | 21583 | 46579 | 4970 | 73132 | 37727 | 47034 | 350 | 85111 |
| 菲律宾 | 548764 | 534338 | 368232 | 322 | 902892 | 601862 | 418914 | 163 | 1020939 |
| 印度尼西亚 | 5292 | 16988 | 8812 | 2554 | 28354 | 33759 | 16935 | 4123 | 54817 |
| 老挝 | 37861 | 52650 | 64242 | 38911 | 155803 | 18839 | 58019 | 15710 | 92568 |
| 马来西亚 | 4658 | 16717 | 6017 | 53 | 22787 | 22036 | 13292 | 122 | 35450 |
| 新加坡 | 2007 | 5436 | 2196 | 22 | 7654 | 10063 | 3809 | 18 | 13890 |
| 泰国 | 29157 | 53567 | 24248 | 10 | 77825 | 72056 | 50052 | — | 122108 |
| 越南 | 280782 | 275379 | 359826 | 194115 | 829320 | 319681 | 368230 | 21074 | 708985 |
| 中国大陆 | 346747 | 342058 | 302335 | 8766 | 653159 | 659345 | 383428 | 30914 | 1073687 |
| 中国香港 | 98215 | 116894 | 54946 | — | 171840 | 60846 | 48148 | — | 108994 |
| 中国澳门 | 926 | 3182 | 1523 | — | 4705 | 2336 | 1859 | — | 4195 |
| 中国台湾 | 48999 | 132647 | 92318 | 13 | 224978 | 99442 | 34922 | — | 134364 |

资料来源：美国国土安全部移民统计年鉴；1980—2011 年，http://www.dhs.gov/archives＃1.

备注：(1)移民数量包括获得永久居民身份、归化入籍、难民和政治庇护的人数。因非移民中留学、经商、旅游、短期劳工等非以移民为目的，故未统计非移民数量。

(2)各国移民既包括公民也包括永久居民。

(3)1980—1989 年，除菲律宾、中国大陆、中国台湾、中国香港和中国澳门外，美国仅公布了东南亚地区各国在 1986—1989 年间进入人数，其他年段的人数未公布。

表 3-19　1980—2010 年美国的东南亚地区华人数量

| 国别 | 华人比例 | 1980—1989 | 1990—1999 | 2000—2010 | 总计 |
|---|---|---|---|---|---|
| 柬埔寨 | 4.3% | — | 3145 | 3660 | 6805 |
| 菲律宾 | 1.4% | 7683 | 12640 | 14293 | 34616 |
| 印度尼西亚 | 3.68% | 195 | 1043 | 2017 | 3255 |
| 老挝 | 4.8% | — | 1094 | 1702 | 2796 |
| 马来西亚 | 24% | 1118 | 5469 | 8508 | 15095 |
| 新加坡 | 75% | 1505 | 5741 | 10418 | 17664 |
| 泰国 | 10% | 2916 | 7783 | 12211 | 22910 |
| 越南 | 1.5% | — | 12440 | 10635 | 23075 |
| 总计 | | | | | 126216 |

根据表 3-19，1980—2010 年，来自东南亚地区（不包括印支华人难民）的华人数量为 12 万 6216 人，再加上 1975—1989 年来自印支地区的华裔难民 47 万 5030 人，按比例推估，1975—2010 年间，东南亚地区华人进入美国的人数为 601246 人，但实际情况可能不甚相同。可以肯定的是，在 1990—2010 年，从马来西亚来的移民中，华人所占的比例远高过在马来西亚族群中所占比例；在来自其他东南亚国家的移民中，华人移民的比例也可能稍高，这是由于华人教育水平较高而被接受的程度也较高。因此，来自东南亚华人的数量应当高于 60 万人，可能达 65 万。

根据表 3-17 和表 3-18，1960—2010 年，进入美国的中国大陆、香港和澳门移民数量为 2597440 人。1980—1999 年，进入美国的台湾移民数量为 273977 人。2000 年以前的美国华裔人口普查均包括台湾移民数量，但 2010 年美国华裔人口 401 万，则不包括台湾籍移民数量。因此 2000—2010 年进入美国的台湾移民数量暂不计算在内。

据此，1960—2010 年，来自东南亚地区和中国大陆、香港、澳门、台湾的华人数量合计为 3472663。已知 2010 年美国华裔人口为 401 万，二者相差 537451 人，可能是华人移民自然增长的数量。

根据以上数据的相互印证，大体可以说，1960—2010 年，东南亚地区华人海外移民应当超过 60 万，或在 65 万～70 万之间。

## 二、加拿大的东南亚华人海外移民数据

1967 年,加拿大政府实施《新移民条例》,此条例实行计分制,即根据年龄、教育程度和职业对申请移居到加国的移民进行打分,不再按种族、国家来选择移民,而是根据申请者的能力判断其是否能作为独立移民来加拿大。条例实施当年就有 8083 名东南亚地区的华侨华人前往加拿大。[①] 1988 年,加拿大通过多元文化法,正式实行多元文化和多元民族的政策。这一政策有利于亚洲移民特别是华侨华人的生存和发展。《新移民条例》实施后,华侨华人人口数量逐渐稳步增长,在 20 世纪 70—80 年代增长最快,以年均 3 万多人的速度增长。华侨华人占总人口的比例也从 1961 年的 0.32% 增至 1996 年的 2.6%。[②]

自 1991 年起,加拿大人口普查才将非常住居民计算在内。1991 年之前的所有人口普查都只统计常住居民人数(唯一一次例外是 1941 年的人口普查),非常住居民被认为是外国人不在统计范畴之内。人口普查中的华裔主要包括来自中国大陆、香港、台湾的华人和来自东南亚和南美等其他地区的华人海外移民。

1996 年人口普查数据显示,华裔已经成为加拿大人口最多的少数族裔之一,人数为 736015 人。2001 年,华裔人数增加至 1094700 人,占加拿大亚裔人口的 40%,总人口的 3.5%。2006 年人口普查显示,华人人口达到了 121 万,占少数族裔总人口的 24%,加拿大总人口的 3.9%。[③] 2011 年人口普查最新数据显示,华人人口已经达到 1324700 人,占加拿大总人口的 3.9%。[④]

除华裔外,加拿大亚裔人群中,越南裔和菲律宾裔人口也有显著增长。1996 年人口普查显示,菲律宾裔人口数量为 314496 人,至 2001 年,菲律宾

---

① Citizenship and Immigration Statistics Archives (1966 to 1996), Citizenship and Immigration Canada, http://www.cic.gc.ca/english/resources/statistics/index.asp.

② 《广东侨报》,1998 年 2 月 12 日。

③ Statistics Canada, *2006 Census of Population*, http://www5.statcan.gc.ca/subject-sujet/theme-theme.action? pid=3867&lang=eng&more=0&HPA.

④ Statistics Canada, *2011 Census of Population*, http://www12.statcan.gc.ca/census-recensement/index-eng.cfm? HPA.

裔人口增加至 327600 人,增长了 4%,占加拿大总人口的 1.1%,排在华裔、东印度裔之后。20 世纪 70 年代末,越南移民进入加拿大人数大量增加。1996 年人口普查显示,越南裔人口数量为 145344 人,至 2001 年,越南裔人口达到 151400 人,增长了 4%,占加拿大总人口的 1%,排在华裔、东印度裔、菲律宾裔和牙买加裔之后。

根据 2006 年加拿大人口普查,东南亚地区各国移民及其后裔数量为:柬埔寨移民及后裔数量为 25245 人,菲律宾移民及后裔数量为 436195 人,印尼移民及后裔数量为 14325 人,老挝移民及后裔数量为 20110 人,马来西亚移民及后裔数量为 12165 人,新加坡移民及后裔数量为 1390 人,泰国移民及后裔数量为 10020 人,越南移民及后裔数量为 180130 人。[①]

根据加拿大移民局 2012 年统计年鉴,至 2006 年,来自中国大陆、香港的移民人数为 682375 人,来自台湾的移民人数为 65205 人,来自东南亚地区的移民数量为 560995 人。[②] 这些移民包括经济类、家庭团聚类、难民类。由于留学生和劳务工作人员因就学和劳务暂居加拿大,并非以移民为目的,加拿大政府在人口普查中将留学生和劳务工作人员看作是暂居类移民。

表 3-20  1991—2006 年加拿大的东南亚地区和中国移民数量

| 国家或地区 | 1991 年前 | 1991—2000 | 2001—2006 | 合计 |
|---|---|---|---|---|
| 菲律宾 | 107760 | 117550 | 77880 | 303190 |
| 中国大陆 | 133905 | 177925 | 155105 | 466945 |
| 中国香港 | 107925 | 100075 | 7430 | 215430 |
| 中国台湾 | 12670 | 41815 | 10715 | 65205 |
| 越南 | 107760 | 41865 | 10545 | 160170 |
| 马来西亚 | 14305 | 5460 | 2115 | 21885 |
| 柬埔寨 | 15400 | 3260 | 1540 | 20190 |

资料来源:Statistics Canada, *2006 Census of Population*,http://www.statcan.gc.ca/pub/11-402-x/2011000/pdf/ethnic-ethnique-eng.pdf.

---

① Statistics Canada, *2006 Census of Population*,Statistics Canada Catalogue No. 97-562-XCB2006006(Canada, Code01).

② *Canada Year Book 2012*,Catalogue No. 11-402-x,http://www.statcan.gc.ca/pub/11-402-x/2011000/pdf/ethnic-ethnique-eng.pdf.

表 3-21　1991—2006 年加拿大的东南亚地区移民数量

| 地区 | 1991 | 1996 | 2001 | 2006 |
|------|------|------|------|------|
| 东南亚 | 311970 | 408985 | 469110 | 560995 |

资料来源：Statistics Canada，*Censuses of Population*，*1991 to 2006*.

　　2012 年加拿大移民统计年鉴，只公布了 1991 年前、1991—2006 年越南、柬埔寨、马来西亚和菲律宾移民进入加拿大的数量，因此根据华人在不同时段内在东南亚各国族群中所占比例，推算东南亚地区华人移民数量，如马来西亚华人的比例虽有所下降，但大体范围基本维持在 22%～26% 之间，取均值 24%；菲律宾华人的比例参考魏安国教授推算的 1.4%；因越南和柬埔寨在 1991 年前主要为难民，1991—2000 年难民数量也不少，2001—2006 年则系家庭团聚和其他经济类移民，用华人占越南和柬埔寨人口比例进行推算可能会低估华人数量，因此越南和柬埔寨的移民中华人数量，还是取 50% 作为计算参考。

　　至 2006 年，东南亚地区移民数量为 560995 人，扣除菲律宾、马来西亚、越南、柬埔寨的移民数量，为 55560 人，其中华人移民应该主要来自新加坡、泰国、印尼等国。因印尼移民主要是商务和技术劳动力，华人较多；新加坡移民肯定是以华人为主；泰国移民中，华人的比例也应当高于其在国内族群中所占比例。综合上述各方面因素，在来自新加坡、泰国、印尼等国总数 55560 名移民中，华人海外移民至少可按半数计算，数量为 27780 人。根据表 3-20，1991 年前和 1991—2006 年，菲律宾移民数量为 303190 人，华人比例不知。但根据加拿大倾向于技术移民和投资移民的政策，华人的比例应当高于其在菲律宾族群中的比例；马来西亚移民数量为 21885 人，华人应占多数；越南和柬埔寨移民数量为 180360 人，其主体是难民，华人数量占半数，应当为 90180 人。因此，本节倾向于估计，进入加拿大的东南亚华人海外移民总数，应当在 15 万人以上，主要是来自印支的华人难民和马来西亚华人。

　　根据表 3-20，1991 年前和 1991—2006 年，来自中国大陆、香港和台湾的移民数量总计为 747580 人。则中国和东南亚地区华人移民数量共为 897580 人，与全加 132 万 4700 人的华裔人口总量相差 42 万 7120 人。这差距可能是华人移民自然增长的数量，也包括少数来自其他地区华人的数量。

根据以上数据的相互印证,大体可以说,20 世纪 60 年代末至 2006 年,加拿大的东南亚地区华人海外移民为 15 万左右的数量,可能与实际情况相去不远。

## 三、澳大利亚的东南亚华人海外移民数据

华人移民澳大利亚已有 150 多年历史,但现今的华侨华人,绝大部分都是近 30 年来进入澳大利亚的华人新移民及其第二代。1972 年,澳大利亚摒弃了白澳政策(White Australia Policy),取消了针对种族和肤色的歧视性移民政策。自此亚洲移民特别是华人移民开始增多。澳大利亚的人口统计通常以出生地而非族裔为标准,因此澳大利亚人口中关于华人移民的统计,包含在中国大陆和台湾出生的华人以及在其他国家特别是东南亚出生的华人。

1986 年,澳大利亚第一次将族裔信息录入到人口统计中,根据该次人口普查的信息,澳大利亚约有 196310 名华人,占澳大利亚总人口的 1.21%。其中 15.6% 来自马来西亚(30624)、15.4% 来自越南(30231)、3.8% 来自新加坡(7459)、2.6% 来自印尼(5104),东南亚地区华人合计 73418 人,占华人总数的 37.3%。[①] 在此次人口普查中,43% 的新加坡人宣称自己是华人,超过 30% 的新加坡人在家里使用华语。1986 年后,来自新加坡的移民数量迅速增加,目前澳大利亚官方和学者普遍认为,在澳大利亚的新加坡人中华人海外移民所占比例为 50%。[②]

根据 1991 年澳大利亚人口普查数据,澳大利亚的亚裔移民(不包括西亚)共计 688563 人。其中,来自东北亚的中国大陆(78866)、中国香港(58984)、中国澳门(1696)、日本(25979)、朝鲜和韩国(20951)、蒙古和中国台湾(13025)的移民数量为 199501 人;来自阿富汗、不丹、印度、马尔代夫、尼泊尔、巴基斯坦和斯里兰卡的南亚移民数量为 110497 人;来自东南亚的移民数量为 378565 人,他们主要来自文莱(2544)、马来西亚(72611)、柬埔

---

① C. Price, the Ethnic Character of the Australian Population, in James Jupp, ed., *The Australian People: An Encyclopedia of the Nation, Its People and Their Origins*, Sydney: Angus and Robertson, 2001, pp. 119~128.

② Chooi-hon Ho, Poo-Kong Kee, Profile of the Chinese in Australia, in Peter Hanks, Andrew Perry, eds., *The Chinese in Australia*, Monash University Working Papers on Migrants and Intercultural Studies, No. 12, 1993, p. 10.

寨(17629)、老挝(9658)、越南(122347)、印尼(33264)、缅甸(8266)、菲律宾(73660)、新加坡(24563)和泰国(14023)。[1] 在这 37 万多东南亚移民中,印支难民最多,这是由于 1975 年越南战争结束,大量印支难民特别是华人难民进入澳大利亚,越南华人比例为 62.4%(76344),柬埔寨华人比例为 35%(6170),老挝华人比例为 20%(1931),则印支华人有 84445 人。[2] 新加坡华人占 50%,有 12278 人。马来西亚移民为 72611 人,华人占 60%,有 43566 人。[3]

根据 1996 年人口普查数据,澳大利亚华人为 39 万 5000 人,占总人口的 2.16%。来自东南亚各国的移民数量为:泰国为 23000 人,马来西亚为 76221 人,新加坡为 29503 人,印尼为 44157 人,菲律宾为 92933 人,柬埔寨为 25800 人,老挝为 11400,越南为 151085 人。[4] 在东南亚移民中,根据华人来源地计算,马来西亚华人比例为 60%(45732),新加坡华人比例为 43%(12686),越南华人比例为 27.4%(41397)。[5]

2001 年,澳大利亚人口普查结果显示,澳大利亚约有华侨华人 55 万 6554 人,其中来自东南亚地区的华人为 158481 人,主要有:马来西亚华人 55655 人,越南华人 44524 人,印尼华人 19620 人,新加坡华人 22262 人,柬埔寨华人 9500 人,菲律宾华人 2230 人,泰国华人 2210 人,老挝华人 1450 人,缅甸华人 1030 人。[6]

---

① Census Characteristics of Australia, 1991 *Census of Population and Housing*, http://www. ausstats. abs. gov. au/ausstats/free. nsf/0/792BBD9457634FFECA2574BE00826627/$File/27100_1991_20_Census_Characteristics_of_Australia. pdf.

② BIPR, *Immigrant Families : A Statistical Profile*, Statistics Report, No. 12, AGPS, Canberra, 1994, p. 2.

③ Chooi-hon Ho, Poo-Kong Kee, Profile of the Chinese in Australia, in Peter Hanks, Andrew Perry, eds. , *The Chinese in Australia*, Monash University Working Papers on Migrants and Intercultural Studies, No. 12, 1993, p. 9.

④ Australian Bureau of Statistics, 1996 Census Data, http://www. abs. gov. au/websitedbs/censushome. nsf/home/historicaldata1996? opendocument&navpos=280.

⑤ James Jupp, ed. , *The Australian People : An Encyclopedia of the Nation, Its People and Their Origins*, Cambridge: Cambridge University Press, 2001, pp. 797~798.

⑥ 2001 Australian Census Analytical Program: Australian Census Analytic Program: Australian's Ancestries, 2001 (cat. no. 2054. 0), http://www. abs. gov. au/AUSSTATS/abs @ . nsf/bb8db737e2af84b8ca2571780015701e/af5129cb50e07099ca2570eb0082e462! OpenDocument.

2006 年,澳大利亚人口普查结果显示,澳大利亚约有华侨华人 67 万左右,占当地定居人口的 3.41％,第一代占其中的 74.2％,第二代(澳洲出生,父母至少一人是海外出生)占 21％,第三代或以上(澳洲出生且父母均在澳洲出生)占 4.8％。[①] 人口普查报告计算出,在 67 万华侨华人中,44％(294800)是在澳大利亚和中国以外的国家出生。[②] 这可能包括来自香港、台湾和东南亚地区的华人数量。

2011 年澳大利亚移民局报告具体指出了东南亚地区移民中华人所占比例,分别为:马来西亚华人占马来西亚移民的 62.1％,柬埔寨华人比例为 33.2％,老挝华人比例为 15.3％,泰国华人比例为 8.2％,新加坡华人比例为 49.2％,印尼华人比例为 39.3％,越南华人比例为 21.8％,菲律宾华人比例为 3.3％。然而事实上,移民局在统计时以移民上报其身份认同和国籍为标准,大部分移民选择以国籍为认同标准,也有部分难民害怕在澳再次受到排斥所以选择国籍而非华人身份认同,因此统计标准可能存在误差,低估来自东南亚的华人的实际数字。

根据 2011 年澳大利亚最新的人口普查,华人总量为 866205 人。来自东南亚地区的移民总计 667996 人。其中越南移民 185039 人,菲律宾移民 171232 人,马来西亚移民 116196 人,印尼移民 63159 人,新加坡移民 48646 人,泰国移民 45464 人,柬埔寨移民 28328 人,老挝移民 9932。[③] 如按照澳大利亚移民局公布的东南亚地区各国华人所占比例计算,马来西亚华人为 72157 人,柬埔寨华人 9404 人,老挝华人 1519 人,泰国华人 3728 人,新加坡华人 23933 人,印尼华人 24821 人,越南华人 40338 人,菲律宾华人 5650 人,东南亚地区华人总计 181550 人,占澳大利亚华人总量的 20.9％。如考虑到进入澳大利亚的东南亚华人因各种原因,登记为非华人族裔,则可能在澳大利亚的来自东南亚的华裔人群应有近 20 万。

① Australian Bureau of Statistics,2006 Census data,http://www.abs.gov.au/websitedbs/censushome.nsf/home/historicaldata2006? opendocument&navpos=280.

② 《澳洲华人人口近 67 万,澳洲及中国以外出生占 44％》,中国侨网,http://www.chinaqw.com/hqhr/hrdt/200902/01/148724.shtml.

③ Australian Bureau of Statistics,*Reflecting a Nation:Stories from the 2011 Census*,2012—2013,http://www.abs.gov.au/ausstats/abs@.nsf/Lookup/2071.0main+features902012—2013.

## 四、英国、法国和荷兰的东南亚华人海外移民数据

### 1. 英国华人海外移民统计

英国是欧洲华侨华人最多的国家之一。1949 年,英国华侨华人数量仅为 2000 人,随后由马来西亚移居英国的华人人数明显增加。1951 年,英国英格兰与威尔士的人口普查材料中,首次将居住在该地区的华裔人口按出生地进行划分。是年列入该人口普查的华人人口总数是 19396 人,其中出生地为新、马者合计 7301 人,占是年正式登记在册之英国华人总数的 38%。其中出生地为新加坡的达 3255 人,占是年正式登记在册之英国华人总数的 17%。1961 年,新加坡华人在全英华人中所占比例又增至 26%,达 9892 人。1971 年增至 27335 人,1981 年增至 32447 人。[1] 20 世纪 60—70 年代,英国的华人留学生和来自新马的华人经济移民增长最快。20 世纪 80—90 年代,来自中国的留学生、技术移民和经济移民开始大量进入英国和欧洲的其他国家。

至 2001 年,英国人口普查统计显示,全英华人总计 247403 人,占全英总人口的 0.5%。[2] 实际上,这次人口普查中华人 24 万多的数据可能被低估,原因主要有:一些华人可能未参加 2001 年全国人口普查;一些华人在人口普查中可能有意或无意地没有明确其华人身份。

2011 年,英国最新人口普查公布了 *Focus on Ethnicity and Religion (October) 2006* 的报告,对全英华裔人口数量、英国国内分布、来源地、宗教和职业情况进行了简单的介绍。报告指出,至 2006 年,全英(英格兰与威尔士地区)华人总数约 40 万,占总人口的 0.7%。其中在英格兰的华人占英格兰人口总数的比例为 0.7%,威尔士华人比例为 0.4%。[3] 其中 33% 的华人主要生活在伦敦,13.6% 的华人生活在东南部,11.1% 的华人生活在西北城市。从来源地看,29% 来自中国香港,25% 来自英格兰,19% 来自中国大陆,8% 来自马来西亚,4% 来自越南,3% 来自新加坡,2.4% 来自苏格兰,2%

① David Parker, Chinese people in Britain: Histories, Futures and Identities, in Gregor Benton, Frank N. Pieke ed. , *The Chinese in Europe*, Houndmills: Macmillan Press Ltd. , 1998, p. 74.

② UK's Office for National Statistics, *2001 National Census*.

③ National Statistics 2006, http://www.ons.gov.uk/ons/downloads/theme _ compendia/foer2006/FoER_Main. pdf.

来自中国台湾,0.9％来自威尔士,0.1％来自北爱尔兰。[①] 据此比例,2006年,全英东南亚地区华人海外移民及其子女总计 6 万人,约占全部华人数量的 15％。其中,马来西亚华人 32000 人,越南华人为 16000 人,新加坡华人为 12000 人。如考虑到尚有一些来自东南亚的华人仍因种种原因登记为非华人族裔,实际人数应当在 6 万～6.5 万人之间。

需要特别指出的是,英国每十年进行一次人口普查,了解英国居民的基本生活情况。这些数据被用于政府规划公共服务、制定经济和社会政策及学术研究等领域。2011 年英国人口普查是将"亚裔人数"(Asian demographics)和"华裔人数"(Chinese demographics)分开进行统计的。亚裔(Asian 或 British Asian)专指来自南亚国家的移民及其后裔,包括印度、巴基斯坦、孟加拉、斯里兰卡、尼泊尔和马尔代夫等。因此,来自东南亚地区的华裔被统计在全英华裔人口中。英国 2011 年的人口普查数据分列华裔的详细来源地,这是我们所掌握的最明确的关于东南亚华人海外移民的统计数据。

## 2. 法国华人海外移民统计

法国是目前欧洲华人数量最多的国家之一。大规模移民法国的华人,是 20 世纪 70 年代中期以后的印度支那华人难民。20 世纪 80 年代中期以后,直接来自中国的华人移民才大量进入法国,尤其是来自浙江温州、青田的移民和留学生急剧增加。

20 世纪 70—80 年代,作为殖民时期印度支那的宗主国,法国接纳了大量印支难民。根据国际红十字会的正式统计,1977—1986 年间,法国官方共接收印支难民 11 万 1453 人,其中华人达 66872 人。[②] 20 世纪 70 年代中后期,有 14 万东南亚华人逃难到法国,成为有史以来华人移居法国人数最多的一次。[③] 根据 2003 年广东省侨办调研团的调研成果,从印支三国赴法

---

① Office for National Statistics, *2011 Census Report*. 英国(包括英格兰和威尔士)2011 年的人口普查数据中关于亚裔和华裔人数是分开进行统计的。亚裔部分只有印度、巴基斯坦、孟加拉的数据,华裔部分包括东南亚地区的只有马来西亚、新加坡和越南的数据,http://www.ons.gov.uk/ons/dcp171776_310441.pdf.

② [法]让-路易·贝梅:《法国东南亚难民的现状》,雪云译,《东南亚纵横》1989 年第 2 期,第 62 页。

③ G. Ames Liu, France, in L. Pan, ed., *Encycopedia of the Chinese Overseas*, Singapore: Chinese Heritage Centre, 2006.

的华人,多为广东潮州籍人和福建籍人,还有部分是广东四邑、客家、海南和上海籍人,多半居住在巴黎 13 区。[①]

根据法国国家统计局(INSEE,Institut National de la Statistique et des Études Économiques)2010 年公布的最新统计数据,法国华人有 60 万～70 万,其中印支(越南、柬埔寨、老挝)华人有 15 万,原籍多为广东潮州人,少数为福建人,还有部分是广东四邑、客家、海南和上海籍人。来自中国大陆的新移民 45 万,其中温州籍人有 35 万,东北籍人近 10 万。还有其他来自新加坡、马来西亚、泰国、台湾、香港、澳门等国家和地区的华人。[②] 如果加上来自新加坡、马来西亚和泰国的华人,大体可以说,20 世纪 70 年代至 2010 年,法国的东南亚华人海外移民及其子女为 16 万～17 万人。

**3. 荷兰的华人海外移民数据**

华侨华人较大规模移居荷兰始于 20 世纪 40 年代末。印度尼西亚独立以后,部分荷属东印度华人移民随同撤回母国的殖民政府和荷兰公司的相关人员,前往荷兰。1965 年印尼排华高潮期间和 1975 年苏里南独立后,数以万计的当地华人从这些荷兰前殖民地国家前往荷兰定居。20 世纪 70 年代中期以后,有数千名印支难民先后被荷兰接收,他们中大部分是华人。中国改革开放以后,不少荷兰华侨华人的亲属以家庭团聚的方式移居荷兰,他们大多来自广东。有更多的人则采取偷渡方式进入荷兰,他们大部分来自浙江,尤其是来自温州。

截至 2007 年,荷兰华侨华人约 12 万人。根据荷兰中央统计局的资料,2001 年荷兰华侨华人的籍贯构成大约为:中国大陆占 35%,香港占 23%,其余的是来自印尼、苏里南和其他地区的华人(5 万左右)。[③]

在荷兰的华侨华人中,来自东南亚地区的主要是印尼华人。印尼华人移居荷兰的高潮出现于 20 世纪 60 年代末。1960 年,印尼与荷兰中断外交

---

① 广东省侨办赴法国调研团:《法国华侨华人社会初探》,《侨务工作研究》2004 年第 4 期,第 34 页。

② Chinois de France,http://www.slate.fr/story/23827/chinois-de-france-ne-veut-rien-dire;Institut National de La Statistique et des études économiques,*Populations Légales 2011*,http://www.insee.fr/fr/ppp/bases-de-donnees/recensement/populations-legales/default.asp.

③ 《荷兰华侨华人概况》,中国侨网,2006 年 6 月 30 日,http://www.hsm.com.cn/news/2006/0630/68/34569.shtml.

关系,此后直至两国正式复交之前,印尼华人移居荷兰十分困难。1965 年"九三〇"事件及苏哈托掌权后印尼与荷兰恢复外交关系,直接促成了 1967—1970 年的华裔移民潮。在当时印尼那种特殊的政治氛围下,不少怀有一技之长的华裔知识分子纷纷离境,荷兰则成为那些通晓荷兰语的华裔知识分子的主要目的国。据估计,在此次移民潮中,迁入荷兰的印尼华裔约有 5000 人。① 自 20 世纪 90 年代起,印尼移民荷兰的人数猛增,这一方面因为 1998 年印尼排华事件,国内政治不稳定,另一方面也因为金融危机的影响。根据荷兰统计局的报告汇总可得,1996—2013 年,来自印尼的移民(存量)人数呈逐年减少的趋势,由 1996 年的 411622 人,降至 2013 年的 374847 人,基本维持在占荷兰总人口的 2.24% 左右(具体见表 3-22)。这或许是因为早期移民不断去世和一些在荷兰出生的印尼裔不再计入印尼移民统计的原因。因为统计局报告未公布印尼人中华人的比例,所以没法从中推测荷兰印尼华人具体数量。由于受 1998 年排华事件的影响,1998—2000年左右的印尼移民中华人比例可能高于其他年段。如按照华人占印尼人口3.68% 的比例进行推算的话,至 2012 年印尼 37 万人中,华人数量为 13896人。这个数量与 2012 年荷兰统计局公布的印尼华裔 1.6 万人的数量接近。

表 3-22  1996—2013 年荷兰的印尼人数量

| 年份 | 人数 |
| --- | --- |
| 1996 | 411622 |
| 1997 | 409609 |
| 1998 | 407885 |
| 1999 | 406947 |
| 2000 | 405155 |
| 2001 | 403894 |
| 2002 | 402663 |
| 2003 | 400622 |

---

① Kees van Galen, Dorp Zonder Naam: de Chinezen uit Indonesie, in Gregor Benton, Hans Vermeulen, eds., *De Chinezen*, Muiderberg: Dick Coutinho, 1987, p. 144;李明欢:《一个特殊的华裔移民群体:荷兰印尼华裔个案剖析》,《华侨华人历史研究》1993 年第 2 期,第 60 页。

续表

| 年份 | 人数 |
| --- | --- |
| 2004 | 398502 |
| 2005 | 396080 |
| 2006 | 393057 |
| 2007 | 389940 |
| 2008 | 387124 |
| 2009 | 384497 |
| 2010 | 382411 |
| 2011 | 380047 |
| 2012 | 377618 |
| 2013 | 374847 |

资料来源：Statistics Netherlands，*Population：Sex，Age，Origin and Generation*，2013，http：//statline. cbs. nl/StatWeb/publication/？ DM＝SLEN&PA＝37325eng&D1＝0&D2＝0&D3＝0&D4＝0&D5＝0-1,84,102,139,145,210,225&D6＝a&LA＝EN&HDR＝G2,G3,G4,T&STB＝G1,G5&VW＝T.

　　根据 2012 年荷兰中央统计局的最新资料，目前荷兰华人约有 10 万人，其中来自中国大陆 50000 人（50％），中国香港 20000 人（20％），印尼 16000 人（16％），苏里南 7000 人（7％），越南 4000 人（4％），马来西亚、中国台湾和新加坡等地 3000 人（3％），[1]东南亚地区华人共计 23000 人。如果考虑到一些印尼华人登记为印尼裔，则来自东南亚地区的华人可能高于 25000 人。

## 五、新加坡的马来西亚和印尼华人海外移民数据

　　新加坡的外来人口按出生地划分，主要来自（1）马来西亚；（2）中国大陆、香港和台湾；（3）印度、巴基斯坦、孟加拉国和斯里兰卡；（4）印度尼西亚；（5）欧美等其他国家。其中，华人主要来自马来西亚和中国大陆、香港和台

---

　　① Statistics Netherlands，*People with a Foreign Background*，*Population：Sex，Age，Origin and Generation*，http：//statline. cbs. nl/StatWeb/publication/？ DM＝SLEN&PA＝37325eng&D1＝a&D2＝a&D3＝0&D4＝0&D5＝50,99,122,220&D6＝a&LA＝EN&HDR＝T,G1&STB＝G5,G2,G3,G4&VW＝T.

湾,印尼也有少部分华人移民新加坡。

　　新加坡是全世界接受马来西亚移民最多的国家。在新加坡就业市场上,华人劳动力大多从事商业活动,马来人从事交通和运输,印度人从事建筑业。[①] 1969年马来西亚"5·13"族群大冲突,致使大量华人离开马来西亚,移民到其他国家,特别是前往新加坡。[②] 据马来西亚人力资源部估计,截至1992年,共有约15万马来西亚人移民新加坡,他们大部分是华人。[③] 这部分马来西亚华人主要是高技术专业人才,从事建筑业、电子服务业,30~40岁之间,有家庭,正值男性事业发展的高峰期,处于中高级管理岗位,月平均收入超过2000马币(林吉特)。[④] 他们的工资比在马来西亚国内工资高出至少50%,新马汇率差值也是吸引马来西亚人前往新加坡工作的重要原因之一。[⑤]

　　从新加坡方面来看,新加坡的华人移民大部分来自马来西亚和中国,谢美华研究员根据新加坡常住和非常住人口、人口增长率以及马来西亚华人的常住人口数据,推估出1990—2000年十年间马来西亚华人前往新加坡的数量约达31.8万。[⑥] 另据2009年12月4日《星报》(*The Star*)报道,马来西亚前外交官Dennis Ignatius估计,有100万以上马来西亚人移居国外,其中,在英国30万,在美国20万,在澳大利亚9.5万,在加拿大5万。马来西亚外交部副部长柯希兰透露,从2008年3月至2009年8月,有304358

　　① Philip E. T. Lewis, *On the Move: The Changing Structure of Singapore's Labour Market*, Perth: Murdoch University, 1993, pp. 3~7.

　　② Charles Hirschman, Migration from Peninsular Malaysia, 1957—1970, *The Malayan Economic Review*, Vol. 20, No. 2, 1975, p. 41.

　　③ R. Skeldon, International Migration within and from the East and Southeast Asian Region: A Review Essay, *Asian and Pacific Migration Journal*, Vol. 1, No. 1, 1992, pp. 19~63.

　　④ Patrick Pillai, *People on the Move: An Overview of Recent Immigration and Emigration in Malaysia*, Kuala Lumpur: Institute of Strategic and International Studies, 1992, pp. 28; M. L. Sieh-Lee, Malaysian Workers in Singapore, *Singapore Economic Review*, Vol. 33, No. 1, 1998, pp. 73~95.

　　⑤ Patrick Pillai, *People on the Move: An Overview of Recent Immigration and Emigration in Malaysia*, Kuala Lumpur: Institute of Strategic and International Studies, 1992, p. 26.

　　⑥ 谢美华:《近20年新加坡的中国新移民及其数量估算》,《华侨华人历史研究》2010年第3期,第58页。

名马来西亚人移居海外,包括约 5 万留学生。[①] 据此估计,2000 年以后,马来西亚移民大部分前往英美澳加,少部分前往新加坡,应当在 30 万以下。[②]再据新加坡统计局 2011 年度统计年鉴分类项目人口(population)和族群(ethnic group)数据报告推算可知,在新加坡的非常住居民(non-resident)中,[③]马来西亚华人约占来自马来西亚移民的 78.6%。[④]

根据新加坡的人口普查统计,战后新加坡接收的移民主要来自邻国马来西亚。新加坡居民中,出生于马来西亚的人数如滚雪球似的,从 1947 年的 44878 人猛增至 1980 年的 233163 人,按照占新加坡国外出生的人口总数的比例计算,则从 10.9% 增至 44.2%,与出生于其他国家的移民人数的变化趋势非常不同。新加坡大多数非常住居民是来自泰国、菲律宾和印度次大陆的短期客工以及来自欧洲、美洲和日本、澳大利亚的外国专业人士。1990 年和 2000 年这最近的两次人口普查显示,来自马来西亚出生的移民,在新加坡的数量快速增长,这也反映了新加坡和马来西亚之间的紧密联系。2000 年的人口普查显示,在 436756 名国外出生的华人常住居民人口总数中,有超过 258406 人出生于马来西亚,占新加坡所有国外出生的华人常住居民人口总数的 59.2%,位居第一。2000 年的常住居民统计中,来自印尼的华人有 21858 人,占所有国外出生的常住居民人口的 5%,位居第三。[⑤]另根据 2010 年新加坡人口普查,马来西亚华人增加至 338501 人,印尼华人达 42571 人。[⑥]

大体而言,截至 2010 年,新加坡的马来西亚和印尼的华人总数合计约为 381072 人。加上来自其他东南亚国家的华人移民,则新加坡接收的其他

---

① Malaysia-today, December 4, 2009, www.malaysia-today.net/index.php. 引自谢美华:《近 20 年新加坡的中国新移民及其数量估算》,《华侨华人历史研究》2010 年第 3 期,第 58 页。

② 谢美华:《近 20 年新加坡的中国新移民及其数量估算》,《华侨华人历史研究》2010 年第 3 期,第 59 页。

③ 新加坡人口统计中的居民包括公民和获得永久居留权的居民,以及非常住居民。移民类数据被划归至非常住居民栏进行统计。

④ Department of Statistics Singapore, *Yearbook of Statistics Singapore 2011*, www.singstat.gov.sg.

⑤ [新加坡]苏瑞福:《新加坡人口研究》,厦门:厦门大学出版社,2008 年,第 72 页。

⑥ *Census of Population 2010*, Table A6, Department of Statistics, Ministry of Trade & Industry, Republic of Singapore.

东南亚国家的华人移民可能有 40 万。

# 小 结

本节从华人海外移民接收国角度对东南亚地区华人海外移民数量进行估算,选择了美国、加拿大、澳大利亚、英国、法国、荷兰这几个欧美地区的主要接收国和东南亚区域内的主要接收国新加坡作为估算依据,以了解总体规模。经汇总可得,前往这些发达国家的华人海外移民总量可能有163 万~166 万,具体见表 3-23。

表 3-23 二战以后东南亚地区华人海外移民主要接收国数量估算

| 国家 | 年份 | 华人海外移民数量 |
|---|---|---|
| 美国 | 1960—2010 | 65 万 |
| 加拿大 | 1967—2006 | 15 万 |
| 澳大利亚 | 1986—2011 | 20 万 |
| 英国 | 1961—2006 | 65000 |
| 荷兰 | 1965—2012 | 25000 |
| 法国 | 1970—2010 | 16 万~17 万 |
| 新加坡 | 1975—2010 | 38 万~40 万 |
| 总计 | | 163 万~166 万 |

## 第三节 国际移民机构统计

本节旨在从国际移民机构视角,探讨华人海外移民的规模。在无法获知华人海外移民具体数量的情况下,本节归纳各国际移民机构对东南亚地区的国际移民数量统计,从中大体了解华人海外移民在东南亚地区国际移民中所占的比重以及移民的流向。

联合国的国际移民机构主要包括联合国统计署、联合国人口司、国际劳工组织、联合国难民署等。这些机构关于国际移民的数据和研究均以联合国统计署提供的数据为基础,如联合国人口司主要是利用统计署提供的数据,对每个国家移民存量进行估算,并对各国关于国际移民的政策和发展进行研究。联合国统计署是负责搜集各国移民数据,包括国际移民流量和移民人口存量的国际机构。本节仅以联合国人口司的移民报告为基础进行介绍,因为人口司关于移民的统计是对统计署的数据进行了归整后按移民类别进行分类,移民信息较为专业和全面。

## 一、联合国人口司

根据联合国人口司(UN Population Division)数据库关于国际移民存量的分析汇总可得,1990—2010 年,从东南亚地区各国移出的移民总量为12599869 人,其中柬埔寨移民 367731 人,印尼移民 2735390 人,马来西亚移民 1141983 人,老挝移民 483323 人,菲律宾移民 4544133 人,新加坡移民227273 人,泰国移民 792177 人,越南移民 2307860 人。[①]

根据联合国人口司数据库关于东南亚地区移民前往的国家和地区的记录来看,东南亚地区各国移民主要目的地集中在下面四个区块:(1)欧美等发达国家,如美国、加拿大、澳大利亚、新西兰、英国、法国、德国、荷兰等。(2)东南亚区域内的国家,特别是邻国,如从马来西亚移入新加坡,从缅甸和柬埔寨移入泰国等。(3)中东地区石油国家,如沙特阿拉伯、科威特、阿拉伯联合酋长国等。(4)东亚国家和地区,如中国大陆、香港、日本和韩国。其中,移民东亚地区和欧美地区的华人比例较高,东南亚华人占东南亚移民输出国的比例各国不同,在 30%～74%之间。

---

① 根据 *Trends in International Migration Stock*:*Migrants by Destination and Origin*,UN Population Division,Department of Economic and Social Affairs,UN database,POP/DB/MIG/Stock/Rev. 2012 公布数据汇总而得,其中移民数据包括永久移民和临时移民。

表 3-24 2010 年东南亚地区各国移民数量

| 移民输出国 | 移民接收国 | 数量 |
|---|---|---|
| 柬埔寨 | 印尼 | 1567 |
| | 老挝 | 1042 |
| | 菲律宾 | 287 |
| | 泰国 | 43967 |
| | 越南 | 2458 |
| | 法国 | 78478 |
| | 德国 | 2640 |
| | 荷兰 | 168 |
| | 瑞士 | 1241 |
| | 加拿大 | 23082 |
| | 美国 | 177912 |
| | 澳大利亚 | 26003 |
| | 新西兰 | 8886 |
| | 合计 | 367731 |
| 印度尼西亚 | 阿尔及利亚 | 2574 |
| | 埃及 | 4118 |
| | 利比亚 | 11480 |
| | 摩洛哥 | 422 |
| | 突尼斯 | 567 |
| | 中国大陆 | 47392 |
| | 朝鲜 | 1083 |
| | 中国香港 | 130000 |
| | 日本 | 25947 |
| | 韩国 | 10127 |
| | 文莱 | 253 |
| | 柬埔寨 | 429 |
| | 马来西亚 | 1316973 |
| | 菲律宾 | 7263 |
| | 新加坡 | 81324 |
| | 泰国 | 860 |
| | 越南 | 7589 |
| | 孟加拉 | 120420 |
| | 约旦 | 11750 |

续表

| 移民输出国 | 移民接收国 | 数量 |
|---|---|---|
| 印度尼西亚 | 科威特 | 84953 |
| | 黎巴嫩 | 2996 |
| | 沙特阿拉伯 | 305405 |
| | 阿拉伯联合酋长国 | 134930 |
| | 阿拉伯叙利亚共和国 | 71816 |
| | 德国 | 19816 |
| | 法国 | 4366 |
| | 荷兰 | 151675 |
| | 瑞士 | 3123 |
| | 加拿大 | 15343 |
| | 澳大利亚 | 54045 |
| | 新西兰 | 7005 |
| | 美国 | 99346 |
| | 合计 | 2735390 |
| 马来西亚 | 埃及 | 2496 |
| | 利比亚 | 6962 |
| | 中国大陆 | 6563 |
| | 中国香港 | 14752 |
| | 日本 | 8248 |
| | 文莱 | 462 |
| | 柬埔寨 | 700 |
| | 印尼 | 116 |
| | 菲律宾 | 487 |
| | 新加坡 | 842899 |
| | 泰国 | 2019 |
| | 孟加拉 | 1110 |
| | 印度 | 8966 |
| | 英国 | 58027 |
| | 法国 | 2154 |
| | 德国 | 6555 |
| | 加拿大 | 25834 |
| | 美国 | 59459 |
| | 澳大利亚 | 97898 |
| | 新西兰 | 22084 |
| | 合计 | 1141983 |

续表

| 移民输出国 | 移民接收国 | 数量 |
|---|---|---|
| 老挝 | 柬埔寨 | 1059 |
| | 印尼 | 7033 |
| | 泰国 | 100380 |
| | 孟加拉 | 67246 |
| | 法国 | 57015 |
| | 德国 | 3515 |
| | 加拿大 | 16379 |
| | 美国 | 219398 |
| | 澳大利亚 | 9936 |
| | 新西兰 | 1362 |
| | 合计 | 483323 |
| 菲律宾 | 埃及 | 1390 |
| | 利比亚 | 3877 |
| | 中国大陆 | 98052 |
| | 朝鲜 | 2240 |
| | 中国香港 | 113890 |
| | 日本 | 201961 |
| | 中国澳门 | 10376 |
| | 韩国 | 17321 |
| | 文莱 | 2492 |
| | 柬埔寨 | 622 |
| | 印尼 | 480 |
| | 马来西亚 | 23846 |
| | 新加坡 | 6514 |
| | 泰国 | 1980 |
| | 约旦 | 4335 |
| | 科威特 | 126400 |
| | 沙特阿拉伯 | 827646 |
| | 叙利亚 | 106921 |
| | 阿拉伯联合酋长国 | 200760 |
| | 英国 | 118955 |
| | 意大利 | 130698 |
| | 德国 | 32407 |
| | 法国 | 9044 |
| | 荷兰 | 9838 |
| | 瑞士 | 7527 |
| | 英国 | 118955 |

续表

| 移民输出国 | 移民接收国 | 数量 |
|---|---|---|
| 菲律宾 | 加拿大 | 359723 |
| | 美国 | 1854882 |
| | 澳大利亚 | 127797 |
| | 新西兰 | 23204 |
| | 合计 | 4544133 |
| 新加坡 | 以色列 | 6653 |
| | 爱尔兰 | 13531 |
| | 英国 | 46421 |
| | 奥地利 | 23853 |
| | 比利时 | 3082 |
| | 法国 | 3141 |
| | 德国 | 42390 |
| | 英国 | 46421 |
| | 加拿大 | 17093 |
| | 美国 | 20766 |
| | 澳大利亚 | 3521 |
| | 新西兰 | 401 |
| | 合计 | 227273 |
| 泰国 | 中国大陆 | 18877 |
| | 中国香港 | 18537 |
| | 日本 | 41353 |
| | 韩国 | 5419 |
| | 文莱 | 18285 |
| | 柬埔寨 | 122071 |
| | 印尼 | 841 |
| | 老挝 | 1434 |
| | 马来西亚 | 47765 |
| | 新加坡 | 7961 |
| | 越南 | 507 |
| | 孟加拉 | 8046 |
| | 科威特 | 2671 |
| | 沙特阿拉伯 | 18565 |
| | 挪威 | 10975 |
| | 瑞典 | 33682 |
| | 英国 | 33849 |
| | 意大利 | 5045 |
| | 奥地利 | 4921 |

续表

| 移民输出国 | 移民接收国 | 数量 |
|---|---|---|
| 泰国 | 比利时 | 3018 |
| | 法国 | 13682 |
| | 德国 | 94070 |
| | 瑞士 | 15118 |
| | 加拿大 | 11808 |
| | 美国 | 211937 |
| | 澳大利亚 | 32390 |
| | 新西兰 | 9350 |
| | 合计 | 792177 |
| 越南 | 中国大陆 | 25179 |
| | 中国香港 | 10557 |
| | 日本 | 33908 |
| | 韩国 | 43754 |
| | 柬埔寨 | 148516 |
| | 印尼 | 2196 |
| | 老挝 | 9932 |
| | 马来西亚 | 93215 |
| | 泰国 | 45691 |
| | 孟加拉 | 20993 |
| | 英国 | 21403 |
| | 挪威 | 14677 |
| | 瑞典 | 15655 |
| | 法国 | 112325 |
| | 德国 | 143573 |
| | 荷兰 | 12397 |
| | 加拿大 | 182726 |
| | 美国 | 1194287 |
| | 澳大利亚 | 169475 |
| | 新西兰 | 7401 |
| | 合计 | 2307860 |

备注:选取东南亚移民输出国主要目的地进行汇总。

## 二、国际移民组织

自 2000 年起,国际移民组织(International Organization for Migration)定期发布世界移民报告。纵观 2000—2011 年的报告,均未对东

南亚地区各国的移民情况或华人海外移民的相关信息进行介绍和分析。报告对全球移民情况和宏观背景、移民原因、移民类型、移民影响等方面均有介绍,但仅有的数据统计也是借鉴联合国人口司的数据,所以国际移民组织的统计暂时空缺,其他相关材料在其他章节中供参考。

在国别介绍里,国际移民组织的报告涉及东南亚地区国家的只有菲律宾,出版了 *Country Migration Report:The Philippines 2013*。现就该报告中关于菲律宾移民的相关数据统计介绍如下:

在传统的移民国家中,菲律宾一直被认为是重要的移民输出国。截至2010年,菲律宾移民一直是加拿大入境移民的主要构成部分。根据报告统计,2011年一年,菲律宾移民美国57011人,移民加拿大34911人,移民澳大利亚12933人,其中劳工移民是菲律宾移民的主流。

自1981年起,菲律宾开始对出境移民数据进行统计,报告称1981—2011年,菲律宾已经有超过180万的出境移民前往世界各地,平均每年有约6万人离境,截至2011年,菲律宾移民劳工已经高达1850463人。如以华人占菲律宾总人口5%的比例计算的话,华人海外移民约为92523人。但菲律宾移民以低技术含量劳工输出为主,菲律宾华人甚少从事劳工行业。虽然在通过留学途径的移民中,菲律宾华人比例可能高于非华人,但整体而言,菲律宾华人海外移民数量当低于其人口比例,也即少于92523人。

表3-25　1981—2011年菲律宾出境移民规模

| 目的地 | 数量 | 百分比(%) |
|---|---|---|
| 美国 | 1203815 | 64.84 |
| 加拿大 | 310866 | 16.75 |
| 日本 | 120713 | 6.5 |
| 澳大利亚 | 113625 | 6.12 |
| 意大利 | 20718 | 1.12 |
| 新西兰 | 14518 | 0.78 |
| 德国 | 13175 | 0.71 |
| 英国 | 10990 | 0.59 |
| 西班牙 | 9626 | 0.52 |
| 韩国 | 9391 | 0.51 |
| 其他 | 29018 | 1.56 |
| 合计 | 1856455 | 100 |

资料来源:*Country Migration Report:The Philippines 2013*.

## 三、世界银行

世界银行(World Bank)定期公布移民和汇款报告,根据世界银行在 *Migration and Remittances Factbook 2011* 最新的统计,截至 2010 年,菲律宾出境移民 430 万,印尼出境移民 250 万,越南出境移民 220 万。[①] 其中,菲律宾有 170 万前往美国,印尼有 140 万前往马来西亚,越南有 120 万前往美国,马来西亚有 110 万前往新加坡。此外,2010 年,新加坡有近 30 万成为移民者,其中 10 万人选择马来西亚为移居地。[②] 他们大部分应当是原马来西亚到新加坡的移民,又回流马来西亚。世界银行公布的菲律宾出境移民 430 万的数据与国际移民组织公布的 185 万的数据之间存在很大的差异,主要原因在于国际移民组织公布的菲律宾移民大多是定居签证。

## 四、移民政策研究院

移民政策研究院(Migration Policy Institute)数据中心对各国入境和出境移民存量和流量均有数据统计,可以在该数据中心进行数据搜集和汇总。现将该数据中心公布的几个国家的数据进行汇总,来看东南亚地区移民的总体规模。

表 3-26　1991—2006 年东南亚地区各国移民澳大利亚数量

| 年份 | 文莱 | 柬埔寨 | 印尼 | 老挝 | 马来西亚 | 菲律宾 | 新加坡 | 泰国 | 越南 |
|---|---|---|---|---|---|---|---|---|---|
| 1991 | 88 | 193 | 1071 | 349 | 5744 | 6388 | 1275 | 945 | 13248 |
| 1992 | 98 | 322 | 1145 | 236 | 3123 | 5917 | 867 | 863 | 9592 |
| 1993 | 51 | 342 | 1184 | 63 | 1555 | 3731 | 472 | 686 | 5651 |
| 1994 | 38 | 927 | 622 | 61 | 1252 | 4179 | 502 | 735 | 5434 |
| 1995 | 38 | 1356 | 1013 | 87 | 1107 | 4116 | 650 | 799 | 5097 |
| 1996 | 29 | 1357 | 1793 | 63 | 1081 | 3232 | 841 | 736 | 3567 |
| 1997 | 44 | 800 | 1750 | 43 | 1056 | 2808 | 952 | 571 | 2966 |
| 1998 | 27 | 505 | 1917 | 30 | 931 | 2769 | 694 | 346 | 2311 |

---

①　Development Prospects Group, World Bank；UNPD 2009.
②　*Migration and Remittances Factbook 2011*，World Bank，p. 5.

续表

| 年份 | 文莱 | 柬埔寨 | 印尼 | 老挝 | 马来西亚 | 菲律宾 | 新加坡 | 泰国 | 越南 |
|------|------|--------|------|------|----------|--------|--------|------|------|
| 1999 | 39 | 322 | 2491 | 41 | 1296 | 3318 | 650 | 498 | 2137 |
| 2000 | 33 | 250 | 2943 | 17 | 1771 | 3186 | 884 | 527 | 1502 |
| 2001 | 61 | 464 | 3921 | 68 | 222 | 3123 | 1361 | 697 | 1639 |
| 2002 | 40 | 480 | 4221 | 39 | 1939 | 2837 | 1493 | 1230 | 1919 |
| 2003 | 53 | 617 | 3026 | 41 | 2686 | 3190 | 1751 | 1133 | 2568 |
| 2004 | 63 | 561 | 2584 | 44 | 3718 | 4111 | 2224 | 1065 | 2212 |
| 2005 | 56 | 630 | 1930 | 114 | 2936 | 4239 | 3036 | 1277 | 2203 |
| 2006 | 49 | 625 | 1853 | 66 | 2967 | 4871 | 2685 | 1568 | 2661 |
| 合计 | 807 | 9752 | 33464 | 1362 | 33384 | 62015 | 20337 | 13676 | 64707 |

资料来源：Government of Australia，Department of Immigration and Multicultural and Indigenous Affairs.

表 3-27　1990—2004 年东南亚地区各国移民加拿大数量

| 年份 | 文莱 | 柬埔寨 | 印尼 | 老挝 | 马来西亚 | 菲律宾 | 新加坡 | 泰国 | 越南 |
|------|------|--------|------|------|----------|--------|--------|------|------|
| 1990 | 356 | 732 | 322 | 545 | 1975 | 12602 | 825 | 525 | 9304 |
| 1991 | 325 | 509 | 346 | 836 | 1394 | 12728 | 638 | 531 | 8886 |
| 1992 | 249 | 436 | 371 | 146 | 1534 | 13801 | 521 | 251 | 7854 |
| 1993 | 169 | 508 | 413 | 90 | 1097 | 20545 | 478 | 336 | 8383 |
| 1994 | 116 | 397 | 375 | 85 | 828 | 19493 | 398 | 309 | 6515 |
| 1995 | 54 | 339 | 296 | 71 | 582 | 15823 | 426 | 209 | 4181 |
| 1996 | 38 | 282 | 310 | 53 | 477 | 13627 | 374 | 228 | 2712 |
| 1997 | 26 | 350 | 228 | 43 | 381 | 11412 | 274 | 191 | 2015 |
| 1998 | 6 | 276 | 208 | 27 | 258 | 8633 | 230 | 217 | 1829 |
| 1999 | 24 | 204 | 559 | 35 | 351 | 9528 | 407 | 278 | 1620 |
| 2000 | 23 | 284 | 1166 | 45 | 424 | 10631 | 425 | 296 | 1980 |
| 2001 | 21 | 288 | 949 | 50 | 525 | 13626 | 487 | 355 | 2270 |
| 2002 | 29 | 261 | 753 | 64 | 549 | 11543 | 582 | 586 | 2436 |
| 2003 | 33 | 303 | 544 | 36 | 465 | 12608 | 426 | 471 | 1882 |
| 2004 | 19 | 377 | 569 | 52 | 440 | 13900 | 350 | 417 | 1982 |
| 合计 | 1488 | 5546 | 7409 | 2178 | 11280 | 200500 | 6841 | 5200 | 63849 |

资料来源：Citizenship and Immigration Canada.

表 3-28　1999—2011 年东南亚地区各国移民美国数量

| 年份 | 文莱 | 柬埔寨 | 印尼 | 老挝 | 马来西亚 | 菲律宾 | 新加坡 | 泰国 | 越南 |
|---|---|---|---|---|---|---|---|---|---|
| 1999 | 16 | 1394 | 1186 | 846 | 991 | 30943 | 355 | 2366 | 20335 |
| 2000 | 16 | 2138 | 1767 | 1358 | 1551 | 42343 | 668 | 3753 | 26553 |
| 2001 | 27 | 2462 | 2525 | 1398 | 2439 | 52919 | 1100 | 4245 | 35419 |
| 2002 | 28 | 2800 | 2418 | 1245 | 2124 | 51040 | 1033 | 4144 | 33536 |
| 2003 | 20 | 2263 | 1805 | 896 | 1200 | 45250 | 582 | 3126 | 22087 |
| 2004 | 22 | 3553 | 2419 | 1147 | 1987 | 57846 | 966 | 4318 | 31524 |
| 2005 | 49 | 4022 | 3924 | 1242 | 2632 | 60746 | 1204 | 5505 | 32784 |
| 2006 | 25 | 5773 | 4868 | 2892 | 2281 | 74606 | 997 | 11749 | 30691 |
| 2007 | 32 | 4246 | 3716 | 2575 | 2149 | 72596 | 985 | 8751 | 28691 |
| 2008 | 18 | 3713 | 3606 | 2198 | 1945 | 54030 | 922 | 6637 | 31497 |
| 2009 | 26 | 3771 | 3679 | 1688 | 2014 | 60029 | 832 | 10444 | 29234 |
| 2010 | 20 | 2986 | 3032 | 1200 | 1714 | 58173 | 774 | 9384 | 30632 |
| 2011 | 25 | 2745 | 2856 | 956 | 2273 | 57011 | 690 | 9962 | 34157 |
| 合计 | 324 | 41866 | 37801 | 19641 | 25300 | 717532 | 11108 | 84384 | 387167 |

资料来源：Department of Homeland Security，Office of Immigration Statistics，*Yearbook of Immigration Statistics*，http：//www. dhs. gov/files/statistics/publications/yearbook. shtm.

表 3-29　1991—2006 年东南亚地区各国移民英国数量

| 年份 | 印尼 | 马来西亚 | 菲律宾 | 新加坡 | 泰国 |
|---|---|---|---|---|---|
| 1991 | 80 | 690 | 1190 | 190 | 660 |
| 1992 | 60 | 630 | 1130 | 150 | 650 |
| 1993 | 90 | 650 | 1200 | 180 | 650 |
| 1994 | 100 | 640 | 920 | 140 | 540 |
| 1995 | 100 | 660 | 1090 | 170 | 520 |
| 1996 | 90 | 610 | 1030 | 150 | 550 |
| 1997 | 90 | 505 | 890 | 160 | 495 |
| 1998 | 115 | 545 | 950 | 125 | 535 |
| 1999 | 200 | 510 | 1190 | 170 | 830 |
| 2000 | 210 | 780 | 1910 | 230 | 955 |

续表

| 年份 | 印尼 | 马来西亚 | 菲律宾 | 新加坡 | 泰国 |
|------|------|----------|--------|--------|------|
| 2001 | 205 | 705 | 1355 | 225 | 1255 |
| 2002 | 225 | 745 | 1505 | 220 | 1335 |
| 2003 | 315 | 1180 | 3845 | 275 | 2030 |
| 2004 | 205 | 985 | 8250 | 315 | 1005 |
| 2005 | 305 | 1970 | 14745 | 300 | 1970 |
| 2006 | 260 | 1815 | 6360 | 215 | 2440 |
| 合计 | 2650 | 13620 | 47560 | 3215 | 16420 |

资料来源：Home Office，Government of the United Kingdom.

根据上述国际组织的统计,20 世纪 90 年代初至 2011 年,东南亚地区各国移民美国、加拿大、澳大利亚和英国人数总量达 2527032 人,其中美国达 1325123 人,加拿大达 878940 人,澳大利亚达 239504 人,英国达 83465 人。从国别来看,越南、菲律宾移民超过百万,泰国移民位居第三,达 11 万 9680 人,其次是印尼、马来西亚,移民均在 8 万以上,新加坡移民为 4 万多。

# 第四节　学者研究统计

关于华人海外移民研究,国内外对此进行专题研究的有如下几位学者:中国黄英湖教授的《战后华侨的再移民及其原因剖析》(1989 年)、刘建彪教授的《对战后东南亚华侨华人再移民现象的探讨》(2000 年)等;美国包洁敏教授的《从中国到泰国再到美国的华人们》(The Chinese Diaspora：From China to Thailand to the USA,2012 年)、莎伦·李(Sharon Mengchee Lee)教授的《亚裔美国人的多样性和增长》(Asian Americans：Diverse and Growing,1998 年),澳大利亚格雷姆·雨果(Graeme Hugo)教授的《二战后东南亚地区的国际移民》(International Migration in Southeast Asia since World War Ⅱ,2000 年),新加坡廖建裕(Leo Suryadinata)教授的《20 世纪后半叶东南亚华人的移民和变化》(Chinese Migration and Adaptation in Southeast Asia：The Last Half-Century,2004 年)等。本节旨在从学者研究统计视角对华人海外移民研究情况进行介绍。

黄英湖教授在《战后华侨的再移民及其原因剖析》一文中,主要探讨了战后东南亚地区华侨再移民的原因。关于华侨的数量统计,作者指出在20世纪60年代前,这种再移民基本上是一些个别性的行为,数量大多比较少,规模也不大。之后再移民的数量便急剧增加了,规模也越来越大。作者指出1986年,澳大利亚进行了以祖籍地及语言为标准的人口统计,其中华侨有17.3万人。按出生地划分,越南出生的最多,占8.3万人;马来西亚次之,有4.8万人;新加坡出生的是1.6万人。此外,1979—1989年进入美国的印支难民达80万人,其中40万是华侨。荷兰的华侨人口在西欧仅次于英法两国,共有5万多人,其中一半是1966年以后从东南亚的印尼移民过去的。虽然黄英湖教授没有对华人再移民的数量进行系统的归纳和估算,但是作者对华侨再移民现象和原因的剖析算是中国方面研究战后华人再移民最初的尝试。

刘建彪教授在《对战后东南亚华侨华人再移民现象的探讨》一文中提出战后30多年内,由东南亚迁往世界其他地区的华侨华人总数量达到近200万人。其中,20世纪60—70年代,欧洲国家大量收容中南半岛的难民,而难民中华侨和华裔人数占60%以上,致使全欧的华侨华人数量骤增,达到50万人左右,法国接纳印支难民97175人,其中60%为华侨华人。荷兰的华侨人口达5万余人,其中一半是1966年后从东南亚的印尼移民而来的。此外,美洲的加拿大和美国也是东南亚华侨华人的主要目的地,美国接纳的印支难民达80万,其中40万是华侨华人。大洋洲的澳大利亚和新西兰两个国家共接纳19万多,澳大利亚接纳了大批印支半岛的难民,其中多数是华侨华人,到1986年已达到17万多人。新西兰的华侨华人到1983年,达到2万多人。此外,作者还就东南亚华人再移民的去向和具体原因进行了概述。刘建彪教授对华人再移民现象的探讨可以说是较为全面和具体地指出了华侨华人的总体规模和具体分布,是研究华人再移民的重要参考资料,但研究时间基本维持在20世纪80—90年代,也集中在战后难民部分的数据统计,数据统计也仅是对普遍认为的难民人数进行介绍,没有对第一手资料和数据进行把握。

美国内达华大学人类学教授包洁敏在《从中国到泰国再到美国的华人们》一文中,专题探讨了泰国华人再移民到美国的身份认同。她指出,根据对洛杉矶泰国留学生的一项调查显示,50%的泰国留学生是泰国华人。1960—1968年间,美国的泰国留学生数量翻倍,29.9%的泰国留学生主要接受来自家庭的资金支持,这一比例远远高于印度(5.1%)、中国(4.6%)、日本(1.9％)和韩国(10.3％)的留学生。这表明泰国华人对家庭子女教育的投入力度很大。这些留学生大部分为男性,构成了20世纪60年代泰国移民的主流。作者认为目前无法统计泰国华人移民美国的数量,因为美国将他们统计在美籍泰国人分类里面。美国在1980年普查时首次提供了亚裔美国人的数据,1990和2000年普查包括在泰国出生的泰国人和在美国出生的泰国人(具体见表3-30)。虽然包洁敏教授未对泰国华人的具体数量进行估算和概括,但作者提供给我们了一个数据参考,即美籍泰国人数量和泰国华人的比例。

表 3-30  1960—2007 年美籍泰国人数量

| 年份 | 1960 | 1970 | 1980 | 1990 | 2000 | 2007 |
|---|---|---|---|---|---|---|
| 美籍泰国人数量 | 458 | 5256 | 45279 | 91360 | 150283 | 210850 |

备注:1960—1980年间的泰国人统计数据只包括入境移民。

美国莎伦·李教授在《亚裔美国人的多样性和增长》一文中全面地概述了亚裔美国人的社会地位、亚裔美国人在多元社会经济和族群背景下的身份认同以及亚裔美国人口对美国总人口的影响,此外文章还对亚裔美国人的地区分布、年龄结构、生育率、家庭情况、教育、就业和收入等进行了介绍。作者借鉴了美国人口普查等相关数据,通过对第一手资料的归纳整理得出,1981—1996年,中国移民占20％,菲律宾移民占20％,越南移民占17％,柬埔寨、老挝、泰国合计达19％。菲律宾人由1980年的782000人、1990年的1420000人增长至1997年的1995000人。越南人由1980年254000人、1990年的593000人增长至1997年的1045000人。柬埔寨、老挝和泰国人由1980年的69000人、1990年的391000人增长至1997年的444000人。作者虽然对亚裔美国人数量做了介绍,但没有对东南亚地区华人再移民的总量进行评估,且文章数据多根据20世纪90年代末的统计报告,亚裔美国人的最新进展更新不足。

澳大利亚格雷姆·雨果(Graeme Hugo)教授在《二战后东南亚地区的国际移民》一文中,追述了二战后东南亚地区国际移民的发展。作者指出,在1945—1970年间,东南亚地区的国际移民和人口流动较少,因为这时期是东南亚各国寻求民族独立的时期。文章主要关注的是1970年之后东南亚地区国际移民的类型和数量,进而对影响该地区国家移民发展的因素进行了介绍,包括全球化的加强、移民网络的形成、移民产业的扩散以及社会经济和政治变革的加速。文章还对东南亚地区各国劳工移民数量及目的地进行了介绍,如表 3-31:

表 3-31　东南亚地区各国劳工移民数量及目的地

| 移民输出国 | 劳工移民数量 | 移民接收国 | 年份 |
|---|---|---|---|
| 缅甸 | 1840000 | 泰国 | 2006 |
| 泰国 | 340000 | 沙特阿拉伯、中国大陆、中国台湾、缅甸、新加坡、马来西亚、文莱 | 2002 |
| 老挝 | 173000 | 泰国 | 2004 |
| 柬埔寨 | 183541 | 泰国 | 2006 |
| 越南 | 400000 | 韩国、日本、马来西亚、中国台湾 | 2005 |
| 菲律宾 | 8233172 | 中东、马来西亚、日本 | 2006 |
| 马来西亚 | 250000 | 日本、中国台湾 | 1995 |
| 新加坡 | 150000 | — | 2002 |
| 印度尼西亚 | 2700000 | 马来西亚、沙特阿拉伯、中国台湾、新加坡、韩国、阿拉伯联合酋长国 | 2007 |
| 中国 | 530000 | 中东、亚太、非洲 | 2004 |
| 合计 | 14799713 | | |

澳大利亚学者乔克·柯林斯和卡罗尔·里德在《1945—1994 年在澳华人移民模式、种族认同和就业机会的变化》一文中,首次详细追述了战后澳大利亚的华人历史。其中对于来自东南亚地区各国的华人数量、教育程度、语言、职业构成等信息有简要介绍,对印支难民和其他国家华人再移民通过家庭团聚方式前往澳大利亚的群体给予特别关注。根据文章介绍,1981—1991 年,进入澳大利亚的东南亚地区华人再移民总量达 254566 人。数据统计来源主要是 1991 年人口统计和澳大利亚学界相关研究成果。

新加坡廖建裕教授在《20 世纪后半叶东南亚华人的移民和变化》一文中,对东南亚地区的华人数量进行了估算,对华人新移民的数量进行了单独考量,对东南亚地区的华人再移民进行了介绍,并特别关注印尼华人再移民的情况。虽然廖教授对华人再移民的数量介绍引自的是格雷姆·雨果教授的研究成果,但因为廖教授对印尼华人研究较为专长,所以他对印尼华人再移民的数量和移民原因进行了深入剖析。作者指出,根据印尼移民局的统计报告,"九三〇"事件后,印尼移民至少有 17 万人移民海外,其中大部分是华人再移民,他们主要移民至新加坡、马来西亚、中国大陆、中国香港、中国台湾、澳大利亚和美国。

总的来说,上述几位学者对东南亚地区国际移民或华人海外移民的直接或间接研究表明,华人海外移民是东南亚国际移民的重要组成部分,他们的数量具体如何较难统计和把握,目前还没有对华人海外移民进行系统推估的研究成果问世,因此本书尝试从华人海外移民输出国、接收国、国际机构和学者研究四个视角进行统计,期望能对华人海外移民的总体规模有所把握。国际机构和学者研究都没有对华人海外移民进行推估的相关数据或比例。因此,华人海外移民的数量只能依据本章第一、二节,从移民输出国和接收国进行对比估算。

如本章第一节的评估可知,根据东南亚华人移民输出国统计,所推估的华人移民数量超过 300 万人。第二节估算的中国之外的发达国家主要移民接收国中,华人海外移民数量为 163 万~166 万人,占东南亚华人可能的海外移民总数的近 60%。[①]

以上发达国家接收的东南亚华人海外移民数据仍偏于低估。其理由是:美国的统计是从华裔总量中去计算东南亚华人海外移民数量;加拿大统计的是常住居民;澳大利亚是统计华人,按照出生地华人比例进行分类;英国的统计是按照华人来源地进行统计;法国统计的是印支华人难民;荷兰统计以印尼华人为主;新加坡统计的是马来西亚和印尼华人常住人口。未在人口普查中登记的华人、以出生地而不是族群认同进行登记归类的华人等都未被统计。

无论前往发达国家的东南亚华人海外移民数量是 166 万还是更多,其所表明的趋势是:如同国际移民或中国本土移民一样,东南亚华人海外移民的主要目的地,都是发达国家。

除以上几个主要东南亚华人海外移民的接收国外,其他接收华人海外移民的国家还有日本、韩国、德国、西班牙、意大利、比利时、瑞典、奥地利、俄

---

① 根据输出国数据,东南亚华人海外移民规模可能有 288 万,主要前往发达国家和地区。

罗斯、新西兰等国,这些国家的东南亚华人海外移民总数可能也有数万人,但详细数量无从统计。

除新加坡外,东南亚华人企业集团在东南亚区内的投资至少数百亿美元,带动的相互国家之间的华人移民估计也有数以十万计。但因无从获得相关统计资料,故无法详细估算。

中国大陆、台湾、香港是发达国家以外最重要的东南亚华人移民的去处。近30年来,东南亚华人企业集团大规模向中国大陆投资。根据中国商务部的统计,截至2013年6月底,中国对东盟国家直接投资累计近300亿美元,东盟对华投资累计超过800亿美元。[①] 如果相比台湾投入东南亚的400多亿美元带动近10万台湾人常住东南亚,在中国投资近800亿美元的东南亚华商,所带动的常住大陆人员也当以数十万计。根据2009年新加坡驻厦门总领事的说法,仅新加坡在中国大陆的各类人员就达3万多人。[②] 1990—2002年,从东南亚直接投资大陆的资金累计约414.5亿美元,占中国外资总额的7.3%。同时期中国外资来源地中,香港占50%。在香港对大陆的直接投资中,很大部分的资金实际上来自东南亚华人企业集团。20世纪80—90年代,他们纷纷在香港设立子公司对大陆投资,其原因是当地国政府对本地华商直接投资大陆怀有戒心。1995年年初,香港前200名的上市公司中,至少有26家(占13%)是由东南亚华人控股的。[③] 1997年以前,中国大陆两个最大的华商投资者(Sino-Thai Agri-business group 和 Sino-Indonesian Sinar-Mas)虽然都是香港的上市公司,实际上是印尼和泰国的华商资本。[④] 香港数量庞大的东南亚华人资本,势必带动相当规模的东南亚华人海外移民。此外,根据联合国人口司的统计数据,2010年,香港接收的印尼移民有13万,马来西亚移民有14752人,菲律宾有113890人,

---

① 《中国与东盟双向投资累计达1007亿美元》,中国网,http://www.china.com.cn/news/2013-10/08/content_30222865.htm.

② 2009年新加坡总领事访谈。

③ Constance Lever-Tracy, David Ip, Noel Tracy, *The Chinese Diaspora and Mainland China*, London: MacMilan Press, 1996, p. 107.

④ Noel Tracy, Constance Lever-Tracy, A New Alliance for Profit: China's Local Industries and the Chinese Diaspora, in Thomas Menkhoff, Gerke Solvay, eds., *Chinese Entrepreneurship and Asian Business Networks*, London: Routlege Curzon, 2002, pp. 68~69.

泰国有 18537 人,越南有 10557 人。<sup>①</sup> 其中,印尼和菲律宾可能以劳务家政人员为主,来自越南的则应是以难民为主的华人,来自马来西亚的应当基本上是华人。

台湾也是东南亚华人的重要投资和留学地区。近 30 年来,仅来自马来西亚的留台生便数以十万计。2013 年一年,在台湾的马来西亚留学生就有 1 万人。<sup>②</sup>

因此,东南亚华人中,因投资、就业、留学等因素前往中国大陆、香港、台湾的人应当有数十万人。再考虑 20 世纪 70—90 年代印支华人难民前往中国大陆接近 28 万的规模,参阅中国 2010 年度的人口普查数据,居住在中国境内的外籍人员高达 59.3 万人的数量规模,<sup>③</sup>中国的东南亚华人海外移民应在 30 万以上,60 万以下。

---

① 根据 Trends in International Migration Stock: Migrants by Destination and Origin,UN Population Division,Department of Economic and Social Affairs,UN database,POP/DB/MIG/Stock/Rev. 2012 公布数据汇总而得。

② 《马来西亚与台湾地区互认学历,留台生或突破 1 万》,中新网,http://www.chinanews.com/tw/2013/03-26/4677576.shtml.

③ 田方萌:《中国正在成为"移民国家"?》,《东方早报》2012 年 12 月 29 日。

# 第四章

# 东南亚地区华人海外移民的类别结构

本章探讨东南亚华人海外移民的年龄、身份类别、职业、学历等构成,以便对其生存和发展状况有更全面的认识。

## 第一节　华人海外移民的年龄结构

华人海外移民的年龄结构是了解华人海外移民群体现状的一个基本指标。

总体而言,东南亚地区移民的年龄结构趋向年轻化。至少有70％的华人海外移民年龄介于20～45岁之间,只有17％的华人海外移民是65岁以上。华人海外移民年龄结构的特征表明,正处于就业年龄阶段的海外移民,是国际移民市场中各国竞争的主要对象,也是当前和今后经济全球化的主要力量。鉴于华人海外移民是东南亚地区出境移民的重要部分,所以探讨出境移民的年龄结构与探讨华人海外移民年龄结构是具有相关性的。此外,华人海外移民进入接收国后,大多被归入接收国对华人的统计范围。因此,本书探讨华人海外移民年龄结构时仍需参阅华人的年龄结构状况。

### 一、接收国的视角

美国是最大的东南亚华人海外移民接收国。同时,所接收的华人海外移民既有大量处境较差的难民,也包括具有最高端技术和高学历的移民。因此,美国的东南亚华人海外移民的年龄结构最具典型性。

根据美国2000年的人口调查数据(current population survey),美国第一代华人中,17岁以下的占8％,18～24岁的占8％。第二代华人中,17岁

以下的占 44%,18～24 岁的占 10%。① 2000 年年初,美国华人中第一代和
第二代人口数量的总和占华人总数的比例超过 67%,第三代华人的比例则
是剩下的不到 33%。第一代华人年龄较大,第二代和第三代华人明显年轻
化了,所以总体来看,华人年龄结构趋向年轻化。另根据美国 1990 年和
2010 年族群人口普查,东南亚地区移民的年龄结构主要在 15～64 岁,15 岁
以下和 65 岁以上的占比例较少。具体而言,美国比较大的亚裔移民群体菲
律宾移民中,15 岁以下的占总移民的 22%,15～64 岁之间的占 70%,65 岁
以上的占 7%。越南移民中,15 岁以下的占总移民的 26%,15～64 岁之间
的占 71%,65 岁以上的占 3%。② 再次移民至美国的越南移民中,华人较
多,所以第一代的越南华人年龄偏大。再次移民至美国的马来西亚华人年
龄大多在 21 岁以上,平均年龄 34.8 岁,他们大多是本科和研究生学历,或
是专业人士,大部分以定居和工作为主,部分前来求学。③ 此外,东南亚地
区各移民国家的人口普查报告显示,移民年轻化是现实也是总体趋势。

20 世纪 60 年代末,加拿大实施《新移民条例》后,申请移居到加拿大的
移民实行计分制,根据年龄、教育程度和职业来打分,自此进入加拿大的华
人年龄趋向年轻化。总体来看,加拿大的华侨华人年龄结构中,15～34 岁
者最多,占 55.5%。14 岁以下的所占比例基本维持在 17% 左右。④ 这意味
着加拿大的华人呈"成年型"人口结构,大多数正处于青壮年劳动力的阶段。
虽然 20 世纪 70 年代后期进入加拿大的华裔印支难民年龄偏大,但随后的
第二代和第三代华裔人口的出生使得整体年龄结构逐步年轻化。根据加拿
大 2011 年人口统计年鉴,东南亚地区移民普遍年轻。但关于具体的年龄结
构范围,本书仍参考 2006 年加拿大人口普查。根据普查,东南亚地区各国
移民群体绝大多数年龄在 25～54 岁之间,15～24 岁之间的移民约为

① Eric Lai, Dennis Arguelles, eds., *The New Face of Asian America: Numbers, Diversity & Change in the 21st Century*, Berkeley: Consolidated Printers, Inc., 2003, p. 39.

② 1990 Census of Population: The Foreign Born Population of the United States CP-3-1 (July 1993): table 1, U. S. Bureau of the Census.

③ Elizabeth M. Hoeffel, Sonya Rastogi, Myoung Ouk Kim, Hasan Shahid, *The Asian Population: 2010*, 2010 Census Briefs, March 2012.

④ Richard H. Thompson, *Toronto's Chinatown, the Changing Social Organization on Ethnic Community*, New York: AMS Press, 1989, p. 179.

15.1%,只有 4.1%的移民年龄介于 55~64 岁之间,65 岁及以上的比例仅为 3.4%。此外,前往加拿大的移民所携带的子女也占有一定比例,他们普遍年龄在 14 岁以下,占总体移民的 20%。[①]

在西欧和澳大利亚,尤其是在英国、荷兰、法国等华侨华人较为集中的国家,没有特别关于东南亚华人海外移民的分类年龄结构,只有来源地移民的年龄结构。部分国家有全部华人的年龄结构。因此,判断当地国华人海外移民的年龄结构,只能参照以上两类相关统计数据。

在这些国家,第一代移民的年龄较大,特别是 20 世纪 60—70 年代涌入这三国的香港及印度支那的华人移民,他们中一部分是已进入退休年龄的老年人,携带的未成年子女又多,所以他们的年龄结构有自身的特殊性。以荷兰和法国为例,在华人年龄构成中,老年人大都是第一代移民,第二代以后的华裔人口逐步年轻化。英国 1991 年人口普查显示,英国华人人口年龄结构是:4 岁以下占 7%,5~15 岁占 16%,16~24 岁占 18%,25~44 岁占 41%,45~65 岁占 14%,65 岁以上占 4%。[②] 根据英国 2011 年人口普查,英国的东南亚移民年龄结构基本维持在 20~44 岁之间,年龄介于 25~39 岁之间的占 43%。[③] 2011 年人口普查中,关于东南亚地区移民年龄结构的调查表明了移民模式的多样化。早期移民大多年龄较大,很多已经获得英国居民身份。最近的移民大多还是持有原国籍,但年龄普遍呈现年轻化、低龄化。此外,女性移民的比例在菲律宾、泰国和印尼移民中较高。[④]

澳大利亚的华侨华人绝大部分是近 30 年来进入澳大利亚的新移民及其第二代。1972 年,澳大利亚摒弃歧视性的“白澳政策”后,华人移民开始增多,特别是亲属移民、技术和投资移民、留学生等,他们较为年轻,处于事业发展期。然而,印支华裔难民则呈现老龄化的趋势,移民前已经是就业人

---

① 2006 Census:Immigration in Canada:A Portrait of the Foreign-born Population, 2006 Census:Findings, Social and Aboriginal Statistics Division, Statistics Canada, 97-557-XIE2006001.

② Office of Population Censuses and Surveys, *Census 1991*, London:Her Majesty's Stationary Office, pp. 162~168.

③ Census Tables DC2109EWr and DC2110EWr, Office for National Statistics, UK.

④ *Detailed Country of Birth and Nationality Analysis from the 2011 Census of England and Wales*, Office for National Statistics, 2013.

口。根据 2011 年澳大利亚移民局统计,东南亚地区移民人口平均年龄介于
30～40 岁之间。具体来看,澳大利亚的菲律宾族裔人口平均年龄在 39.8
岁,男女性别占的百分比分别是 37％和 63％,女性远远多于男性。印尼人
口平均年龄在 34 岁,其中 14 岁以下人口占 6.6％,15～24 岁人口占
18.3％,25～44 岁人口占 46.5％,45～64 岁人口占 20.7％,65 岁及以上人
口占 7.9％。印尼人口中男女性别的比例也是女性人口大于男性人口,分
别是 44.4％的男性和 55.6％的女性。菲律宾和印尼移民的女性人口较多,
尤其是菲律宾,这可能表明,在澳大利亚的菲律宾人和印尼人中,从事家政
业的移民较多。菲佣的数量较多,应是菲律宾移民女性远多于男性的主要
原因。

澳大利亚的柬埔寨人口平均年龄在 42 岁,其中 14 岁以下人口占
2.5％,15～24 岁人口占 8.3％,25～44 岁人口占 35.8％,45～64 岁人口占
35.8％,65 岁及以上人口占 9.2％。越南人口平均年龄在 43 岁,其中 14 岁
以下人口占 2.4％,15～24 岁人口占 7.5％,25～44 岁人口占 43.9％,45～
64 岁人口占 37.9％,65 岁及以上人口占 8.2％。老挝人口平均年龄在 46
岁,其中 14 岁以下人口占 1.4％,15～24 岁人口占 3.1％,25～44 岁人口占
41.9％,45～64 岁人口占 43.7％,65 岁及以上人口占 9.9％。[①] 越南、柬埔
寨和老挝族裔的移民年龄偏大,应当是因为这三个国家的移民中,很大一部
分人是 20 世纪 70 年代末 80 年代初的印支难民,此后的移民较少。

澳大利亚的新加坡人口平均年龄在 36 岁,其中 14 岁以下人口占
11.5％,15～24 岁人口占 18.7％,25～44 岁人口占 34.5％,45～64 岁人口
占 28.4％,65 岁及以上人口占 6.9％。马来西亚人口平均年龄在 39 岁,其
中 14 岁以下人口占 5.5％,15～24 岁人口占 16.9％,25～44 岁人口占
36.3％,45～64 岁人口占 32％,65 岁及以上人口占 9.2％。新加坡和马来
西亚的移民平均年龄较年轻,与这两个国家在澳大利亚有较多留学生并在
澳洲定居相关。

澳大利亚的泰国人口平均年龄在 31 岁,其中 14 岁以下人口占
12.3％,15～24 岁人口占 14.3％,25～44 岁人口占 53.8％,45～64 岁人口
占 17.8％,65 岁及以上人口占 1.8％。其中泰国人口中男女性别的比例差

---

① 澳大利亚移民人口年龄结构统计根据 Australian Bureau of Statistics Census of
Population and Housing, Department of Immigration and Citizenship 的报告汇总而得。

距最大,32.7％为男性,67.3％为女性。① 澳大利亚的泰国移民男女比例悬殊较大,其原因可能与很多澳大利亚男性与泰国女性成婚相关,这与菲律宾和印尼女佣造成的女性多于男性的原因不同。

## 二、输出国的视角

从东南亚地区国家具体来看,移民的年龄也与移民输出国人口年龄结构密切相关。根据菲律宾 2010 年人口普查,菲律宾人口的年龄结构中,14 岁以下的占 33.4％,15～64 岁之间的占 62.3％,65 岁以上的占 4.3％。由此可见,菲律宾总人口趋于年轻化,平均年龄在 23 岁,这意味着人口总量的50％低于 23 岁,另外 50％大于 23 岁。② 菲律宾总人口年轻化的现实直接影响了其出境移民的年龄结构,普查结果显示,菲律宾出境移民的年龄结构中,低于 14 岁的占 20.68％,15～19 岁之间的占 10.27％,20～24 岁之间的占 10.69％,25～59 岁之间的占 48.01％,60 岁及以上年龄段的占10.32％。这些移民主要集中在如下几个国家和地区:65％的移民前往美国,其次是加拿大占 17％,接着是澳大利亚、新西兰、日本、意大利、西班牙、马来西亚、沙特阿拉伯、卡塔尔、英国、新加坡、中国香港等。③

印尼华人海外移民,特别是前往中国大陆和香港的移民,年龄结构特点主要是 20 世纪 60 年代初期的年龄较小,大多在 15 或 16 岁左右。20 世纪60 年代后移民中的大多被称为"难侨",年龄结构大多在 25～39 岁之间。④根据印尼 2012 统计年鉴,印尼华人年龄结构中,14 岁及以下的人口占华人总人口的 24.81％,65 岁及以上的人口占 5.51％,15～65 之间的占69.68％。⑤ 由此可知,印尼华人海外移民也是在就业年龄范围之内,移民较为年轻。应当说明的是印尼人口年轻化,使移民压力增大。但印尼华人除几次因排华原因外,大规模的移民较少,因为印尼华人多从事商贸,因而

① 澳大利亚移民人口年龄结构统计根据 Australian Bureau of Statistics Census of Population and Housing, Department of Immigration and Citizenship 的报告汇总而得。

② CFO, Statistical Profile of Registered Filipino Emigrants, National Statistics Office, Philippine, 2013.

③ CFO, *Regional Distribution of Overseas Filipinos*, 2011, p. 55.

④ Chee-Beng Tan, Indonesian Chinese in Hongkong: Re-migration, Re-establishment of Livelihood and Belonging, *Asian Ethnicity*, Vol. 12, 2011, p. 104.

⑤ *Statistical Yearbook 2012*, Statistics Indonesia, BPS, Table of Number and Percentage of Ethnic Chinese by Age and Sex.

在持续流出的印尼劳工中,华人数量较少。

根据 2009 年越南人口普查,越南人口趋向老龄化,年轻人口和老年人口比例都在增加。从人口金字塔可以看出,15～19 岁至 55～59 岁之间的跨度增大,这表明 20～24 岁之间的育龄妇女增加,社会就业年龄人口增加,这对于无法提供足够就业机会的越南社会来说压力很大,这部分就业年龄人口转向移民,寻找生存机遇,而这部分群体的年龄结构也偏向年轻化、低龄化。从比例上来看,15～64 岁之间的就业年龄人口占总人口的 68%,而 15 岁以下和 65 岁以上的占 32%。[①]

泰国移民就业群体的年龄结构分布广泛,超过 56% 以上的移民年龄介于 26～35 岁之间,在男性移民中该年龄段占有更大的比例(82%)。尽管近年来教育水平有所提升,但大部分移民的受教育层次仍然很低,女性劳工的受教育水平普遍高于男性劳工。[②]

从东南亚地区移出者的年龄结构可以看出,华人海外移民年龄结构与总体移民年龄结构相似,趋于年轻化、低龄化。但是如果从移民接收国和输出国两个角度对比来看,移民的年龄结构受移民方式影响较大。除了突发性的社会移民原因(如印度支那战争、移出国排华等)外,接收国对移民本身的社会需求,也是影响移民能否被接受的重要因素。新加坡、马来西亚、泰国、印尼和菲律宾移民平均年龄在适合就业人口年龄范围之内,较为年轻化。相反,印支半岛移民则呈现普遍老龄化,他们大多是以难民身份移民,且普遍都位于适合就业人口年龄范围之内,后续的被接收移民较少。其他国家的移民能满足移民接收国的各种需要,移民持续而至,移民群体的平均年龄也较小。

## 第二节　华人海外移民的身份类别构成

华人海外移民的类别构成直接影响其职业结构。就移民主观动机而言,移民的类别包括两大类:自愿移民和被迫移民。自愿移民包括商业移

---

① Central Population and Housing Census Steering Committee, *The 2009 Vietnam Population and Housing Census Major Findings*, HANOI 6-2010, pp. 41～44.

② Department of Employment, *Yearbook of Employment Statistics 2009*, Ministry of Labour, Bangkok, Thailand, 2010.

民、留学移民、家庭团聚或其他个人因素导致的移民。被迫移民包括战争移民、自然或人为灾害导致的移民、逃避迫害的移民以及其他威胁生命、自由和生存的移民。这些人是被迫离开母国或被其政府和当局驱散,通常这类移民统称为难民。本节探讨的类别构成主要指自愿移民群体,从狭义而言,长期的自愿移民又细分为劳工移民、家庭团聚和留学生及专业人士。

## 一、难民类别及其迁徙状况

早在印尼独立后不久,荷兰当局即协助 4500 名印尼难民定居澳大利亚。此后至 20 世纪 60 年代,每年均有一定数量的难民亲属通过家庭团聚方式进入澳大利亚。1951 年 7 月 28 日,联合国会议批准了在日内瓦订立的《难民地位公约》,于 1954 年 4 月 22 日正式生效。根据该公约第 1 条第 2 项第 1 款,难民的定义为:具有正当理由而畏惧会因为种族、宗教、国籍、特定社会团体的成员身份或政治见解的原因,受到迫害,因而拘留在其本国之外,并且不能或由于其畏惧,不愿接受其本国保护的任何人。该公约规定缔约国应给予其领土上的难民一定的待遇,其中包括,在初级教育、公共救济、劳动和社会安全等方面不低于一般外国人并尽可能优惠的待遇。[①] 中国在 1982 年 9 月加入该公约。

从东南亚移出的华人难民是印支难民的重要组成部分。1975 年越战结束前,约有 13 万越南人直接从西贡前往美国。但到越战结束的 1976—1977 年,直接逃亡美国的越南难民数量仅为 4146 人。除了直接回中国的难民外,大部分现定居于发达国家的印支难民,并非直接从本国进入发达国家,而是先居住于泰国、香港等地的难民营,再陆续被发达国家所接收。

印支难民则始于 20 世纪 70 年代初朗诺统治时期,包括华人在内的柬埔寨人躲避战乱,开始成批逃往泰国。红色高棉统治时期,对城市工商业实行没收政策,城市居民被驱赶到乡下,柬埔寨人大量逃往泰国。1978 年越南入侵柬埔寨,逃亡泰国的难民数量达到高峰。据联合国难民署统计,先后逃亡泰国的柬埔寨难民就有约 60 万,华人占相当比例。联合国难民署和泰国政府在泰国东部边境地区建立了 7 个难民营安置难民。这些难民不但包括柬埔寨难民,还包括借道柬埔寨逃到泰国难民营的越南难民。约有 23.5

① The 1951 Refugee Convention, UNHCR, Text of the 1951 Convention and 1967 Protocol, http://www.unhcr.org/3b66c2aa10.html.

万人在联合国有关机构、泰国政府及一些西方国家的帮助下,从泰国难民营前往第三国,绝大部分进入美国、西欧各国、澳大利亚等发达国家。[①] 老挝与泰国有 1000 多公里边界,1975 年以后,大规模的老挝难民开始涌入泰国。到 1979 年,涌入泰国的老挝难民达 20 万。1975—1985 年间,老挝难民共计 31 万,包括很大一部分在老挝的华人。这些难民经泰国中转或直接去美国的有 16.2 万,到加拿大的有 1.4 万,到澳大利亚的有 7.7 万,到中国的 2800 人,到法属圭亚那的 2000 人,到英国的 200 人,其余的基本上滞留泰国,其中部分难民在以后被陆续遣返。[②]

在美国倡议下,联合国于 1979 年在日内瓦召开关于解决印度支那难民问题的国际会议。英国政府在会议上承诺,香港将给予印支难民以第一的、临时性的庇护,等待西方国家的永久安置,费用则由联合国难民组织承担。[③] 香港将来自印支的难民分为难民(refugee)和船民(boat people)。根据港府的规定,1988 年 6 月 6 日以前抵港的船民都可获得以后可以被其他国家收容的难民身份,此后来的船民则需要甄别再加以确定。由此,总共有 23 万越南难民和船民进入香港。难民和船民还被允许在香港找工作。前后共有 14 万多越南赴港难民和船民先后移居海外,绝大部分前往发达国家。香港本地永久性安置了 1.6 万。[④] 但仍有一些船民没有被甄别作为难民,港府采取强制遣返措施。1991 年,英国和越南达成全面遣返船民回越南的协议,这项协议有效阻止了越南船民继续大批进入香港。6 万多滞港船民中,绝大多数被遣返回越南。

新加坡、马来西亚、菲律宾等东盟国家也曾承诺作为印支难民的暂时性庇护所,但这些国家都以各种理由,尽可能将难民阻挡于国门之外。新加坡仅设 1 个难民营,收容 702 人。1978 年,新加坡宣布,只能给予印支难民最多不超过 1000 人的暂时居留,更不许外出工作,不能随意进出难民禁闭地。[⑤] 菲律宾设 3 个难民营,收容 6644 人。马来西亚设有 2 个印支难民营,

---

① 倪霞韵:《柬埔寨难民遣返计划如期完成》,《世界知识》1993 年第 9 期,第 19 页。

② 常州:《老挝难民问题》,《东南亚纵横》1988 年第 1 期,第 30 页。

③ 李光辉:《越南难民问题困扰香港》,《世界知识》1988 年第 19 期,第 25 页。

④ 陈肖英:《论香港越南难民和船民问题的缘起》,《史学月刊》2006 年第 8 期,第 55 页。

⑤ Barry Wain, *The Refused：The Agony of the Indochina Refuges*,New York：Simon & Schuster, 1981, pp. 199.

收容难民 11492 人。到 1983 年,已经有 1 万人被美、加、澳等国接收。①

　　1978—1985 年,中国共接收印支难民 27.9 万人。其主体为越南华人难民,老挝难民仅 4000 人,柬埔寨难民数百人。这些难民主要来自印支半岛北部,部分来自河内和海防两市,绝大部分来自越南与广西交界的越南省份,90％是山民和农民。为此,中国政府专门设立 43 个华侨农场,安置 16 万人,在农垦和林场安置 7 万,其余的人则分散安置。② 改革开放以后,一些原归国印支华人难民再次申请出国,利用其在发达国家的印支难民亲戚关系,达到移民目的。

## 二、难民移民后的生存状况——以美国为例

　　印支难民的主体是越南难民,越南难民的主体是华人难民,他们主要被美国、法国、澳大利亚等发达国家收容。其中,美国接收了 70％以上的印支难民。因此,美国印支难民的境况,大体上可反映印支华人难民及其后裔的基本状况。

　　无论哪个发达国家所接收的难民,其由于语言、文化背景的差异及教育和经济水平较低,谋生能力都不如当地社会的一般民众。美国的印支难民多来自各地的难民营,这些滞留在难民营的难民,相比有能力早早离开难民营的难民,其自身能力和社会关系更弱。因此,美国印支华人难民相比被选择接收的普通华人移民,谋生能力较弱。

　　就占越南难民多数的越南华裔难民而言,其教育程度甚至低于越南裔。因此,他们在美国的就业遇到很大的困难。根据美国难民安置组织(Offices of Refugee Resettlement)20 世纪 80 年代初的调查,这些来自越南的华人移民普遍学历低,英文水平低,很少人能从事专业和管理职位,他们的社会经济地位甚至低于同样来自越南的越南裔。③ 除了美国政府对难民的安置计划和各类辅助项目以外,来自印支的华人难民也成立各种组织,寻求相互帮助。早在 1975 年,早期来美的旧金山的越南华侨就成立"旧金山越南华侨互助联谊会",其宗旨是为印支华裔难民服务,提供语言、就业、医

---

　　① 邵秦、刘显广:《关于印度支那难民迁移问题》,《亚太经济》1986 年第 2 期,第 30 页。

　　② 阎明:《中国帮越南难民安家》,《世界新闻报》2007 年 6 月 1 日。

　　③ Jacqueline Desbarats, Ethnic Differences in Adaptation Sino-Vietnamese Refugees in the United States, *International Migration Review* , Vol. 20, No. 2, 1985,pp. 405～406.

疗等方面的资讯和协助。1976 年,洛杉矶华人成立"美国越南华裔联谊会"。1978 年以后,印支难民涌入美国西岸。1982 年,南加州的早期华侨和印支华人海外移民共同成立"南加州越棉寮华裔协会",协助印支难民申办定居身份、福利津贴和住房等事项。1982 年,随着印支难民的大批到来并部分前往美国东岸,1983 年,美国纽约的印支华裔难民成立"美东越棉寮相济会",为来自印支的华人难民提供语言和教育类的服务。随着印支难民越来越多和第二代的出生,印支华人难民及其后裔的社团组织也越来越多。

在欧洲的印支难民的情况与美国大致相当。法国是接收印支难民最多的国家,很多难民根据法国政府的安排,集中在巴黎市 13 区居住。由于他们受教育程度低,法国政府设立专门的预算对他们进行语言和工作技能等各类培训。华裔难民在共同的逆境中守望相助,依地缘和原居国组成各类社团。1977 年,巴黎印支青年会成立。1982 年,以印支华人难民为主的法国华裔互助会成立。1984 年,法国侬裔退伍军人暨印支难胞互助总会成立(简称法国侬族互助总会)。无论在美国还是欧洲,这些印支华人难民的社团组织,在守望相助方面都发挥较大作用。

一般而言,印支华人难民的第二代、第三代因受到充分的教育,具备语言技能,从而能够在居住国获得理想的工作和收入。[①] 他们的社会地位,基本上和当地华人的平均水平相当。

进入 21 世纪后,在美国,亚裔的收入高于全国平均水平,而华裔则略高于亚裔的水平。2000 年,在贫困率方面,越南裔的贫困率最高,其原因是难民比例最高,且受教育水平最低。菲律宾裔的贫困率最低,其原因是大量菲裔为护士、菲佣等,其裔群总人口的受雇率高,因此贫困率最低。其次是印度裔和日本裔。在家庭收入水平方面,最高的为日裔和印度裔。日裔多本地出生,与美国社会融入程度较深,教育水平也较高。印度裔移民大多是受过良好教育,尤其是 20 世纪 80 年代以来美国 IT 业兴起,而 IT 业是印度移民的强项,这也是为什么印度裔家庭收入水平较高的主要原因。排在日本裔、印度裔之后的是华裔和菲裔,家庭收入最低的仍是越南裔。菲裔教育水平较高,受雇率也较高。华裔的一大部分由受良好教育的留学生和美国土生华人组成,另一大部分则由印支难民、以家庭团聚为由前来美国的非熟

---

① Sharon M. Lee, Poverty and the U.S. Asian Population, *Social Science Quarterly*, Vol. 75, no. 3, 1994, pp. 541~549.

练劳力和教育水平低的非正式渠道移民组成。因此,华裔内部收入差距较大,总体水平则处于亚裔的中等状态。[①] 根据美国华人全国委员会与马里兰大学美籍亚裔中心发布的《2011 年美国华裔人口动态研究报告》,从事专业和管理工作的华裔占华裔受雇者的 57.2%,远高于美国人均 32.4% 的水平。但同时有大批华裔从事厨师、服务员、收银员、纺织、洗衣等"蓝领"职业,这些人大部分来自中国大陆地区,老印支华人难民大概也在"蓝领"领域就业。[②] 值得关注的是华人创办企业的热情。1977 年,华人企业仅有23270 家,到 2002 年,达到286041 家,占亚裔企业总数的 25.9%,[③]超过其在亚裔人口中占 23.7% 的比例,平均 9 个华人就有一家企业。越南裔创办企业的激情比华裔更高,平均每 8.3 个人就开办一家企业,但企业规模是亚裔企业中最小的,多是农渔业产品的初加工和小餐馆等。[④] 我们虽然没有越南华人海外移民创业的分类资料,但无论华裔还是越南裔,都表现出相当高的创业热情。

## 三、普通劳工移民

劳工移民非常复杂,移民根据技能、居住期限以及其移民合法性等因素来划分。较低技能层次的劳工移民,大多从事初级劳动,如摘水果、生产加工制造、肉食再加工、家庭佣工、医院护理人员、餐馆清洁人员、园艺护理和建筑工地劳工、保姆等服务行业。较高技能层次的劳工移民,大多从事具有专业技能的行业,如开办跨国公司、大学教学、在工业和学术领域从事研发、制药、设计、电脑程序员等。实际上,在很多国家移民通常是以临时劳工或特定期限的劳工方式入境,他们没有权利超期滞留。如果签证可以续签很多次的话,这类移民就可以被授予永久居留身份。传统的接收移民的国家,

---

① Terrance J. Reeves, Claudette E. Bennett , *We the People ：Asians in the United States ，Census 2000*，Special Reports, U. S. Census Bureau ， U. S. Department of Commerce，2004,转引自龙登高、张晓云:《多元族群视野下的华人特性——美国亚裔六大族群的比较》,《华侨华人历史研究》2007 年第 1 期。

② 《2011 年美国华裔人口动态研究报告》,千人计划网,http://www.1000plan.org/groups/viewonetopic/2870.

③ 庄国土、黄兴华、王艳:《华侨华人经济资源研究:以华商资产估算为重点》,国务院侨办政研司刊行(内部),2011 年,第 319 页。

④ 龙登高、张晓云:《多元族群视野下的华人特性——美国亚裔六大族群的比较》,《华侨华人历史研究》2007 年第 1 期,第 10 页。

如美国、加拿大和澳大利亚,都设定了相关的机制,授予外籍劳工永久居留身份。家庭团聚是指通过合法的渠道允许家庭直系亲属相聚的一种移民方式。一般而言,家庭团聚类移民,是劳工移民的直接结果,导致更进一步的连锁移民。留学生类移民虽然是国际移民的一小部分,但这部分群体因受教育水平较高,所以对移民输出国和接收国而言都非常重要。通常来说,科学、工程学(包括信息工程)、商业管理是最热门的留学专业,也直接决定了之后留学生职业构成的比例。

东南亚华人海外移民,特别是新加坡和马来西亚的华人,大多接受过良好的教育和培训,其中很多人是医生、工程师、科学家、经济学家、律师、会计师、教育工作者、行政人员以及工商业行政人员。他们多以经济类投资移民、留学生专业技术移民和家庭团聚身份前往英国、美国、加拿大和澳大利亚等欧美国家。

菲律宾、泰国和印尼的移民大多都是菲佣、泰劳和印尼劳工,大多从事初级劳动。而华人大多受教育程度较高,从事具有专业技术性的工作,因此在菲佣、泰劳和印尼劳工中华人人数不多。这三国的劳工集中前往中东、美国、澳大利亚、加拿大等需要非技术和半熟练劳动力的国家。

根据菲律宾 2013 年移民报告,菲律宾移民类型主要包括合同工、家庭团聚、婚姻、留学生等。20 世纪 60—70 年代,前往澳大利亚和新西兰的菲律宾移民,大多采取婚姻移民的方式。进入 20 世纪 80—90 年代后,前往澳大利亚的永久和长期移民增加,而前往新西兰的则多以学生和访问学者的身份。菲律宾移民前往美国、加拿大、澳大利亚和新西兰四国获得居民身份的比例是东南亚地区其他国家移民中最高的。此外,菲律宾移民还通过婚姻和就业的渠道前往日本、韩国、欧洲等国。菲律宾佣工在全球闻名遐迩,大多从事服务业。之后,再通过家庭团聚等方式源源不断地移民。[①] 根据 2008 年海外菲律宾人调查,菲律宾人获得西班牙居民的身份比例高达 60％,[②]虽然只有 13.5％的菲律宾移民获得了意大利居民身份,但因为其双

---

① *Country Migration Report*：*The Philippines 2013*，2013 International Organization for Migration.

② E. Villaroya, Filipino Migrants' Associations in Spain as Potential Agents of Change, in F. Baggio, ed.，*Brick by Brick*：*Building Cooperation between the Philippines and Migrants' Associations*，Quezon City：Scalabrini Migration Center，2010，p. 267.

重国籍政策,所以申请者众多。<sup>①</sup> 根据海外菲律宾人委员会统计,2001—2011 年菲律宾永久移民比例维持在 37％～49％ 之间,临时移民比例为 41％～45％,非法移民比例在 8％～22％ 之间。总体而言,菲律宾移民的类型以劳工移民为主,婚姻移民为辅,家庭团聚为衍生。

根据 2011 年泰国移民报告,泰国移民以劳工移民为主,初级劳动者大多在东南亚区域内国家流动,稍有技术专长的移民主要前往东亚、中东和欧美等国家。报告称,62％ 的泰国出境移民主要作为初级劳动者前往日本、韩国、中国大陆和台湾、马来西亚、新加坡等地。28％ 的技术人员前往中东和非洲。总体而言,泰国移民因受教育水平较低,出境后大多从事低技术性职业,男性移民主要在建筑业、农业、制造业服务。泰国女性移民是较为独特的群体,她们大多通过婚姻移民和初级水平的劳工移民身份移民,多从事家庭佣工,还有一部分从事娱乐业。<sup>②</sup> 20 世纪 90 年代泰国出境移民具有三个鲜明的特点:第一,泰国出境移民较多前往东亚和东南亚的国家,较少前往中东、美国或欧洲。第二,女性移民大量增加,女性比例大大超过了男性,特别是在前往日本和香港的泰国移民中更为明显。男性移民通常从事建筑业、加工制造业和农业,而女性移民则主要从事家庭和商业服务业,如住家女佣、护理员、演艺人员和服务员等。第三,更多的移民通过非法旅游或者从事非法打工出境。这个移民趋势通常被称为亚洲化、女性化和非法化,东南亚的其他国家也存在类似的现象。<sup>③</sup>

印尼劳工主要前往马来西亚。20 世纪 50 年代末 60 年代初,出于政治考虑,马来西亚政府鼓励印尼人移民马来西亚,目的是使马来人在人数上超过华人和印度人,从而维持马来族的优势。1957 年马来西亚独立后,多数非法移民取得合法身份,构成马来西亚的多元民族社会。20 世纪 70 年代后,随着马来西亚经济的快速发展,印尼劳工开始成规模地涌入马来西亚,

① L. Zanfrini, A. Sarli, What Are the Opportunities for Mobilizing the Filipino Diaspora in Italy, in F. Baggio, ed. , *Brick by Brick*:*Building Cooperation between the Philippines and Migrants' Associations*, Quezon City: Scalabrini Migration Center, 2010, p. 196.

② Euan McDougall, Claudia Natali, Max Tunon, *Out-migration from Thailand*:*Policy, Perspectives and Challenges*, *Thailand Migration Report 2011*, IOM.

③ *Yearbook of Employment Statistics 2009*, Department of Employment, Ministry of Labour, Bangkok.

包括大量非法移民。根据马来西亚移民局的统计,2002 年 1 月在马来西亚的合法外国劳工有 769566 人,其中 83% 来自印尼。印尼劳工移民大部分是低技术劳工,年龄在 15～40 岁,以男性为主,受教育程度低,主要集中在三个行业:种植业、家政服务业和建筑业。20 世纪 90 年代后,印尼劳工开始涉足马来西亚的制造业及加油站等。统计显示,2002 年马来西亚的印尼劳工 36% 在制造业,26% 在农业部门,23% 在家政部门,8% 在建筑业。①

此外,还有大量印尼非法劳工涌入马来西亚。马来西亚的非法移民一部分是偷渡入境,另有很大一部分则是利用各种签证合法入境,然后逾期不归而沦为非法移民的。② 2006 年,马来西亚政府称境内约有非法外劳 70 万人。③ 2010 年 2 月 2 日,马来西亚内政部秘书长马哈茂德·亚当(Mahmoud Adam)透漏,2009 年共有 2800 万外国人入境,其中 2300 万为旅游者,160 万取得暂居权,另有约 340 万在马来西亚神秘"失踪",其中印尼非法移民较多,根据 2010 印尼官方统计报道有 22 万非法移民在马来西亚。④ 事实上,印尼非法劳工问题,已经成为影响印尼和马来西亚两国关系发展的阻碍因素。

从移民接收国来看,二战后,大批东南亚华人移民欧洲,如英法等。除印支难民外,新加坡和马来西亚华人多以留学生身份前往,学成后取得居留和就业许可,最后获得永久居民身份或入籍。再通过家庭团聚方式将亲属移民英国。其他技术性移民或投资类移民多来自一些华人家族企业,投资的方向也多集中于高科技产业。

2001 年,有 54% 的华人移民以经济移民身份来到加拿大,这部分人被认为是对加国经济发展贡献最具潜力的群体,有 41% 的华人移民以家庭团聚为由申请移民加拿大,只有 5% 的华人移民是加拿大政府出于"人道主

① Amarjit Kaur, *Mobility, Labor Mobility and Border Controls: Indonesian Labor Migration to Malaysia since 1900*, Paper Presented at the 15th Biennial Conference of the Asian Studies Association of Australian in Canberra, 2004.06.29 to 2004.07.02.

② Park Tae Gyun, Md Nasrudin Md Akhir, Pitch Pongsawat, *Orientalization in the Orient: Illegal Asian Workers in Korea, Malaysia, and Thailand*, http://www.apru.org/activities/afp/ParkNarudinpitch.doc,2010-03-12.

③ 《侨报》2007 年 2 月 28 日。

④ 《马来西亚:340 万入境外国人去年神秘"失踪"》,http://international.dbw.cn/system/2010/02/02/052341361.shtml,2010 年 4 月 20 日.

义"考虑而被接受的。值得注意的是,在加拿大各类华人移民中,经济类移民的数量正在逐年增加。20世纪80年代,只有43%的华人移民属于经济移民,到了90年代,这个比例上升到58%。其中华人企业家移民和投资移民所占的比例为19%,而在加国全部外来移民人口中,这一比例仅为7%。相反,家庭团聚类自20世纪80年代开始,所占比例从47%下降到20世纪90年代的40%。[1] 不同移民身份的华人在加拿大各大城市中的分布也有所不同,以多伦多和温哥华之间的区别最为明显。资料显示,较多的华人企业家和投资商喜欢温哥华而非多伦多的投资环境,其中有42%的人选择前者,只有24%的人选择后者。相反,较多的技术工人和专业人士则选择多伦多(45%)而非温哥华(29%)。[2]

美国《星岛日报》报道,美国经济不景气导致2009年申请EB-5投资移民签证的人数迅速增加,[3]美国国务院2010年5月份数据显示,2008年10月至2009年9月一年间,美国批准的EB-5类签证总数从1443人升至4218人,其中七成来自中国、韩国和东南亚国家。内华达州经济发展区域中心总裁马拉斯(Jeff Mallas)也表示,近年来华人投资移民在内华达州快速增加,有数据显示,2009财政年度已经批准3611人的投资移民申请,其中来自中国大陆的申请者有1979人,占全部申请者的54.8%。来自东南亚其他国家和日韩等国的占46.2%。这些华人企业的业主经济实力雄厚,远非一般华人能比,他们已经成为美国华人社会的新贵。[4] 美国华人社会还存在着一定数量的家属团聚类移民,无论是以职业优先权方式入美的华人移民,还是以留学生身份赴美、学成后留居美国者,不久后多会依据家庭团聚优先权接自己的配偶、子女、父母乃至兄弟姐妹赴美定居,形成移民链。家庭团聚类移民的经济地位不易界定,视其家属的经济地位及其个人赴美

---

① Citizenship and Immigration Canada, *Annual Report to Parliament on Immigration*, Minister of Public Works and Government Services Canada, CAT. NO. CIL-2001.

② Citizenship and Immigration Canada, *Annual Report to Parliament on Immigration*, Minister of Public Works and Government Services Canada, CAT. NO. CIL-2001.

③ EB-5类签证是美国移民局专门为投资者设立,申请者通过在美国进行某项投资或在高失业率的地方投入至少50万美元,提供十个就业岗位,才可获得绿卡。

④ Bill Ong Hing, *Making and Remaking Asian America through Immigration Policy*, *1850—1990*, Stanford: Stanford University Press, 1993, p. 48.

的真正原因和从事的工作而定。

## 四、留学类移民

联合国 1997 年《国际移民统计建议》将留学生,包括陪读家属在内,定义为教育移民类。留学事实上已经成为移民的主要途径之一,有相当数量的留学生都选择留在海外,尤其是发达国家,如美国、加拿大、澳大利亚、英国等。由于发达国家相继出台了鼓励留学的积极政策,东南亚地区各国留学生的绝对数量得到了极大的增长,已经成为移民中的一个重要类别。

就东南亚华人海外移民而言,除突发性的难民移民外,常态性的移民中,留学类移民占相当高比例。

### 1. 美国和加拿大

美国和加拿大是最受东南亚各国留学生青睐的留学目的地,其中尤以越南、印尼、泰国、马来西亚的留学生为多。根据美国教育研究会的报告,2012/2013 学年,留美学生数量前 25 名的国家中,越南排名第 8,印尼排名第 18,泰国排名第 20,马来西亚排名第 21。

20 世纪 80—90 年代,越南留美学生数量稳步增加,增幅基本维持在16%～25%,稳居留美学生数量前十名国家的行列。根据美国教育研究会2013 年的报告数据显示,越南留学生由 1998/1999 学年的 1587 人增加到2012/2013 学年的 16098 人,占该年全美留学生(819644)的 2% 左右。20世纪 80—90 年代,印尼留美学生呈增长态势,增幅在 2.9% 左右。但自2000 年起,印尼留美学生数量持续减少,由 1994/1995 年的 11872 人下降至 2012/2013 学年的 7670 人。自 2000 年起,泰国留美学生数量虽然有所下降,由 1996/1997 年的 13481 人下降至 2012/2013 学年的 7314 人,但基本还维持在平均每学年八九千人左右。马来西亚留学生数量由 1999/2000 学年的 9074 人下降至 2012/2013 学年的 6791 人,虽然有所下降,但幅度并不大,基本保持在每学年留美学生六七千人的规模。[①]

加拿大统计局数据显示,20 世纪 90 年代至 2010 年,前往加拿大的东南亚各国留学生数量达到 31370 人,其中柬埔寨留学生数量为 320 人,印尼留学生数量为 7297 人,老挝留学生数量为 70 人,马来西亚留学生数量为

---

① *Opendoors 2013*, *Fast Facts*, International Students in the U. S., the Institute of International Education.

8503 人,菲律宾留学生数量为 2346 人,新加坡留学生数量为 4455 人,泰国留学生数量为 3490 人,越南留学生数量为 4889 人。[①]

## 2. 英国

20 世纪 60 年代开始,选择到英国留学的东南亚地区学生数量并不多,直到 20 世纪 90 年代,留学生数量才开始迅猛增长。教育文化是英国的支柱产业之一,为了吸引更多的留学生,英国政府针对留学生推出多样的学习和工作计划,包括允许留学生在毕业之后留在英国 1～2 年以获得工作经验,这意味着许多留学生毕业后有望在英国就业。

作为新加坡和马来西亚的原宗主国,英国一直是留学欧洲的新马留学生的首选。近 10 年来,留学英国的新马留学生稳步增长,20 世纪 90 年代起至 2010 年,新加坡留英学生数量达到 57940 人,马来西亚留英学生数量更多,有 163982 人。除此之外,东南亚其他国家留学生也十分青睐英国。1998—2010 年,泰国、印尼、越南和菲律宾留英学生破万,分别是泰国 52170人,印尼 14995 人,越南 15564 人,菲律宾 10483 人。柬埔寨和老挝留英学生数量很少,分别为 409 人和 115 人。[②]

## 3. 澳大利亚

根据澳大利亚移民局统计,东南亚地区移民多以家庭团聚和留学的方式进入澳大利亚。其中,早期移民多是以留学方式定居。

(1)柬埔寨:1953 年柬埔寨脱离法国独立后,开始有少量留学生留学澳大利亚。20 世纪 60—70 年代,大量柬埔寨留学生通过科伦坡计划前往澳大利亚,并且毕业后定居澳大利亚。1975 年,波尔布特领导的红色高棉(Khmer Rouge)夺取政权后,开始有少量难民流亡澳大利亚,1975—1986年间,共有 12813 名柬埔寨难民通过难民和特殊的人道主义项目进入澳大利亚定居。20 世纪 80 年代末,进入澳大利亚的柬埔寨移民,更多的是以早期移民家庭团聚为理由,也有部分先行前往新西兰再转而进入澳大利亚。20 世纪 90 年代起,大部分柬埔寨移民主要通过亲属移民的方式前往澳大利亚,留学生数量减少。2012 年,进入澳大利亚的柬埔寨留学生及其陪同

---

① Ethnic Diversity and Immigration: Immigrants and Non-Permanent Residents, http://www5. statcan. gc. ca/subject-sujet/result-resultat? pid ＝ 30000&id ＝ 30004&lang ＝ eng&type＝CENSUSTBL&pageNum＝1&more＝1.

② UNESCO Data Center, http://stats. uis. unesco. org/unesco/TableViewer/ document. aspx? ReportId＝136&IF_Language＝eng&BR_Topic＝0.

家属数量仅为 1087 人。①

（2）老挝：20 世纪 60—70 年代，老挝留学生开始通过科伦坡计划前往澳大利亚留学，随后都以永久居民身份留居澳大利亚。1976 年印支战争后，老挝移民的方式主要是通过难民身份。与柬埔寨一样，自 20 世纪 80 年代以后，大部分移民通过亲属移民方式进入澳大利亚，留学生很少。2012年，进入澳大利亚的柬埔寨留学生及其陪同家属数量仅为 411 人。

（3）越南：作为印支地区移民主要来源地的越南，在 1976 年战争结束后至 1985 年，难民及家庭团聚方式移民是主流。20 世纪 90 年代中期，澳大利亚对越南开展亲属移民项目，在澳越南移民则通过该项计划，顺利进行亲属连锁移民。当前，澳大利亚的越南移民大多是以亲属移民方式入境的。但也有部分留学生持续进入，2012 年，进入澳大利亚的越南留学生数量有18350 人，是东南亚地区仅次于马来西亚和印尼，留澳学生最多的国家。

（4）马来西亚：马来亚（马来西亚）与澳大利亚同属英联邦国家，英属马来亚向澳大利亚移民的历史由来已久，但较集中的移民还是通过科伦坡计划。1950 年，马来西亚派遣 17000 名留学生前往澳大利亚，大部分是马来西亚华人，大多已婚。随后，则通过申请父母和子女来澳的家庭团聚理由，另一批来自马来西亚的移民进入澳大利亚。通过婚姻关系进入澳大利亚，是马来西亚移民的另一个重要的途径。20 世纪 60 年代末，马来西亚政府采取以马来人优先为主的社会政治经济政策，华人和其他少数族群受到严重的歧视，此时大部分马来西亚华人移民前往澳大利亚和其他国家。1986—1991 年，是马来西亚华人移民澳大利亚的另一个高峰期，数量由33710 增加至 71740 人。此后的华人海外移民多以商业移民和留学为主，2012 年，马来西亚留澳学生有 27722 人。

（5）泰国：20 世纪 80 年代前，移民澳大利亚的泰国人大多是通过婚姻和留学的方式，华人留学生大都是通过科伦坡计划和军队实习生身份前往澳大利亚。20 世纪 80 年代期间，大量泰国留学生前往澳大利亚留学，包括英语语言学习的短期培训班等，2012 年，泰国留澳学生为 13959 人。此外，前往澳大利亚的泰国移民还以家庭团聚为主要方式。

（6）新加坡：20 世纪 60 年代中期，新加坡移民开始陆续前往澳大利亚。

———————

① 2012 年澳大利亚短期访问者（留学生）报告，http://www.immi.gov.au/media/statistics/statistical-info/oad/visitors/visit.htm.

随着澳大利亚移民政策的放宽,新加坡移民进入澳大利亚的主要方式也由单纯的技术移民扩展到留学移民、家庭团聚等。截至 1981 年,澳大利亚的新加坡人口数量只有 11960 人。2000 年后迅速增加,至 2011 年增至 48646 人,其中华人数量为 27739 人。新加坡华人受教育程度高,具备专业技术专长,多以留学和技术移民方式移民澳大利亚,辅以家庭团聚。2012 年,进入澳大利亚的新加坡留学生有 16299 人。

(7)印尼:二战后,荷兰殖民者携带 4500 名印尼难民定居澳大利亚,此后至 20 世纪 60 年代,每年均有一定数量的难民亲属通过家庭团聚方式进入澳大利亚。20 世纪 50 年代后,澳大利亚政府通过科伦坡计划资助印尼留学生前来澳大利亚留学,因华人受教育程度较高,所以留学生中的华人数量较多,是东南亚地区前往澳洲留学人数较多的国家之一,2012 年有 20901 名留学生入境。20 世纪 60 年代末,澳大利亚放松移民政策限制后,大量印尼移民多以劳工移民方式定居澳大利亚。同时,因印尼国内发生排华事件,大量华人离开印尼前往荷兰、美国、澳大利亚等国,截至 2011 年,澳大利亚的印尼人口数量达到 63159 人,其中印尼华人比例为 39.3%。①

(8)菲律宾:20 世纪 50 年代,菲律宾移民通过科伦坡计划前往澳大利亚留学,毕业后即定居澳大利亚。随着 1966 年澳大利亚移民政策限制和 1972 年菲律宾军事管制放开,菲律宾移民开始大量移民澳大利亚,20 世纪 70—80 年代以家庭团聚、婚姻移民方式较多,其后,菲律宾移民澳大利亚的主要方式是技术移民。当前,菲律宾移民是澳大利亚增加最快的群体,但留学生类移民不多,2012 年留澳人数仅为 6542 人。②

总体而言,东南亚地区前往欧美等国的移民类别以劳工移民为主,家庭团聚、留学和婚姻移民为辅。难民方式移民一直未停止,多集中在特定事件之后,如 1975 年印支半岛发生的战争,20 世纪 80—90 年代东南亚地区的排华事件和金融危机等。从东南亚地区移民类型可以看出,华人海外移民因受教育程度较高,普遍移民方式是技术移民和留学移民。相反,其他族群则因受教育程度不同,多采取婚姻、难民、合同工等方式。不管是以何种主

---

① *Reflecting a Nation*:*Stories from the 2011 Census*,*2012—2013*,Australian Bureau of Statistics,http://www.abs.gov.au/ausstats/abs@.nsf/Lookup/2071.0main＋features902012-2013.

② 东南亚地区移民澳大利亚的类别构成,主要参考移民局报告总结而得。

体类型移民,随之而产生的家庭团聚移民源源不断,这成为东南亚地区移民类型的主要特点。

## 第三节　华人海外移民的职业构成

　　了解华人海外移民的职业构成,对把握华人海外移民全貌至关重要。鉴于华人海外移民主要是在就业阶段年龄的移民,因此他们大多活跃在当前各国劳动力市场的各行各业中。

　　老华侨华人多为"生存型"移民,受教育程度不高,主要从事餐饮等传统行业。20 世纪 60 年代以来,华人所从事的职业日益多元,已从餐饮、制衣等传统行业扩展到超市、房地产、保险、金融、国际贸易、运输、物流、通讯、电脑、软件等行业,律师、会计师、医生、教师等专业人士也大量涌现。

　　除了回国者和新加坡华人以外,东南亚的华人海外移民主要流向发达国家。在各国关于族裔的各类职业统计数据方面,东南亚华人海外移民基本上是归类于华人(华裔)族裔类。华人移民主要由两类移民组成,一是来自包括港澳台在内的中国移民,这是发达国家华人的主体。二是东南亚华人海外移民,可能占东南亚华人海外移民所在国华人总数的 5％～15％不等。东南亚华人海外移民包括相当比例的低教育程度的印支难民,而来自中国的移民,则也有相当比例的非正常途径的移民。假使教育程度差的群体在这两类移民中所占的比例相当,则东南亚华人海外移民的职业状况,应与各国华人族群的总体职业状况相去不远。

　　在美国,华人从事的职业较为广泛,在劳动力市场中尤为活跃。2010年,华人的未就业率低,平均只有 4.7％的华人未就业,而同期全美未就业比例为 5.9％。[①] 2010 年,在亚裔美国人中,华人大多从事较为优越的管理和专业技能性工作,甚至自主创业,开办公司,涉足领域主要包括工程、医疗、投资、法律等。在高级"白领"行业中,亚裔的就业率为 48.1％,华人高

---

　　① American FactFinder, United States Census Bureau, 2010, http://factfinder2. census. gov/faces/tableservices/jsf/pages/productview. xhtml? pid＝ACS_10_1YR_S0201&prodType＝table.

达53.1％,高于全美平均水平(35.1％)。[①] 此外,全美医生中,2％是华人,[②]在亚裔高技术专业劳动力市场中,华人占1/3。整个硅谷的就业人口中,华人占1/10。[③] 在美国"100名最杰出的亚裔企业家"评选中,华人在高科技领域的成就令人瞩目。[④] 华人开办的公司,40％从事科技和电子业、金融管理业、汽车维修以及住宿和餐饮,占全美该类行业公司总量的2％。[⑤]但同时华人也有很多从事厨师、服务员、收银员、纺织工人等低收入"蓝领"工作。华人在美国的职业构成呈现出两级化,这种职业的两级化在其他亚裔中并不明显。

在美国,除华人外,东南亚地区各国其他族裔移民的就业率普遍较低,主要从事低技术行业。但随着东南亚移民工作经验的不断增加,语言技能的改善,他们从事低技术性工作的比例也开始下降。尤其是这些移民的子女由于长期在当地生活,思维模式受到当地文化的影响,在选择职业方面突破了父辈们较为固化的范畴。根据美国移民局的调查,1990年亚裔族群中菲律宾移民,27％从事高级管理等专业工作,11％从事半熟练或低技术性工作,如护工、家政服务等。越南人大多以难民身份进入,受教育程度低,没有经济基础。根据1990年人口普查结果,25％的越南移民生活在贫困线以下,而全美总贫困人口比例是13％。25岁以上越南移民中只有17％拥有大学学历。越南移民受教育水平普遍不高,因此他们在劳动力市场上的选择空间不大,约18％从事管理行业,21％从事低技术性工作。1990年的平

---

① American FactFinder, United States Census Bureau, 2010, http://factfinder2. census. gov/faces/tableservices/jsf/pages/productview. xhtml? pid＝ACS_10_1YR_S0201&prodType＝table.

② Doctors and Nureses：A Demographic Profile, Cis. org, 2011-12-31, http://www. cis. org/articles/1998/DocsandNurses. html.

③ Chinese American Contributions to Silicon Valley, Modelminority.com, 2012, http://www. modelminority. com/joomla/index. php? option＝com_content&view＝article&id＝227：chinese-american-contributions-to-silicon-valley-&catid＝47：society&Itemid＝56.

④ America's 100 Top Asian Entrepreneurs, http://goldsea.com/Profiles/100/100. html.

⑤ Survey of Business Owners, U.S. Census Bureau, 2011-12-31, http://www. census. gov/econ/sbo/getsof. html? 07asian.

均年收入为 9033 美元,而全美平均水平是 14420 美元。[①] 其他东南亚国家如柬埔寨、老挝、泰国,其移民中从事管理等专业工作的比例仅为 8%,而从事低技术性工作的高达 37%,主要从事机械操作、制造业、基础劳工和其他非技术性工作。随着移民的年轻化和受教育水平的提升,到 1997 年,在美东南亚各国其他族裔从事管理行业的比例升至 35%,从事低技术性工作的比例降低到约有 14%。[②] 但是,从事低技术性服务的人仍然很多,较为著名的有菲律宾女佣、泰劳、印尼劳工等。

在英国,技术人才分为四类:最底层为技工(operative),指运用机器的半技术工人或技术工人,其合格条件无一定标准;第二层为工匠(craftsman),通常指受过职业训练,但未接受较高技术训练的成熟工人,这类工匠的训练包括手工和机械技能的基本训练、工作原理的理解、严谨工作作风的培养;第三层为技师(technician),指曾接受系统职业技术教育和训练,并能运用科学和工艺知识者;第四层为技术专家(technologist),通常指接受过科学技术的专业训练,熟悉科学原理和实际工作,可以从事工业领导、管理、设计、研究和发明等工作的人员。总体的职业构成有如下九层:(1)管理和高级管理;(2)专业技术;(3)工程技术;(4)行政和助理;(5)技术贸易;(6)家政和休闲服务;(7)销售和客服;(8)机器加工和操作;(9)基础服务业。[③] 其中,属于专业技术行业的主要有管理类(工商管理、建筑管理、能源管理、金融管理)、技术贸易(国际贸易、市场营销、金融投资)、工程技术(土木工程、机械工程、电子工程、生产设计)、计算机工程(IT 专员、程序员、项目设计、软件开发、信息技术和通信研发)。根据英国 2011 年人口普查,包括再次移民在内的华人,在英格兰和威尔士从事的职业主要集中在以下九个行业:(1)管理性高级官员:10.8%;(2)专业技术人员:17.4%;(3)专业技术助理:12.7%;(4)行政或秘书:11.4%;(5)技术性贸易行业:11.5%;

① Eric Lai, Dennis Arguelles, *The New Face of Asian Pacific America: Numbers, Diversity & Change in the 21st Century*, Berkeley: Consolidated Printers, Inc. , 2003, p. 72.

② U. S. Bureau of the Census, *1990 Census of Population*, Social and Economic Characteristics United States, CP-2-1 (November 1993): Tables 44—47; and Asians and Pacific Islanders in the United States CP-3-5 (August 1993): Table 4; and Population Reference Bureau Tabulations of the March 1997 Current Population Survey.

③ *Standard Occupational Classification 2010*, Volume 1, Structure and Descriptions of Unit Groups, Office for National Statistics, UK.

（6）服务业：9.4％；（7）销售和客服：8.4％；（8）机器和加工制造业：7.2％；（9）初级劳动者：11.1％。总体而言，管理和专业技术行业比例约为53.8％，低技术性行业比例约为36.1％，这也表明华人海外移民职业构成较为均衡。[1]

在澳大利亚，华人就业率较高，15岁以上的华人就业率达63.3％，失业率为6.6％，而全澳人口就业率和失业率为64.6％和5.2％。在澳大利亚的技术行业结构中，第一级为高层次技术行业，华人就业率为42.2％，高于全澳28.7％的比例。第二级为中等技术领域，华人就业率为12.3％，高于全澳10.7％的比例。第三级初级技术行业，华人就业率为8.5％，低于全澳15.1％的水平。[2]

20世纪70年代以前，澳洲华侨华人主要从事餐馆、洗衣、种菜等职业。随着华人受教育水平不断提升，华人第二、三代的成长，华侨华人从业状况也呈现多元化的趋势，华人逐渐进入澳大利亚的"白领"阶层，如科学家、数学家、统计学家、会计师、医生、牙医、金融分析师、计算机程序员、工程师和投资人员等。

根据2005年数据统计，澳大利亚华侨华人中，有17％是专业技术人员，11％是行政管理人员，12％从事公务员工作。商业、产业工人和体力劳动者占华人劳动力的19％，25％的华人在服务业和体育娱乐业工作。[3] 根据澳大利亚移民局统计，2011年，来自东南亚地区华人之外的其他族裔移民，主要是15岁以上就业人口，他们在澳大利亚的职业构成如下：（1）柬埔寨、老挝和越南移民的就业率分别为59％、63％和61％，因难民较多，他们主要从事服务业、机器制造业、初级劳工方面的职业。（2）新加坡和马来西亚移民的就业率分别为64％和67.5％，因经济和技术移民较多，因此大多在管理、贸易和专业技术行业就业。新加坡和马来西亚移民应当主要是华人，但在族群识别时主要选择了来源国。（3）菲律宾、印尼和泰国的就业率分别为74.8％、64.9％和66.4％。这三国的移民在初级劳动力市场和服务

---

① *2011 Census*：*Occupation in England and Wales*，Office for National Statistics.

② *Australia-Community Profile*，*2011 Census*，Ausrtalian Bureau of Statistics，2012-06-24.

③ 《漫步悉尼唐人街：华人融入城市脉搏》，中国侨网，2006年1月3日，www.chainaqw.com/news/2006/0130/68/14978.shtml.

业中比重较大,菲佣和泰劳最为典型。[1]

　　加拿大只接收少量印支难民,非正式途径进入加拿大的中国大陆移民也多转到美国谋生。因此,无论是总体上的华人族群还是来自东南亚的华人移民,普遍是受良好教育者。

　　20 世纪 60—70 年代以来,加拿大华人主要是以投资和经商为主。华人的就业层次较高,多从事白领专业技术和管理工作。20～29 岁以上的华人,34％在专业技术管理行业工作,而加拿大全国的比例仅为 15.2％。[2]33％的华人从事自然科学、工程学和数学科学行业,高于全加 13.5％的比例。华人海外移民的主体是经济技术移民,进入加拿大后很多从事医药、法律、证券、电子工程、会计等领域的专业工作,或拥有和经营专业公司,也有从事餐饮、食品制造等行业的非熟练工人。根据 2006 年的加拿大统计资料,加拿大华人经营的行业主要有七类:(1)餐饮业,特指各类中餐馆及其连锁餐厅;(2)贸易与杂货业,如百货商店、精品店、时装店、药房和超市等;(3)房地产业,主要进行房地产投资;(4)各类服务业,包括医药行业;(5)石油化工业;(6)食品加工业;(7)文化传播业。[3] 另根据加拿大 2006 年人口普查和 2011 年统计局年鉴,东南亚各国除华人外的各族裔移民的职业构成,主要集中分布在如下几个行业:(1)农业、林业、渔业;(2)矿业和石油开采;(3)公共事业;(4)建筑业;(5)交通运输业;(6)信息和文化产业;(7)金融保险业;(8)教育和医疗服务业;(9)其他服务业。[4] 从华人海外移民和其他族裔的职业构成来看,其受加拿大劳动力市场结构影响较大。

　　纵观东南亚地区移民在海外的职业构成可知,移民的就业与当地国市场结构、当地国移民就业政策、移民的类别、移民的教育水平、移民的文化因素等密切相关。除了难民以外,其他东南亚华人海外移民因重视教育,在移入国能获取更多的深造机会,所以华人海外移民在居住国就业市场中的就

---

　　① Australian Bureau of Statistics, *Census of Population and Housing*, Community Relations Section of DIAC, Department of Immigration and Citizenship, Commonwealth of Australia.

　　② Policy Horizons Canada—Understanding Canada's "3M" Reality in the 21st Century, Horizons. gc. ca, 2011-11-22.

　　③ 庄国土、李瑞晴:《华侨华人分布状况和发展趋势》,2009—2010 年国务院侨办课题重点项目,2011 年,第 163 页。

　　④ Statistics Canada, *2006 Census of Population*, Statistics Canada catalogue no. 97-561-XCB2006007, Canada, Code01.

业率较高,所从事管理和专业技术岗位工作的比例较大。而东南亚地区国家移民中的其他族群,如马来人、印尼人、越南人等,大多从事服务业、建筑业等基础行业的初级劳动。华人海外移民如以留学身份前往当地国,以后基本上都能在劳动力市场中从事较为高级的工作,而以难民、家庭团聚、合同工等身份迁移海外的群体,则在初级劳动行业占较大比例。

## 第四节  华人海外移民的学历层次

华人历来尊师重教,华人学历层次总体水平较高,是国际社会各族裔移民中教育水平较高的群体,在美国被称为"少数族裔的模范"(model minorities)。华人的学历层次决定了其职业构成的层次,学历层次较高的移民普遍从事较为高级的管理和技术工作,学历层次较低的移民大多在初级劳动服务业服务。

前往发达国家的东南亚华人海外移民,除难民外,大多是高学历者。即使那些难民儿童和第二代,其受教育的程度普遍与当地华人持平。如来自大陆的非正式渠道移民,其儿童和第二代基本上不亚于当地华人平均水平的教育。因此,本书倾向于认为,东南亚华人海外移民的学历水平相当于当地华人的水平。

包括东南亚华人海外移民在内的美国华人的整体教育、收入和职业水平较高,高于全美平均水平。2011 年,由美国华人全国委员会(NCCA,National Council of Chinese American)和马里兰大学美籍亚裔中心联合推出的《2011 年全美华人人口动态研究报告》指出,华裔人口的受教育程度明显高于美国平均水平。在 25 岁以上人群中,接受过高等教育的华裔占 51.8%,居各族裔之首,几乎是全美平均水平 26.4% 的两倍。[①] 从收入来看,华裔美国人的家庭收入、人均收入和工资收入水平都要高于美国平均水平,华人多从事较高端的工作,收入也很高。根据 2000 年美国人口普查,65% 的华人拥有住房,高于全美 54% 的比例。[②] 2010 年人口普查显示,华

---

① 《2011 年美国华裔人口动态研究报告》,千人计划网,http://www.1000plan.org/groups/viewonetopic/2870.

② Yu Xie, Kimberly Goyette, *A Demographic Portrait of Asian Americans*, New York: Russel Sage Foundation and Population Reference Bureau, 2004.

人收入水平也高于全美和其他大族裔的平均水平。其中,男性华人的平均收入是 57061 美元,女性的平均收入是 47224 美元。2010 年,华人的家庭平均收入为 65273 美元,高于全美平均水平的 50046 美元。[①] 报告将华裔分为第一代、第 1.5 代、第二代及以上三大类。第一代指完全接受美国以外教育的华裔,比例为 16.1%;第二代及以上,指在美国出生的华裔,占 36%;第 1.5 代介于两者之间,指非美国出生,但有部分教育在美国完成的人,比例为 47.9%。报告指出,三大类中,第 1.5 代的收入高于第二代及以上华裔。在就业方面,美国华裔中 57.2% 的人从事管理、软件开发、会计等高级"白领"工作,这一比例远高于全美平均值的 32.4%。同时也有从事低收入"蓝领"工作的初级劳动力,如服务员和厨师等。在华裔美国人中,有82.4% 在私人部门工作,只有 14.1% 在政府部门工作。[②]

此外,1990 年美国人口普查显示,来自东南亚地区的族裔中,除华人外的其他族裔移民的教育水平差异巨大,具体分化为两个不同的群体。来自印支地区的移民,有 2/3 学历层次较低,不具备高中教育水平。印支地区移民中,本科学历层次的仅占 17%,高中学历以下的超过 64%。这主要源自印支地区移民大多是以难民身份前往美国,移民前教育水平不高,移民美国后为了生存大多在初级劳动力市场从事技术性不强的工作,他们是第一代移民。[③] 菲律宾、泰国和印尼移民大多是初级劳动力,也不具备较高的教育水平。另一个群体是来自新加坡和马来西亚的移民,他们拥有本科、研究生学历的比例超过 40%,多是永久居民或留学生类。[④]

英国华人的学历水平较高。1995—1997 年,29% 的华人拥有高等教育学历,至 2008 年,该比例增至 45%。2010 年,根据英国伦敦经济学院的研究成果,英国华人的学历水平高于全英平均水平,华人在知名学府的比例也高于全英其他少数族裔的入学比例。几乎 45% 的男性华人和 1/3 的女性

---

① Asian American Characteristics. doc,2012-05-10.

② 《2011 年美国华裔人口动态研究报告》,千人计划网,http://www.1000plan.org/groups/viewonetopic/2870.

③ U. S. Bureau of the Census, *1990 Census of Population*,*Social and Economic Characteristics*,United States CP-2-1（November 1993）：Table 106.

④ Population Reference Bureau Tabulations of the March 1997 Current Population Survey；1990 Asian and Pacific Islander Population,U. S. Bureau of the Census.

华人拥有本科及以上学历。[①] 总体而言,英国华人的学历结构是本科学历及以上的比例达到56%,其中男性占33%,女性占23%。高中以下学历的比例为44%,其中男性占29%,女性占15%。[②] 除了高等教育以外,2011年人口普查显示,16岁以下的华人子女是全日制学生的比例为30%,高于全英平均8%的水平。华人子女所学专业也多集中于数学和科学相关的课程,如物理学和微积分。[③] 华人父母重视子女教育的原因除了文化因素外,还在于学习这些专业有机会获得较高级的工作和高收入。2011年,英国约瑟夫·朗特里基金会(Joseph Rowntree Foundation)的一份调查报告显示,英国各族裔人口家庭收入排名中,华裔高于非洲裔、加勒比裔、孟加拉裔、巴基斯坦裔,低于印度裔和白人。[④]

澳大利亚华人的学历层次高于整个澳大利亚的学历层次。2006年,在澳大利亚华人中,有31.9%的华人接受过大学以上教育,远高于整个澳大利亚接受大学教育的比例(14.8%)。包括第一代和第二代在内的华人获得本科及以上学历的比例大约为42%,是全国平均水平(14%)的三倍。[⑤]

2011年澳大利亚人口普查显示,东南亚地区移民的学历层次与澳大利亚总体学历层次的比较情况如下:15岁及以上的柬埔寨移民,总体受教育比例达到28.3%,低于全澳受过学历教育的比例(55.9%)。其中本科学历及以上占10%,其他学历、专业学位和高中以下学历占18.3%;15岁及以上的老挝移民,总体受教育比例达到35.4%,低于全澳受过学历教育的比例(55.9%)。其中本科学历及以上占12.5%,其他学历、专业学位和高中以下学历占22.9%;15岁及以上的越南移民,总体受教育比例达到

① Jeremy Crook, *Time for White and Black Families to Learn from the Chinese Community*, Black Training & Enterprise Group, 2012-05-26.

② Home Office Online Report 05/03, Labour Market Performance of Immigrants in the UK Labor Market, 2011, p. 21.

③ An Anatomy of Economic Inequality in the UK, *Report of the National Equality Panel*, the Centre for Analysis of Social Exclusion, the London School of Economics, 2010-02-01.

④ Lucinda Platt, *Inequality within Ethnic Groups*, JRF Programme Paper, Poverty and Ethnicity, Joseph Rowntree Foundation, 2012-05-27.

⑤ Leung Kwok, Sing Lau, Wai-Lim Lam, Parenting Styles and Academic Achievement: A Cross-cultural Study, *Merrill-Palmer Quarterly*, Vol. 44, No. 2, 1998, pp. 157~172.

37.5%,低于全澳受过学历教育的比例(55.9%)。其中本科学历及以上占17.8%,其他学历、专业学位和高中以下学历占19.7%。柬埔寨、老挝和越南第一代移民因大多是难民,受教育程度较低。但第二代和第三代移民的教育水平得到了普遍提高,尤其是华裔难民,他们比较重视子女教育,但总体学历水平仍远低于全澳受过学历教育的比例(55.9%);马来西亚移民总体受教育比例达到70.6%,其中本科学历及以上占50%,其他学历、专业学位和高中以下学历占20.6%,远高于全澳受过学历教育的比例(55.9%)。这是因为马来西亚移民以技术移民、经济移民和留学生为主,特别是华人海外移民的学历层次大幅提升了马来西亚移民的整体学历层次;印尼移民总体受教育比例达到66.3%,其中本科学历及以上占42%,其他学历、专业学位和高中以下学历占24.3%,高于全澳受过学历教育的比例(55.9%);菲律宾移民总体受教育比例达到69%,其中本科学历及以上占40%,其他学历、专业学位和高中以下学历占29%,高于全澳受过学历教育的比例(55.9%);泰国移民总体受教育比例达到56.2%,其中本科学历及以上占33%,其他学历、专业学位和高中以下学历占23.2%,接近全澳受过学历教育的比例(55.9%);新加坡移民总体受教育比例达到66.5%,其中本科学历及以上占43%,其他学历、专业学位和高中以下学历占23.5%,高于全澳受过学历教育的比例(55.9%)。①

在澳大利亚的东南亚移民的学历状况中,新加坡、马来西亚、泰国、印尼和菲律宾的移民总体教育水平较高,他们本科及以上学历的比例均高于澳大利亚总体高等教育水平的均值,其他学历、专业学位和高中以下学历者也与澳大利亚教育水平基本持平,或者略低。从这些国家来的华人移民受教育程度较高,首先主要因为华人整体上比东南亚其他族裔更重视教育,高学历也更容易获得澳大利亚的入境和居留签证。其次,这些国家的华人,经济实力相对较强,华人家庭收入较高,更有能力支付教育费用。但来自印支地区的华人移民大多是难民,包括很多小孩。他们被澳洲接受,并非是当地社会经济发展的需要,而是因为人道主义的原因。

加拿大华人的学历层次高于全加总人口的学历水平。2002年,阿尔伯特大学展开的种族多样性调查(ethnicity diversity survey study)结果显示,

---

① 根据澳大利亚移民局报告中关于族群调查的介绍(*Community Information Summary*)汇总而得。

59.4％的华人拥有本科学历,高于总人口获得本科学历的比例(37.6％)。2006 年,第二代华人的学历层次更高,60.3％持有大学学历,44.7％的第二代华人(25～44 岁)获得了本科学历,高于加拿大其他少数族裔比例(32.6％)和白人比例(21.5％)。15.6％的华人拥有硕士和博士学历或其他专业学位,高于其他少数族裔的比例(9.5％),排在阿拉伯裔和南亚族裔之后,位列第三。[①] 华人所学专业集中在商业管理、市场营销、工程学和与其相关的服务行业、计算机和信息工程、物理、教育学等基础学科。[②]

　　根据欧美等发达国家包括东南亚华人海外移民在内的华人的学历层次现状可知,移民的教育水平、学历层次与移民的类别和方式、移民的文化因素相关性较强。华人海外移民因重视教育而更多地获取高等教育经历,所以华人海外移民在居住国学习的专业也与就业市场中高就业率的岗位切合。欧美等发达国家针对接受过高等教育人才的政策也较为宽松,华人海外移民总体教育水平较高,学历结构也以本科及以上学历为主,这使得华人海外移民在居住国的职业层次较高,是移民输出国重要的海外资源。

---

　　[①] *Group Differences in Educational Attainment Among the Children of Immigrants*, Statistics Canada, Tabulations from 2006 Census, http://global-economics. ca/imm_2nd_gen_tab2b. pdf.

　　[②] 2006 Census：Educational Portrait of Canada, 2006 Census：Immigration Educational Portrait of Canada, http://www12. statcan. gc. ca/census-recensement/2006/as-sa/97-560/index-eng. cfm.

# 东南亚地区华人海外移民
# 的分布状况及其原因

与世界其他地区的国际移民一样,东南亚华人海外移民的去向主要是发达国家,以美国为最。无论是华人海外移民中的难民、留学移民、技术和商务移民,还是非熟练劳动力移民,都以发达国家为主要移民目的地。此外,周边国家也是华人海外移民的流向之一。

## 第一节  发达国家东南亚华人海外移民的分布状况

再次移民至发达国家的东南亚华人主要集中分布在美国、加拿大、英国和澳大利亚。本节主要介绍华人海外移民在这些国家的区域分布、变化情况和特点。

### 一、美国的东南亚华人海外移民分布状况

美国一向是一个移民国家。美国由来自欧洲的移民建国自不待言,从立国伊始到今天,其一直吸纳全世界最多的移民。包括华人在内的来自世界各地的移民,成为美国开疆拓土和开发西部的主力,为美国工业化和产业革命提供了充足的廉价劳动力、资金和技术。[①] 这种状况一直持续至今。

#### 1. 涌入美国的华人移民

华人大规模进入美国,可追溯到 19 世纪 40 年代美国的淘金热时期。

---

① 李其荣:《国际移民与海外华人研究》,武汉:湖北人民出版社,2005 年,第 37～38 页。

1848 年,美国加利福尼亚发现金矿。消息传至广东后,引发珠江三角洲乡民大批前往美国,来自四邑(即台山、新会、开平、恩平)的移民最多,从事淘金、建筑铁路和农业等工作。1880 年,美国华人人数达到 10 万人。此后,美国排华开始。1882 年、1884 年和 1888 年,美国国会颁布越来越严厉的排华法律,华人移民美国的正常途径基本断绝。从 1880—1940 年 60 年间,总共只有 15 万华人通过各种途径入境,平均每年约 2500 人。二战期间,中美成为反法西斯盟友,美国在 1943 年颁布《废除排华法、规定移民限额及其他事项的法令》,废除排斥华人移民的法律及条例,但仅给中国人每年 105 名移民限额及允许华人入籍。在该项法令实施的 10 年间,仅有 558 名华人依据限额法移民美国,平均每年 56 人。[①] 1952 年,美国修改《移民与国籍法》,设立了亚太三角区,取消了亚洲移民和亚裔的入籍限制,也小幅度放宽对亚洲移民的入境限制。此后,来自亚洲的移民数量有所增加。从中国前来的移民(主要来自台湾和香港)1951—1955 年为 1948 人,1956—1965 年为 15865 人。[②] 此外,还有一些来自东南亚的华人移民也进入美国。从 1940—1960 年,美国华人总数从 106334 人增加到 237232 人,其中,移民约 4 万人,[③]其余增加的人数来自自然增长。

1965 年美国修订移民法,新修订的《移民与国籍法修正案》规定,美国给予全球各国移民的总额限定为 29 万名(西半球 17 万,东半球 12 万),每个国家每年不得超过 2 万名。移民法修订以前,美国规定的移民配额,是根据 1890 年美国人口来源地的国籍比例制定的给予各国的移民额度,以保障以西欧为主,尤其是安格鲁—撒克逊民族的移民配额。

美国移民法的修改,开启了欧洲以外国家移民美国的大潮,这一大潮持续至今。在中美建交以前,给予中国的配额主要由台湾和香港移民使用。1979 年,从中国来的移民已达 28391 人,主要是来自港台。[④] 中美建交以

① 戴超武:《美国移民政策与亚洲移民(1849—1996 年)》,北京:中国社会科学出版社,1999 年,第 111 页。

② 戴超武:《美国移民政策与亚洲移民(1849—1996 年)》,北京:中国社会科学出版社,1999 年,第 152 页。

③ 庄国土:《从移民到选民:1965 年以来美国华人社会的发展变化》,《世界历史》2004 年第 2 期,第 68 页。

④ [美]麦礼谦:《从华侨到华人:20 世纪美国华人社会发展史》,香港:三联书店,1992 年,第 419 页。

后,美国政府另外给中国大陆 20000 名配额,来自其他国家的华人不在此限。①

给予东南亚的移民配额,也为东南亚华人移民美国提供机会。1965 年以后,东南亚华人开始利用各自国家的移民配额进入美国,这些移民以留学和家庭团聚为申请定居签证的主要理由。20 世纪 70 年代末以后,包括东南亚华人在内的印支难民大规模涌入美国,掀起东南亚华人移民美国的第一波高潮。根据美国的新移民法,移民签证的发放有六种优先,前四种优先家庭团聚,即给予美国公民和永久居民的配偶和未婚子女、已婚子女和美国公民的兄弟姐妹优先签证,合计占配额的 80%,配额的另外 20%给予专业人才和劳工。这些东南亚华人难民定居入籍后,都会马上启动家庭团聚的"连锁移民"方式,申请其在东南亚的亲属前来美国。

2000 年 4 月美国的人口普查数据显示,美国亚太裔人数为 1190 万,60%以上是移民,47%已加入美国国籍。自称为纯华裔及华裔和其他亚太裔混血的有 270 万人(不包括台湾人),②这些人包括数十万来自东南亚的华人移民及其后裔,应当还有一些华裔包括在其他东南亚国家的裔群内,如马来西亚、菲律宾、新加坡裔群内,但数量较少。

**2. 美国的东南亚华人海外移民分布**

在美国,包括东南亚华人海外移民在内的华人分布,呈现大聚居、小分散的状态。目前,华人已遍布美国的 53 个州府,但大多数仍集中在东西两海岸的州市,少部分在南部和中西部。其原因一方面是因为早期移民大多集中在此,另一方面也因为美国西部州府与亚洲相邻的关系。

1990 年和 2010 年美国亚裔人口普查结果显示,华人高度集中在美国的十个主要州府,从西到东分别是华盛顿州、加利福尼亚州、德克萨斯州、夏威夷州、佛罗里达州、马萨诸塞州、新泽西州、纽约州、宾夕法尼亚州、伊利诺伊州。其中加州和纽约州是华人长期大量迁居的地区,这两个地方的华人总数超过在美华人总数的一半。加州的旧金山与洛杉矶二都会区(包括圣塔克拉拉、阿拉美达、橘郡、圣马特奥等地),纽约州的皇后区、布鲁克林区、纽约区(曼哈顿区)等,是全美华人分布密集度最高的地区,并以郊区的华人

---

① Peter Kwong, *The New Chinatown*, New York: The Noonday Press, 1987, p. 419.

② [美]《世界日报》2002 年 4 月 19 日,B1.

增幅最为显著。包括高科技产业兴盛的德州（休斯敦都会区）、新泽西州、马萨诸塞州、财经文教中心与交通枢纽地区的伊利诺伊州（芝加哥都会区）、华盛顿州、宾夕法尼亚州以及气候宜人的夏威夷州等，是仅次于加州和纽约州的华人密集地区。①

除华人外的东南亚地区其他族裔移民也大多集中在西部的加州、华盛顿州和东北部州府，其中以菲律宾和越南为最。据 2010 年亚裔人口普查结果，居住在西部地区（华盛顿州、加利福尼亚州）的菲律宾移民及其后裔占总数的 70％，居住在东北地区的占 10％（弗吉尼亚州、纽约州、新泽西州），居住在南部地区的占 11％（德克萨斯州、夏威夷州），居住在中西部地区的占 8％（伊利诺伊州）。居住在西部地区的越南移民及其后裔占总数的 55％（加利福尼亚州、华盛顿州），居住在东北地区的占 10％（宾夕法尼亚州、纽约州和马萨诸塞州），居住在南部地区的占 27％（德克萨斯州、路易斯安那州），居住在中西部地区的占 8％（密歇根州、堪萨斯州）。居住在西部地区的柬埔寨和老挝移民及其后裔占总数的 55％（西雅图、加利福尼亚州），居住在东北地区的占 12％（费城、波士顿），居住在南部地区的占 13％（德克萨斯州），居住在中西部地区的占 20％（明尼苏达州）。居住在西部的新加坡、马来西亚、印尼和泰国移民及其后裔占总数的 37％（加利福尼亚州、华盛顿州），居住在东北地区的占 22％（纽约州、新泽西州、马萨诸塞州），居住在南部地区的占 24％（德克萨斯州、夏威夷州），居住在中西部地区的占 16％（伊利诺伊州、堪萨斯州）。②

东南亚地区华人和其他族裔在美分布呈现出相似的格局：多集中在西部、南部和东北，且聚居在大城市，如加利福尼亚州的洛杉矶、德克萨斯州的达拉斯、休斯敦和纽约州等。

① Eric Lai, Dennis Arguelles, eds. , *The New Face of Asian Pacific America : Numbers Diversity & Change in the 21st Century*, Berkeley: Consolidated Printers, Inc. , 2003, pp. 39～41. Elizabeth M. Hoeffel, Sonya Rastogi, Myoung Ouk Kim, Hasan Shahid, *The Asian Population : 2010*, 2012, U. S. Census Bureau.

② U. S. Bureau of the Census, *1990 Census of Population*, *Social and Economic Characteristics*, United States CP-2-1 (November 1993): Table 135; Elizabeth M. Hoeffel, Sonya Rastogi, Myoung Ouk Kim, Hasan Shahid, *The Asian Population : 2010*, March 2012, U. S. Bureau of the Census, U. S. Department of Commerce.

## 二、加拿大的东南亚华人海外移民分布状况

大批华人进入加拿大,始于美国加州的淘金华工转往。华工继白人之后,前往加拿大不列颠哥伦比亚省的金矿区,续淘白人采掘过的矿井。1858—1859 年,约 2000 名华侨离开美国到加拿大。[①] 1860 年以后,大批来自香港的华工直接前往不列颠哥伦比亚省。随着华工的增多,当地一些白人认为华工影响其就业和薪资待遇,遂开始鼓吹排华。加拿大地方政府的排华法案甚至早于美国。1875 年,不列颠哥伦比亚省议会通过《选民资格和登记法》,禁止入籍华侨享有选举权。此后,加拿大各级政府陆续通过多种排华法案,到 1903 年,加拿大政府将华人移民的人头税提高至 500 加元,相当于一个华工两年的工资,基本上彻底阻止华人入境。1885—1923 年的近 40 年间,加政府共向华人征收了总计 2300 多万加元的人头税。在1923—1947 年期间,加政府干脆直接宣布禁止华人移民入境。从 20 世纪80 年代开始,加拿大华人不断呼吁加政府应当为历史上的排华事件道歉。2006 年 6 月 13 日,加拿大联邦保守党政府总理哈珀在众议院就当年"人头税"问题向全加华人做出正式道歉。

1967 年,加拿大政府效仿美国,颁布《新移民条例》,修改了旧移民法规中的种族歧视条款,改为不分国家、种族、宗教,所有群体一律平等,是否被接受,取决于移民的受教育程度、语言能力和专业技能等要素。华人第一次在法律上获得了与欧美人平等的移民权利,移民加拿大华人数量日增。

1976 年,加拿大《移民法》将难民列入移民类别。此后,大量印支难民获得加拿大庇护。在 1975—1991 年间,加拿大共接收 127715 名来自印支的难民,半数以上是华人。[②] 如果考虑到 1985 年加拿大人口约 2500 万人,其接受印支难民的比例是相当高的。

1978 年,加拿大修订移民法,增加商业移民条款。1986 年,加拿大正式实施《投资者移民法》,规定投资者只需拥有 50 万加元的总资产,并在加拿大以 15 万加元连续投资三年,即可被接受为投资移民,由此吸引了大量来

---

① David Chuenyan Lai, *Chinatowns, Towns within Cities in Canada*, Vancouver: British Columbia University Press, 1988, p. 21.

② Louis-Jacques Dorais, The Cambodians, Laotians and Vietnamese in Canada, *Canada's Ethnic Group Series Booklet*, No. 28, The Canadian Historical Association, 2000, p. 11.

自香港、台湾和东南亚地区的富裕阶层人士。20 世纪 90 年代,加拿大独立移民政策的实施,吸引了大批来自中国大陆的华人新移民。

根据 2006 年加拿大人口普查结果,包括东南亚华人海外移民在内的华人,主要集中在加拿大的安大略省、不列颠哥伦比亚省,两地居住的华人合计超过华裔人口总数的 81.8%。① 其他广泛分布在阿尔伯塔省、魁北克省、曼尼托巴省、萨斯客彻温省、新斯科舍省、新不伦瑞克省、纽芬兰省、西北地区、育空地区、爱德华王子岛和纽纳瓦特省。其中华人较为集中的大城市主要有:多伦多、温哥华、蒙特利尔、卡尔加里、埃德蒙顿、渥太华、温尼伯、汉密尔顿、维多利亚、基奇纳市。

2011 年加拿大人口普查结果显示,东南亚地区移民,尤其是菲律宾、越南移民及其后裔,集中居住在三个较大的城市,即多伦多、蒙特利尔和温哥华,大概占总移民数量的 68.1%。其他则广泛分布在魁北克州、安大略州和英属哥伦比亚州。② 以越南华人海外移民为主体的印支难民为例:他们在 20 世纪 50 年代以难民身份进入加拿大后,主要居住在法语居住区的魁北克州、蒙特利尔大城区和多伦多,大概占总量的 89%。③

总体而言,华人海外移民在欧美地区国家分布概况既沿袭了老移民喜欢聚居的居住传统,又凸显出新移民注重个性、重视商业生活环境的移民特点,按照自己的方式在居住国进行生活。在美国、加拿大、澳大利亚和英国,华人海外移民大多选择在首都、大城市和商业区居住,既与就业结构有关,也符合华人喜聚居的特点,比如唐人街等主要的华人聚居区。

## 三、澳大利亚与欧洲的东南亚华人海外移民分布状况

澳大利亚和欧洲是仅次于北美的东南亚华人海外移民目的地。尤其是澳大利亚和法国,分别接收了十数万印支难民。澳洲和英国还是东南亚华人留学的主要目的地之一,也吸引不少来自新加坡和马来西亚的华人商务移民。

---

① 加拿大移民局 2006 年人口普查统计。

② *The Canadian Population in 2011: Population Counts and Growth*, Part 3: Portrait of Metropolitan and Non-metropolitan Canada, http://www12. statcan. ca/census-recensement/2011/as-sa/98-310-x/98-310-x2011001-eng. cfm.

③ Louis-Jacques Dorais, Vietnamese Communities in Canada, France and Denmark, *Journal of Refugee Studies*, Vol. 11, No. 2, 1998, pp. 110~115.

### 1. 澳大利亚的东南亚华人海外移民分布

与美国、加拿大一样,华人大规模前往澳大利亚也是为了开金矿。19世纪中叶,维多利亚州和新南威尔士州发现金矿,华工开始涌入,称之为"新金山"。到 1888 年,维州华人数量已达 5 万。随着华工数量的增多,澳大利亚出现大范围排华运动。1887 年,澳大利亚各州相继通过排华法令,限制华人入境,澳洲华人数量有所减少。到 1901 年,仅剩 3.2 万人。[①] 1901 年澳大利亚联邦政府颁布《移民限制条例》,当时的工党领袖克里斯·沃森宣称,为了防止种族污染的可能性,反对将有色种人与白人混杂,不允许非白人移民澳大利亚,臭名昭著的"白澳政策"正式确立。由于当时的日本在亚太崛起的势头正旺,"白澳政策"对日本人网开一面。此后,在澳华人得不到新移民补充,人数逐年递减。1901—1966 年,华人多的年份也只有两万多人,少的年份仅有万余人,多数集中在悉尼和墨尔本。[②]

1972 年惠特拉姆工党政府上台后,声称要构建一个"多元民族、多元文化"的国家,摈弃"白澳政策",开始大规模接收亲属移民及技术、投资移民和难民。工党政府于次年颁布《澳大利亚公民法》,声明其移民政策的基本原则为"全球一致,无人种、肤色或国籍之歧视",大幅度放宽移民入籍时限,实行按经济和个人因素打分的积分制,以此来审核移民资格。

澳大利亚是 1951 年的联合国难民公约和 1967 年的国际难民议定书的签署国和积极参与国。20 世纪 70 年代中期以后,澳大利亚收容了大批印支难民。仅 1975—1980 年,共计 150000 名越南难民进入澳大利亚,半数以上是华人。

1987 年,澳大利亚政府颁布商业移民计划,移民只需携带 50 万澳元,便可作为商业移民获得在澳定居资格,由此吸引了大批香港、台湾和东南亚的华人移民。

20 世纪 80 年代末 90 年代初,澳大利亚政府制定"教育输出"和以教育赚钱的政策,吸引了很多中国留学生和东南亚华人学生赴澳学习。大部分留学生毕业后转为技术移民加入澳国籍,成为澳公民。

无论是 20 世纪 70 年代的印支华人难民,还是此后的东南亚华人留学

---

① 张秋生:《澳大利亚的华侨华人史》,北京:外语教学与研究出版社,2002 年,第135 页。

② 《人民日报(海外版)》2006 年 11 月 14 日。

生、商务移民和技术移民,基本上都居住在华人的传统聚居城市,尤其是可容纳大量有色人种居住和谋生的大都市。

在澳大利亚,华人主要集中在大城市,如悉尼、墨尔本及布里斯班等,东南亚的华人海外移民亦如此。2011年澳大利亚人口普查结果显示,来自东南亚的移民总计66万7996人,其中华人有18万1550人,80%聚居在新南威尔士州、维多利亚州和西澳大利亚州,其他20%广泛分布在昆士兰、首都直辖区、南澳以及北领地。具体见表5-1。

**2. 法国的东南亚华人海外移民分布状况**

法国是欧洲最早有中国移民的国家之一。1702年,一位23岁的福建青年黄嘉略随一位法国传教士乘船来到法国,成为法国官方档案中记载的第一位旅法华人。[①] 第一次世界大战以前,法国只有少数华人,多来自浙江青田。根据1911年的法国人口调查,法国的华人数量仅为男性246人,女性37人。一战期间,约14万的华工先后进入法国。一战结束后,绝大部分华工回国,数千人留下,大多数与法国妇女通婚,经营餐馆业、修脚店或在工厂做工。1975年以前,法国华人在1.5万~2万人之间,[②]他们主要散居在巴黎、里昂和马赛等大城市,高度集中在巴黎,约占60%。在巴黎,华人主要分布在拉丁区、第12区、西南近郊的布洛涅—比扬区。此后,第12区的一些华人又迁往第3区发展。

在1960—1975年越战期间,不断有越南移民前往法国这个前殖民宗主国,其中包括华人。法国华人社会的大发展,始于1975年以后大批印支难民的集中涌入,成为有史以来华人移居法国人数最多的一次。

据联合国难民署的统计数字,从1975—1984年,法国接纳的难民为97175名,大部分是华人。1989年,法国华侨华人数量为20万人,其中源于中国的华侨华人约5万人,印支华人约12万人,其他籍贯的华人约3万人。[③]

---

① 广东省侨办赴法国调查团:《法国华侨华人社会初探》,《侨务工作研究》2004年第4期,第34页。

② [法]廖遇常:《法国华侨华人社会发展的历程》,《华侨华人历史研究》1991年第3期,第64页。

③ 刘汉标、张兴汉:《世界华侨华人概况(欧洲、美洲卷)》,广州:暨南大学出版社,1994年,第73~75页。

表 5-1 2011 年东南亚地区华人海外移民在澳各州及地区分布情况

单位：人

| 澳洲省/地区 | 国别 | 越南 | 柬埔寨 | 老挝 | 菲律宾 | 印尼 | 泰国 | 新加坡 | 马来西亚 | 总计 |
|---|---|---|---|---|---|---|---|---|---|---|
| 澳洲各省和地区 | 总数 | 185039 | 28328 | 9932 | 171232 | 63159 | 45464 | 48646 | 116196 | 667996 |
| | 华人数 | 40338 | 9404 | 1519 | 5650 | 24281 | 3728 | 23933 | 72157 | 181550 |
| 维多利亚州 | 总数 | 68279 | 11331 | 2155 | 38013 | 15410 | 10818 | 13718 | 39739 | 199463 |
| | 华人数 | 14884 | 3761 | 329 | 1254 | 6056 | 887 | 6749 | 24677 | 58597 |
| 新南威尔士州 | 总数 | 71795 | 11132 | 5105 | 70376 | 26842 | 17549 | 11237 | 27306 | 241342 |
| | 华人数 | 71795 | 11132 | 5105 | 70376 | 26842 | 17549 | 11237 | 27306 | 241342 |
| 南澳大利亚州 | 总数 | 12027 | 2776 | 437 | 3424 | 1957 | 2227 | 2091 | 6971 | 31910 |
| | 华人数 | 2621 | 921 | 66 | 112 | 769 | 182 | 1028 | 4328 | 10027 |
| 昆士兰州 | 总数 | 16283 | 1529 | 1320 | 29451 | 6315 | 7001 | 5983 | 12781 | 80663 |
| | 华人数 | 3549 | 507 | 201 | 971 | 2481 | 574 | 3541 | 7937 | 19761 |
| 西大利亚州 | 总数 | 12767 | 1019 | 198 | 17123 | 10168 | 5683 | 13961 | 24982 | 85901 |
| | 华人数 | 2783 | 338 | 30 | 565 | 3996 | 466 | 6868 | 15513 | 30559 |
| 澳大利亚首都直辖区 | 总数 | 2960 | 339 | 635 | 2397 | 1010 | 1045 | 924 | 2207 | 11517 |
| | 华人数 | 645 | 112 | 97 | 791 | 396 | 85 | 454 | 1370 | 3950 |
| 北领地 | 总数 | 740 | 141 | 39 | 3595 | 1010 | 727 | 243 | 580 | 7075 |
| | 华人数 | 161 | 46 | 5 | 118 | 396 | 59 | 119 | 360 | 1264 |
| 塔斯玛尼亚岛 | 总数 | 185 | 28 | 29 | 1198 | 252 | 454 | 437 | 1161 | 3744 |
| | 华人数 | 40 | 9 | 4 | 39 | 99 | 37 | 215 | 720 | 1163 |

资料来源：(1) Jock Collins，Carol Reid，Chinese in Australia 1945—1994 : Changing Patterns of Migration，Racialization and Opportunity，1995.

(2) Department of Immigration and Citizenship of Australian Government，Community Information Summary from the Australian Bureau of Statistics Census of Population and Housing，2011.

(3) Reflecting a Nation : Stories from the 2011 Census，2012—2013，Australian Bureau of Statistics.

149

20世纪70年代后期以来,以温州、青田人为主体的浙江人开始大量移民法国。他们依靠庞大的亲友网络,乃至非正式移民的方式,千方百计进入法国。到20世纪90年代初,来自温州的非法移民已有上万人。[①] 此后,来自中国大陆的非法移民数量一直增加。法国政府从20世纪80—21世纪初,已先后采取了三次大规模的"合法化"行动,通过特赦和遣送处理非法移民。很多非法移民被特赦后,有了合法身份,就开始发挥亲属连锁移民的效应,导致更多中国正式移民的到来。

留学也是中国人和东南亚华人移民法国的主要途径之一。巴黎是世界大学的发源地之一,拥有多所世界知名大学。20世纪90年代后期,大批中国留学生前往法国。1996—1997学年期间,法国的中国留学生人数仅有千余人。到2001—2002学年时,已经上升至5500人,不包括2002年法国驻中国使馆发出的留学签证8000份。[②] 2007年年底,中国驻法国公使衔教育参赞白章德披露,截至2007年11月30日,在驻法使馆教育处登记的中国大陆在法留学人员总数为19210人,[③] 加上未登记的自费留学生,是年法国的中国大陆留学生有4万~5万人。

2000年以后,半数以上的法国华侨华人主要聚居在巴黎及其近郊,其余散居在马赛、里昂、里尔、波尔多、南特、斯特拉斯堡等大城市。巴黎的华侨华人主要集中在第3区、第4区、第13区和第19区,其他地区的华人聚居区逐渐萎缩。第3、4区是较早的"唐人街",主要是温州、青田人聚居,他们主导唐人街的商务,其次是来自印支的华人,其经济实力远不如温州人。巴黎13区的"唐人街"是全法国最著名的唐人街,也是来自印支华人难民最集中的街区,主要由 Avenue de Choisy、Avenue d′Ivry 和 Boulevard Massena 三条大街构成。这个街区原为废弃的火车站和旧仓库密集地,是巴黎典型的贫困区。到20世纪70年代中叶,这个街区被改造为住宅区后,遭遇因能源危机导致的国际性经济衰退,房屋空置。此后印支难民大量涌入这个街区,图其房租便宜。几年后有所积蓄,就在此买房定居。1981年,陈氏家族在13区开设大型"陈氏公司超市",成为巴黎13区"唐人街"形成

---

① 《温州"黑移民"在法国的艰辛之路》,中国侨网,2006年4月7日,http://chinaqw.com.cn//news/2006/0407/68/23396.shtml.

② [法]《欧洲时报》2004年7月13日,转引自《华侨华人资料》2004年第5期,第9页。

③ 《全球中国学子迎接2008》,《人民日报》(海外版)2007年12月27日,第6版。

的首要诱因。此后,"巴黎士多超市"和"中国城大酒楼"先后落户13区,带动了大大小小的华人店铺竞相开设。陈氏家族祖籍潮州,为来自老挝的难民。老大陈克威率家人逃难法国,和正在法国留学的四弟陈克光在巴黎成立了法国陈氏兄弟公司,以13区为基地,20多年后,由一家食品批发小店逐渐发展成为全欧最大的华人企业。据《欧洲联合周报》报道,到2008年,13区的华人数量达4万,主要是源自印度支那的华人。19区的唐人街号称"美丽城",商贸发达仅次于13区的唐人街,主要聚居来自浙江温州、青田的新移民,也有一些印支华人难民和此后来自东南亚的华人移民。

**3. 英国的东南亚华人海外移民分布状况**

尽管晚清时期就有留学英国的中国人,但定居在英国的华人极少。1949年,英国华人数量仅为2000人。20世纪50—60年代,香港新界大批农民移居英国,华人数量迅速增至5万。香港回归前后,有数万港英政府公务员及其家属申请移民英国。从20世纪70年代后期到1986年,英国接收了20700名印支难民,大部分是华人。此前的英国华人社会以广东人为主,包括潮州人。因此,来自印支的华人难民很快融入英国华人社会。

20世纪80年代后期以来,不少新加坡、马来西亚的华人,因留学、投资、求职等目的移民英国,构成英国华侨华人社会的另一来源。

在英国,包括东南亚华人海外移民在内的华人的地理分布特点与其就业构成密切相关,基本特点是大集中、小分散。"大集中"指华人集中以伦敦为主的大城市,"小分散"指华人多从事餐馆业,或集中在各地唐人街,因此广泛分布在英国各地大小城镇。华人主要是南北纵向分布,并以伦敦为核心向西部分散:其中大多集中在伦敦,其余广泛分布在普利茅斯、南安普顿、伯明翰、诺丁汉、利物浦、谢菲尔德、布莱顿、剑桥、格拉斯哥、爱丁堡、曼彻斯特、米尔顿凯恩斯、牛津和斯旺西。[①]

在英居住华人及其后裔总体上平均分布在英国各个城市,其中以剑桥与伦敦金融城为最。在伦敦地区,内伦敦华人数量占当地人口总数的2.0%,其中伦敦金融城地区更是高达3.6%,是华人最为密集的地区之一,其次分别是2.9%的卡姆登区、2.8%的萨瑟克区以及2.7%的威斯敏斯特区;外伦敦华人数量占当地人口总数的1.2%,其中以班尼特与格林威治为

---

① 英国移民来源地在全英分布地图索引,Census Map 3.1—Country of Birth, http://www.ons.gov.uk/ons/interactive/census-map-3-1-country-of-birth/index.html.

最高,分别达到 2.3% 与 2.0%。其他华人相对集中的地区有:西北地区华人最为集中的城市是曼彻斯特,华人占当地人口数量的 2.7%,其次为利物浦,占 1.7%;东北地区华人最为集中的城市是纽卡斯尔,华人占当地人口数量的 2.2%;东南地区华人最为集中的城市是牛津,华人占当地人口的 2.3%,其次为普利茅斯,占 1.3%,再次是南安普顿,占 1.5%;西南地区华人最为集中的城市是埃克塞特,占当地人口的 1.7%,其次是巴斯和东北萨默塞特,为 1.1%;在约克郡,华人最为集中的城市为谢菲尔德和约克,分别占当地人口的 1.3% 和 1.2%,其次是利兹,占 0.8%;在中西部地区,华人集中在伯明翰与考文垂,占当地人口的 1.2%;中东部地区,华人集中在诺丁汉与莱斯特,分别占当地人口总数的 2.0% 和 1.3%;威尔士地区的华人数量稀少,仅有卡迪夫的华人数量达到人口总数的 1.2%,其余城市均未超过 1%,其中斯旺西占 0.9%,格温内思郡占 0.7%;在统计数据中,位于英国西南地区康沃尔郡的锡利群岛是唯一一个华人数量占当地人口总数 0.0% 的地区——基本没有华人在当地居住。[①]

## 第二节 发达国家东南亚华人海外 移民分布特点及其原因

发达国家的东南亚华人,集中分布在北美、澳大利亚和欧洲的法国和英国。在这些国家中,又主要集中在大都市及其周边地区。造成如此分布的原因,主要是移民寻求谋生和对发展环境的选择,也与历史纽带、移民传统、接收国移民政策和道义责任相关。

### 一、集中在几个欧美国家

东南亚华人海外移民高度集中在发达国家,尤其是美国、加拿大、澳大利亚、欧洲的法国与英国,此外还有东南亚的新加坡。

20 世纪 60—70 年代后,华侨华人高度集中于东南亚地区的状况发生了变化,包括东南亚华人海外移民在内的新华侨华人开始大量涌向发达国家,北美的美国和加拿大、大洋洲的澳大利亚、欧洲的英国和法国、东南亚的

---

① 《英国人口调查:剑桥和伦敦金融城华人比例居首》,新华网,2012 年 12 月 16 日,http://news. xinhuanet. com/overseas/2012-12/16/c_124101902. htm.

新加坡等国家成为华侨华人大量迁居的国家。

美国、加拿大、澳大利亚、英国、法国、新加坡等发达国家接收东南亚华人海外移民约 170 万,占东南亚华人海外移民总量的 58% 左右。其中,美国华人海外移民及其后裔数量为 65 万～70 万,占美国华裔总量(2010 年为 401 万)的 16.2%～17.4%;加拿大华人海外移民及其后裔数量为 15 万,占加拿大华裔总量(2011 年为 132.5 万)的 11.3%;澳大利亚的东南亚华人海外移民及其后裔数量为 20 万,占澳大利亚华裔总量(2011 年为 86.6 万)的 23%;英国华人海外移民及其后裔数量为 6 万～6.5 万,占英国华裔总量(2006 年为 40 万)的 15%～16.2%;法国华人海外移民及其后裔数量为 16 万～17 万,占法国华侨华人总量(2010 年为 70 万)的 22.8%～24.2%;荷兰华人海外移民及其后裔数量为 25000 人,占荷兰华侨华人总量(2012 年为 10 万)的 25%;新加坡华人海外移民及其后裔数量为 38 万～40 万,占新加坡华侨华人总量(2010 年为 279.4 万)的 13.6%～14.3%。

## 二、集中在大城市

美国华人的八大聚居地分别是:大纽约—新泽西地区、大洛杉矶地区、旧金山—奥克兰湾区、圣荷西—圣塔克拉拉湾区、大波士顿区、大芝加哥地区、首都华盛顿和巴尔的摩地区、大西雅图地区。这意味着,半数以上的美国华人居住在加利福尼亚州和纽约州,集中在纽约、洛杉矶、旧金山湾和波士顿等大城市。2000 年人口普查结果显示,94% 的华人主要居住在大城市,而美国总人口居住大城市的比例仅为 80%。大城市中的华人又多集中在中心城区,这一比例达到 54%,这主要是因为华人更愿意聚集在一起居住。[①]

加拿大华人社区大部分位于两大都会:多伦多和温哥华。除了市区本部以外,大温地区[②]有九个社区的华裔人口数量排名全国前 30 名,其中列治文的华裔人口数量极多。加拿大国内华人最多的 30 个社区中有一半来自大温和多伦多,即安省的基奇纳、卑诗省的维多利亚、萨省的里贾那市、大

---

① Amy L. Freedman, *Political Participation and Ethnic Minorities: Chinese Overseas in Malaysia, Indonesia and the United States*, New York: Routledge, 2000, pp. 119～125.

② 大温地区主要包括:温哥华市、列治文市、本拿比市、素里市、三角洲市、二坪市、高贵林市和高贵林港市。

温的西温哥华市、大温的新西敏市、萨省的萨斯卡通、大温的高贵林港、大温的北温县、安省的滑铁卢、安省的奥克维尔、大温的三角洲市、安省的伦敦、安省的温莎、卑诗省的萨尼治、安省的宾顿市、安省的汉密尔顿、安省的旺市、温尼伯、大温的高贵林、大温的素里、渥太华、爱民敦、安省的米西索加、蒙特利尔、大温的本拿比、卡尔加利、大温的列治文、安省的马卡姆、温哥华、多伦多。

在澳大利亚,华人的分布同当地人一样,80％以上的人口集中在该国东部各州,即新南威尔士州、维多利亚州和昆士兰州。而稍有不同的是,华人更多居住在各州首府,如果算上其他中小城市,澳大利亚的华人城市化已经达到97％。[①] 华人聚居的主要城市有:悉尼、墨尔本、布里斯班、佩思、堪培拉、阿德雷德、霍巴特、达尔文等。

超过半数的法国华人集中于大巴黎区,其余散居在马赛、里昂、里尔、波尔多、南特、斯特拉斯堡等大城市。大巴黎区已形成了几处相当有规模的唐人街:巴黎的第 13 区、美丽城(当地华人对位于巴黎第 19 区 Belleville 的习惯称呼)、第 3 区和拉丁区等四个地区。后两区是较为陈旧的社区,而前两区则是新城区。

在英国,华人最集中的地区有两个,一个是东南部的伦敦,一个是中部的曼彻斯特,这两个区的华人是在英华人的主体,其余则散居另外几个大城市。唐人街是华人的商业和服务业中心,主要分布在几个大城市,其中最大的位于伦敦最繁华的地段。除了作为商业区的唐人街以外,为数不少的华人居住在郊区,尤其是北伦敦和科林达。其他如曼彻斯特、伯明翰、纽卡斯尔、利物浦和格拉斯哥等城市的唐人街,虽然规模比伦敦小,但也是华人聚居的地方。此外,其他城市如谢菲尔德、牛津、爱丁堡等,也有不少华人居住。

## 三、形成这些特点的原因

东南亚华人海外移民集中分布在美、加、澳、英、法等欧美国家的原因,与这些国家国内经济发展状况及移民政策、与东南亚的历史关系、华人的传统移民目的地等因素相关。

---

① Country of Birth of Person (full classification list) by Sex—Australia, *2006 Census*, Australian Bureau of Statistics, 2008-05-27.

**1.发达国家是世界移民的首选目标国**

美国、加拿大、澳大利亚、英国和法国等东南亚华人海外移民集中居住的国家都是发达国家,它们不仅是东南亚华人海外移民的主要目标国,而且是中国本土移民、世界其他地区移民的首选国家。移民评估目标国,首先是判断目标国是否具备最大程度改善生存环境和提供谋生发展机会的能力。美国、加拿大和澳大利亚不但是世界最发达的地区和教育、福利最好的国家之一,也是经济和科技发展潜力最大的国家。法国和英国是老牌发达国家,政治、经济制度稳定,社会福利保障良好,且惠及外来移民,其发达的教育更吸引包括东南亚华人海外移民在内的世界各国移民。

1990—2005 年,这些东南亚华人海外移民的主要发达国家接收国,接收世界移民的数量和比例仍然不断在增长,从 1990 年占世界接收移民总额的 26.6％,到 2005 年的 31.8％。1990 年,全世界有 1.54 亿移民,在美国的就有 2330 万,占世界移民总数的 15％;在加拿大的有 430 万,占世界移民总数的 2.8％;在澳大利亚的有 400 万,占世界移民总数的 2.6％;在法国的有 590 万,占世界移民总数的 3.8％;在英国的有 380 万,占世界移民总数的 2.4％。2005 年,全世界有 1.9 亿移民,在美国的有 3840 万,占世界移民总数的 20.2％;在加拿大的有 610 万,占世界移民总数的 3.2％;在澳大利亚的有 410 万,占世界移民总数的 2.2％;在法国的有 650 万,占世界移民总数 3.4％;在英国的有 540 万,占世界移民总数的 2.8％。加拿大在 1990—2004 年接收的移民中,80％来自发展中国家,美国在同期接收的移民中,有 84％来自发展中国家;澳大利亚同期接收的移民中,有 86％来自发展中国家。[①]

**2.北美和澳洲是典型的华人移民目标国**

东南亚华人海外移民前往的北美和澳大利亚,都是典型的地广人稀的地区。自 18 世纪以来,这些国家就大规模接收欧洲移民,堪称移民建立的国家,对外来移民需求较大且歧视相对较少。20 世纪 60—70 年代,这些国家相继修改移民政策,大规模接收非白人移民,以便吸引本地经济发展所需的劳动力和科技人才,尤其是来自东亚、南亚的人力资源。此外,这些国家都是英语国家,对受一定程度英语教育的外来移民持相对欢迎态度。新加

---

① 时任联合国秘书长安南在联合国第 60 届会议(议程 54.C)关于《国际迁徙与发展》的报告(中文本),2006 年 5 月 18 日,第 23~27 页。

坡、马来西亚和缅甸原本就是英联邦国家,其官方语言和知识教育体系与英国基本接轨,菲律宾是前美国殖民地,其教育体系与美国大体相当,英文教育更是普及。因此,这些国家的华人移民绝大多数接受过程度不等的英文教育和类似移入国的知识教育,相对容易被移入国接受。

以美国为例,其建国之初,吸引了大量移民来开发和建设国家,因此能够在短短的 100 多年间内由东向西迅速扩展,并促使中西部也逐步城市化、工业化——移民的作用功不可没。二战后,美国一跃成为世界头号经济强国,也因此成了各国移民的首选目的地。为了吸引包括华人在内的亚洲移民,1943 年,美国政府通过了《废除排华律、规定移民配额及其他事项的法令》,该法令是一个重要的里程碑,标志着美国逐渐对华人打开了大门。1965 年,美国修改移民法,新的《移民和国籍法案》通过。自此,华人通过家庭团聚、技术移民、难民等渠道源源不断涌入美国。美国的经济增长需要人才,特别是像华人这样具有高学历知识背景的专业人才。美国总统奥巴马(Barack Obama)提出的移民法案更加强调对知识资本的吸引,更加重视对国外高科技人才和创业人才的吸引。如:第一,创新设计新的优秀(merit-based)移民类别。取消国别配额限制,采取计点制,根据外国人的教育、就业、在美国居住年限以及其他因素给该外国人打分,得分最多的人优先获得签证。第二,为想移民美国并在美国创业、为美国创造就业机会的外国创业人才设立一个"创业签证"(startup visa)。在加入美国的风险投资并且实际雇佣美国人的情况下,可以获得此签证。第三,在美国知名高校取得理科、技术、工程以及数学专业(STEM)硕士及以上学位的外国毕业生可不受移民配额限制,在已有美国公司提供工作的情况下,STEM 专业的毕业生将更容易获得绿卡,进而取得美国公民身份。第四,为在美国实验室工作的员工设立新型签证类别。在上述四个政策,尤其是 STEM 法案的推动下,预计将会有大量在美国求学的华人理工科学生会选择留在美国,成为美国公民。这意味着每年都有近万名最聪明的华人在美国接受一段时间的教育后留在美国,从而为美国的科技进步和经济发展做出贡献。

20 世纪 60—70 年代后,加拿大、澳大利亚、英法等国都先后放宽移民限制,招揽亚洲移民特别是华人的专门人才移民,为本国经济发展提供各方面劳动力。新华侨华人大多接受过高等教育训练,他们很多是已经活跃在经济、政治、教育、科研、文化、医卫等不同领域的专门人才,通过经济类、投资类等移民方式前往英加澳等国寻求发展。除此之外,留学生更是这些国家招揽和储备人才的重要途径。实际上,20 世纪 60 年代末以后,上述各国开始逐渐步入老龄化社会,人口生育率降低,这给劳动力市场带来了深远的影响。吸引移民不仅能够为本国提供初级和高级劳动力,还可以改变人口增长缓慢的现状。以加拿大为例,2012 年加拿大统计局数据显示,2011 年加拿大 65 岁及以上人口在总人口中所占比例达到创纪录的 14.8%,55～64 岁的人口数量首次高于 15～24 岁人口的数量,[①]这表明即将退出劳动力市场的人口已经超过进入劳动力市场的人口,加拿大的人口增长和劳动力的补充依靠源源不断的移民,特别是各类专业技术类移民。

**3. 难民安置政策**

这些国家的难民安置政策,是东南亚华人难民得以大批涌入的主要因素。

1980 年,美国通过《难民法》,为接纳和安置难民,特别是印支难民,提供了法律上的保障。1965—1975 年,共有两万多越南人移民美国。这一阶段,美国公民的越南妻子及其子女构成了越南全部移民的 75%。从居住区域上看,1965—1975 年越南人主要集中在加州、纽约州、华盛顿特区、伊利诺伊和德克萨斯。1975 年以后的居住区域又扩大到东部和中西部,这种居住分布情况在大批难民入境后依然如此。[②] 越战结束后,先后出现了两次难民潮,美国接纳了大批印支难民。面对大规模的难民潮,美国采取了有效措施,制定相应的政策接纳和安置难民。

第一,美国政府通过了临时性法令并采取紧急接纳措施。1975 年,国会通过《印度支那移民和难民援助法》,同意接纳 13 万越南和柬埔寨难民入境。美国共安置了四个接纳中心:南加州的彭德尔顿营、阿肯色的查菲堡、宾夕法尼亚的加普和佛罗里达的埃格林空军基地。[③] 第二,在国内有计划地安置难民。第一批东南亚难民中 40% 为天主教徒,因此美国天主教联合会在安置中起了主要作用。安置难民的程序具体如下:来自各机构的代表首先对难民的年龄、家庭、职业、教育程度、技能和宗教信仰进行登记,并对

---

① 《加拿大人口老龄化速度加快》,新华网,2012 年 5 月 30 日,http://news. xinhuanet. com/world/2012-05/30/c_112070125. htm.

② Stephan Thernstom, ed., *Harvard Encyclopedia of American Ethnic Groups*, Cambridge:Belknap Press, 1980, pp. 508～509.

③ Sucheng Chan, *Asian Americans:An Interpretive History*, Boston:Twayne Publishers Inc.,1991, pp. 155～156.

难民采取必要的安全和卫生防疫措施；难民必须找到保证人之后方可离开接纳中心，保证人必须为难民提供衣物、食品和住所，帮助他们就业及其子女入学。① 第三，各州积极配合安置计划。美国各州都积极安置难民，主要包括加州、德克萨斯、宾夕法尼亚、佛罗里达、华盛顿州、伊利诺伊、纽约州、路易斯安那。其中，加州和德克萨斯州成为安置难民最多的州。第四，政府及国会制定法令，成立专门机构负责安置难民。1979 年 2 月 28 日，卡特(James Carter)总统任命了难民事务协调专员，直接向总统和国务卿负责，并成立了专门的难民事务局，具体事务则由卫生、教育和福利部负责。安置所需经费逐年划拨，卫生、教育和福利部也向一些公共机构提供资金帮助安置难民：仅 1979 年就花费了 1.5 亿美元用于处理难民相关事务，其中 1.37亿美元给各州作为安置难民的补偿，750 万美元用于难民的语言教育、就业服务以及卫生健康计划。② 在安置难民的过程中，美国政府特别注意向难民提供各种教育服务，使之能更快地适应美国社会。

除美国外，加拿大、澳大利亚和英国也制定完善的难民安置计划。加拿大对难民提供保护的政策主要包括两个方面：一是对加拿大之外的难民提供接收和保护，二是对那些非法进入加拿大，并在加拿大生活的难民提供庇护。加拿大政府通过难民申请审核难民资质，并提供资助，资助主要由联邦政府负责，划拨给各省政府。加拿大资助和安置难民的标准根据其居住的省份和城市而不同，以安省为例，每月政府给每个难民生活方面的资助为500 加元左右。政府还会提供低租金住房，安排难民进行免费的语言学习，提供工作技能培训等。

欧洲地区非常重视难民问题，英国作为欧盟的重要成员国，其移民和难民政策必然受到欧盟难民庇护政策的影响。欧洲地区最早将难民问题纳入法制进程，出台《欧洲人权公约》和《欧洲控制恐怖主义公约》，并设立欧洲人权法院解决难民问题案例，给难民问题解决提供国际法的依据。2008 年，欧盟首脑会议通过了《欧洲移民难民庇护公约》，欧盟的移民和难民保护政策更加趋向一体化。为了更好地规范难民管理，自 1993 年以来，英国国会

---

① Stephan Thernstom, ed., *Harvard Encyclopedia of American Ethnic Groups*, Cambridge：Belknap Press, 1980, pp. 510～511.

② U. S. Senate Committee, Indochiense Refugee Assistance Program：Report to the Congress, in George Lankevich, *Ethnic America, 1978—1980, Updating the Ethnic Chronology Series*, New York：Oceana Publications, Inc. , 1981, p. 360.

通过了多部关于避难和移民的法案,如《1993 年避难和移民申诉法案》、《1996 年移民和避难法案》、《1999 年避难和移民法案》、《2002 年国籍、避难和移民法》、《2004 年避难和移民(申请处理等)法》,这些法规旨在管理英国国内数量呈直线上升的申请避难人群,特别是来自伊斯兰教国家的避难申请以及处理避难被拒者的遣返问题等。英国政府在对难民政策和管理程序的制定和执行方面更加严谨,完善了难民管理的各个环节,开设快速通道程序,推广新避难模式,调整避难援助方式,加强避难被拒者的遣返工作,总而言之,英国的难民政策日趋收紧。

越战后的 20 世纪 70 年代中期,大批印支船民前往澳大利亚寻求庇护。1977 年,澳大利亚制定了首个官方的难民政策,强调对船民入境的控制。1989 年,柬埔寨船民抵达澳大利亚,联邦政府将他们拘留关押并审查其难民申请,只有符合难民定义的避难寻求者才能被授予难民身份,由此形成了霍克、基廷时期的强制拘留的难民政策。在霍华德联盟党执政时期执行境外关押的难民政策,进一步加强了对船民入境的控制。澳大利亚前总理陆克文(Kevin Rudd)曾颁布新的难民安置计划,将难民送往巴布亚新几内亚难民安置点重新安置。总体而言,作为世界上难民接受较多的国家之一,澳大利亚政府难民安置政策的核心还是尽量控制其入境,采取境外关押或境外安置的方针。

与难民政策相关的是前殖民宗主国与移民来源国的历史和情感关系,也是这些国家接收东南亚华人难民的重要因素,尤其体现在法国上。法国为印支三国的前宗主国,对前殖民地有历史道义责任。与法国大量接收其北非前殖民地的移民一样,法国接收以华人为主的十多万印支难民,很大程度上是因为法国承担了接受前殖民地难民的责任。英国是新加坡和马来西亚的前宗主国,与英国大量接收南亚移民一样,英国接收来自新加坡和马来西亚的华人海外移民也有道义上的因素。菲律宾是美国的前殖民地,迄今为止,美国的亚裔中,来自菲律宾的移民占第二位,包括部分菲律宾华人。澳大利亚和加拿大都是英联邦国家,对英联邦国家前殖民地的移民也承担某种道义责任。

#### 4. 传统移民纽带效应

美国、加拿大和澳大利亚都是华人移民的传统目标国,都存在规模不等的唐人街。自 19 世纪中期华人移民大规模涌入这三个国家后,这些国家各地开始形成并长期存在华人社区。尤其是美国,华人数量在 1960 年已经达到 23.7 万人,到 1970 年更迅速增长至 43.5 万人。英国和法国也存在规模和数量不等的华人社区。和中国本土的海外移民一样,东南亚华人海外移民前往这些国家,容易获得同族、亲友的帮助。这些国家的华人社区,常是华人新移民赖以暂居和谋生的地方。因为传统唐人街都位于大城市,这也是来自东南亚的华人海外移民多分布在大城市的原因。

在美国,东南亚华人海外移民主要集中在美国东西海岸的大城市。东海岸原本并非东南亚移民的传统聚居地,但因为那里有存续百年的唐人街,当大规模东南亚华人移民在 20 世纪 70 年代进入美国后,以纽约、新泽西州为主的唐人街,很快涌入大批东南亚华人海外移民。如纽约华人聚居地区的形成,是 1882 年《排华法》实施后大批华工从加州向东迁移的结果。第一批东迁纽约的华人移民聚居于曼哈顿区下城东南区的三条老街——勿街(Mott)、柏克街(Park)和多姚街(Doyer)。① 自此纽约市的华人人口开始成倍增加,并很快地形成具有民族特色的唐人街。二战结束后,特别是 1965年移民修正案颁布以来,包括纽约市在内的美国华人移民数量急剧增长,东南亚地区的华人也陆续涌向唐人街,唐人街成为一批批华人移民接触并融入居住国社会的重要生活、商业和文化圈。但在过去 20 年间,随着华人新移民经济能力、教育水平的提升,许多华人逐渐搬出传统意义上的"唐人街",尤其是富裕起来的华人,他们搬至大都会的郊区,与其他亚裔或白人和睦相处。

2000 年以来,加拿大政府加大了对高技能高学历移民以及护工等临时劳工的吸引力度。政府鼓励新移民定居在多伦多、蒙特利尔、温哥华以外的城市,以分散、引导移民至人口较少的城市从事建设工作,如阿尔伯塔、马尼托巴和萨斯科彻温等地的华人移民成倍增长。华人高度集中多伦多等大都市聚居区这一老传统开始有了新的变化:郊区环境优美,房价低廉,而老移民社区人口已经趋于饱和。在这种情况下,越来越多的新移民搬出城市繁华区,搬入郊区追求更好的物质生活。加拿大的士嘉堡、马卡姆和米西索加等地成了华人的新社区。新的移民聚居区与传统的唐人街式聚居区有很大的不同,这些地区并不是专门的华人区,而是由几个种族共同分享的混合社区。

---

① Bernard P. Wong, *A Chinese American Community: Ethnicity and Survival Strategies*, Singapore: Chapmen Enterprises, 1979, p. 110.

20 世纪 60 年代后,英国政府放宽移民政策,大批华人移民前往英国伦敦、利物浦、伯明翰等地。随后,依托餐饮业等华人传统产业发展起来的唐人街成为英国老华人和新移民聚居的中心。随着以专门人才为主的新生代逐渐成为华人社会的主体,华人的整体素质得到很大提升,越来越多的华人以自身的高素质、强能力,从事高层次、高收入的工作。他们也更倾向于主动融入主流社会,在地理分布上开始以内伦敦为中心,向四周扩散。西北地区的曼彻斯特和利物浦、东北的纽卡斯尔、东南地区的牛津、西南的埃克塞特、中西部的伯明翰和考文垂、中东部的诺丁汉,都有华人分布居住。

20 世纪 70 年代以来,为构建一个"多元民族、多元文化"的国家,澳大利亚不断放宽移民政策。自此华人移民开始迅速增加,截至 2011 年,澳大利亚的华人超过 86 万,其中来自东南亚地区的华人数量超过 18 万。澳大利亚的华人沿袭老一代华人的居住传统,以新南威尔士州和维多利亚州为最多,并且集中在悉尼、墨尔本和布里斯班等大城市。随着华人特别是技术移民的增多,华人的分布也逐渐向四周扩散,西澳大利亚州、昆士兰、首都直辖区成为新华侨华人迁居的首选地,南澳和北领地,甚至塔斯玛尼亚岛也有华人分布,他们主要来自菲律宾和马来西亚。

**5. 华人普遍选择大城市生活**

东南亚华人海外移民普遍选择在大城市生活的原因,不仅是因为华人社区大多在大城市,更重要的是因为对任何移民社群而言,非熟练劳动力移民或高端人才移民在大城市的谋生和发展的机会更多。大城市的各种产业密集,提供大量的职业需求,交通设施完善,商业氛围浓厚,商业设施如证券交易所、银行等一应俱全。高学历、高技术人才的华人通常较易在大都市的大公司找到工作。如世界闻名的金融行业密布的华尔街,其主流公司资深的从业人员中有华人达 800～1000 人。所谓资深,一般指在这个行业里摸爬滚打十年以上者。①

大城市通常也是服务行业集中的地区,各类服务业需要大批非熟练劳动力,如酒店和餐馆业、搬运业、装修业、交通运输服务业、园艺业、批发和零售贸易等行业。东南亚华人海外移民中的非熟练劳动力,也能在大城市寻求到工作岗位。至于教育程度较高的东南亚华人海外移民,其选择求职和

---

① 陈思进:《独闯华尔街》,转引自:中国网,2008 年 8 月 4 日,http://www.china.com.cn/news/txt/2008-08/04/content_16129676.htm.

居住地域的空间就更大了。需要特别强调的是,无论是东南亚华人海外移民,还是来自中国本土的移民,餐馆业是最重要的容纳华人求职者的行业。据美国中餐协会的统计,2006 年中餐馆已逾 5 万家,华人从业者 30 多万人。洛杉矶、纽约、旧金山为美国中餐馆最密集的城市,洛杉矶有 6000 家中餐馆,纽约有 5000 家中餐馆或中餐外卖店,旧金山有 4300 家中餐厅。① 在加拿大,2000 年有中餐馆 2500 家,在多伦多、温哥华、蒙特利尔三大城市和首都渥太华,就集中了 1400 家,占全加中餐馆总数 56%。在澳大利亚,2000 年有中餐馆 17000 家,高度集中在悉尼和墨尔本。② 2007 年,法国有中餐馆 8000 多家,仅巴黎就有 6000 家,占 75%。③ 对印支华人难民、东南亚华人海外移民和中国本土移民中的非熟练劳动力而言,中餐馆是其在发达国家生存的最主要行业。就 20 世纪 80—90 年代的法国中餐馆业而言,印支华人难民不但是主要从业者,还是主要的创办者。位于欧美都市区的中餐馆,给华人提供了大量的谋生机会,这是东南亚华人移民集中于大都市的重要原因。

## 第三节　东南亚区域内的华人移民分布状况

20 世纪 60 年代后,东南亚各国摆脱殖民统治相继独立,而由于区域内各国经济发展水平不同,移民政策各异,人口流动也逐渐开始增加。东南亚地区各国发展程度差异较大,发展程度较高或资源较丰富的国家如新加坡和文莱,主要是移民接收国,菲律宾、印尼、柬埔寨、老挝、缅甸和越南是主要的移民输出国,马来西亚和泰国既是移民接收国也是移民输出国。当前,华人移民在东南亚区域内国家的分布状况和特点如下。

### 一、新加坡华人分布状况

二战以前,主要有三股移民潮进入新加坡,即来自中国的北部移民潮、

① 《2007 年世界华商发展报告(全文)》,中国新闻网,2008 年 1 月 16 日,http://www.chinanews.com.cn/hr/kong/news/2008/01-16/1135297.shtml.
② 台湾"侨委会"编:《华侨经济年鉴(1998 年)》,台北:"侨务委员会"刊印,1999 年,第 106、714 页。
③ 《欧洲华人生活比较:法国华人人数和社区规模居首》,中国侨网,2007 年 7 月 1 日,http://www.chinaqw.com.cn/hqhr/hrdt/200707/01/77953.shtml.

来自印度次大陆的西部移民潮以及来自当时荷属东印度的南部移民潮。日本占领新加坡后便严格控制移民,大规模移民进入新加坡的时期结束。战前,新加坡的华人主要来自中国,但战后则更多是来自马来西亚,其次是印尼、香港和台湾等国家和地区的移民。

战后很长一段时间内,为了寻求更好的就业机会和更舒适的城市生活,马来半岛各地的许多马来人移民新加坡。出生于马来西亚的移民人数如滚雪球似的从 1947 年的 44878 人猛增至 2000 年的 303828 人,占新加坡国外出生人口总数的 53.9%。2000 年人口普查显示,马来西亚仍是马来人移民的主要来源地,国外出生的马来人常住人口中有 28184 人出生于马来西亚,占新加坡所有马来人常住居民人口的 79.0%,居第一位。只有 6797 名马来人常住居民出生于印尼,占 19.0%,居第二位。[①] 大多数非常住居民是来自泰国、菲律宾和印度次大陆的短期客工以及来自欧洲、美洲和日本、澳大利亚的外国专门人才。

2000 年新加坡人口普查结果显示,按出生地分类的华人常住人口中,有 258406 人出生于马来西亚,占新加坡所有国外出生的华人常住居民人口总数的 59.2%,位居第一。这与之前大多数华人来自中国大陆的情况完全不同,出生于中国大陆的华人常住居民人口不断减少,2000 年仅有 145428 人,占 33.3%,位居第二。居第三位的是出生于印度尼西亚的华人常住居民人口,2000 年有 21828 人,占 5%。还有一小部分(几千人)华人常住居民人口出生于亚洲或欧洲的其他国家,以及加拿大和美国等。[②]

2010 年新加坡人口普查显示,华人常住人口中有 33.8 万出生于马来西亚,占新加坡所有华人国外出生常住居民人口总数的 57.6%,位居第一。另有 17.4 万出生于中国大陆、香港和澳门,有 42000 人出生于印度尼西亚,有 20000 人出生于其他亚洲国家,有 2278 人出生于欧洲各国,有 3605 人出生于美国和加拿大,有 2017 人出生于澳大利亚和新西兰,还有 3054 人出生于其他地区和国家。[③]

根据新加坡市区重建局(URA,Urban Rerewal Authority)的各个发展

---

① Saw Swee-Hock,*The Population of Singapore*,Singapore:Institute of Southeast Asian Studies,2007,p.71.

② [新加坡]苏瑞福:《新加坡人口研究》,厦门:厦门大学出版社,2008 年,第 71 页。

③ *Census of Population 2010 Advance Census Release*,Department of Statistics,Ministry of Trade & Industry,Republic of Singapore,2010,p.31.

指导规划,新加坡共分为六个大区域(即中心区、东区、东北区、北区、西区、群岛区)和其他区,其他区包括中央集水区和军事训练区,而大约 60 个小岛被归入群岛区。华人大致符合新加坡全国人口地理分布的特点,27.4％的华人居住在中心区,东区、西区和北区的华人总数与此相当。华人主要集中在勿洛(Bedok)、裕廊西(Jurong West)、淡滨尼(Tampines)、兀兰(Woodlands)、后港(Hougang)、义顺(Yishun)、宏茂桥(Ang Mo Kio)、蔡厝港(Choa Chu Kang)、盛港(Sengkang)和红山(Bukit Merah)等地。

在殖民时代,新加坡不但各族群有自己的集中居住区,连各方言群体也有相对分离的聚集区。新加坡独立以后,李光耀(Lee Kuan Yew)及其执政团队制定各种促进族群、社群和睦相处的政策,在居住方面,政府鼓励不同种族和社群的居民居住于同一社区,以便共处和交流。新加坡虽是个华人占大多数的城市国家,在新加坡定居的马来西亚华人并未分区集中居住,而是与其他华人乃至其他族群混居。这种各族群在社区之间混合居住,是新加坡执政党的刻意安排。1989 年,新加坡政府颁布了组屋区种族比例政策,各居住区居民的种族比例为:"华族人口在邻区不能超过 84％,每座楼房不能超过 87％;马来族人口在邻区不能超过 22％,每座楼房不能超过25％;印度族人口在邻区不能超过 10％,每座楼房不能超过 13％。"[①]因此,政府刻意安排各种族和社群共处同一社区。此外,执政团队还安排非政府组织促进社区间族群的互动。人民协会(成立于 1960 年)是新加坡最大的基层组织,宗旨是促进种族宗教和谐与社会团结。人民协会组织各类社区活动,通过开展各种娱乐、社交和教育活动,把不同阶层、民族和社群的人群聚合起来,从而扩大了族群间的交流和理解,消除了种族、宗教、语言和文化的隔阂,有利于实现族群联合与团结。

## 二、其他国家华人分布状况

除了马来西亚外,东南亚其他国家接收东南亚区内的华人移民数量较少。由于这些国家华人居住情况通常呈大聚居、小分散的态势,即大聚居于城市,小分散于乡镇,进入这些国家的华人移民通常融入当地华人社区。

马来西亚的移民按出生地来分,主要来自印尼、菲律宾、泰国、新加坡、

---

① 严凤明:《新加坡的民族、宗教政策与和谐社会的构建》,云南师范大学未刊硕士学位论文,2006 年 5 月。

中国、南亚地区和其他东南亚国家。根据 1970—2000 年马来西亚人口普查结果，国外出生的马来西亚人口数量分别为：1970 年 76.4 万，1980 年 67.3 万，1991 年 98.8 万，2000 年 156.3 万。具体见表 5-2。

表 5-2  1970—2000 年按出生地划分的国外出生人口分布

单位：千人

| 国家 | 1970 年 | 1980 年 | 1991 年 | 2000 年 |
|------|---------|---------|---------|---------|
| 印尼 | 76.5 | 124.5 | 423.1 | 660.4 |
| 菲律宾 | 11.5 | 47.9 | 175.4 | 131.6 |
| 泰国 | 7.1 | 17.7 | 52.1 | 40.3 |
| 新加坡 | 50.2 | 51.8 | 52.4 | 42.1 |
| 中国 | 416.5 | 283.6 | 153.0 | 55.5 |
| 南亚地区 | 167.6 | 112.9 | 80.3 | 125.0 |
| 其他 | 34.9 | 29.8 | 52.6 | 59.3 |

资料来源：Saw Swee-Hock，*The Population of Malaysia*，Singapore：Institute of Southeast Asian Studies，2007，p.41.

20 世纪 80 年代后，马来西亚经济增长较快，吸引东南亚其他国家移民涌入马来西亚，尤其以印尼移民为最多，他们主要集中在柔佛、马六甲、森美兰、彭亨、雪兰莪、沙巴和沙捞越，以沙巴和沙捞越最多，占马来西亚印尼人总数的 85.6％，其余广泛分布在马来西亚各地区。菲律宾移民主要集中在沙巴，其他如吉打、吉隆坡等地有少许分布。菲律宾和泰国移民大多是应马来西亚招揽外国劳工的政策，以劳工身份进入马来西亚，满足当地经济发展的需求。

华人在西马和东马都有分布，以西马居多，占全国华人总数的 85％ 以上。西马华人较多的州有槟榔屿、雪兰莪、霹雳、森美兰、马六甲和彭亨等，在玻璃市、吉打、吉兰丹、丁加奴等州的华人较少。东马的华人占全国华人总数不到 15％，其中大多数分布在沙捞越州。来自东南亚其他国家的华人，大多进入马来西亚华人的传统聚居区，如吉隆坡、槟城、新山、马六甲、怡保等华人集中的都市。对来自包括新加坡华人在内的其他东南亚国家的华人而言，这些华人集中的都市，既有利于谋生和发展，也使他们处于便于交往乃至通婚的环境。

泰国既是输出移民的国家,本身又接收大量移民。包括华人在内的泰国移民主要前往发达国家,所接收的大量外来劳工,主要来自柬埔寨、缅甸和老挝。根据泰国内政部统计,2000—2010年,来自柬埔寨、老挝和缅甸的低技术劳工约246万,其中超过140万为非法入境。2002和2003年,泰国分别与柬埔寨、老挝签署了《合法劳工招聘制度备忘录》。根据泰国劳工部的统计,2010年,来自柬埔寨、缅甸和老挝的合法劳工合计388506人,其中柬埔寨45417人,老挝34999人,缅甸308090人,[①]但还有很多非法入境的移民未能列入统计。有调查显示,大量来自缅甸的非法移民集中在泰国北部边境,如清莱、清迈等地。

泰国华侨华人主要聚居在曼谷、清迈、合艾等大中城市,以曼谷最多,有50多万华人。闽籍华人主要聚居在泰南。泰北17个府现有华侨华人约100万。清迈府是华侨华人聚居较为集中的地区,约有华侨华人30万。[②]自20世纪50年代至80年代中期,并没有大规模的中国移民前往泰国。到了20世纪80年代后期至90年代中期,大批中国潮州的新移民进入泰国,人数在20万左右。这些来自潮州的中国新移民主要居住在曼谷及其他潮州人分布较集中的城市。

20世纪50年代初开始,印尼政府不再接受来自中国的移民。印尼华人大多在爪哇、马都拉、苏门答腊、加里曼丹、苏拉威西及伊利安加亚各大岛居住,集中分布在雅加达、泗水、绵兰、万隆、日惹、茂物、棉兰、巨港、坤甸、马辰、乌戎班棠、万雅佬和三宝珑等大中城市。

菲律宾的华人遍布全菲各地,大多集中在马尼拉市和大马尼拉地区,其余的则多居住在宿务、纳卯、怡朗、奎松、礼智、黎萨和三宝颜等省。宿务市是整个菲律宾华人比例最高的地方,占总人口的15%(70多万)。在东南亚区域内国家,菲律宾移民主要前往马来西亚和新加坡,他们多以劳工身份前往。

根据2009年越南人口普查数据,华人总数为823071人,占越南总人口

① Jerrold W. Huguet, Aphichat Chamratrithirong, Kerry Richter, *Thailand Migration Profile*, *Thailand Migration Report 2011*, p.7.
② 庄国土、李瑞晴:《华侨华人分布状况和发展趋势》,2009—2010年国务院侨办课题重点项目,第26页。

的 0.96％。① 华人主要分布在红河三角洲的河内市、海防市、广宁省,湄公河三角洲的安江省、后江省、建江省、前江省,以及东南部的胡志明市、同奈省。胡志明市的华人数量超过 50 万,主要分布在第五郡和十一郡。② 在东南亚国家中,越南移民主要分布在泰国、柬埔寨、老挝等周边国家,主要是越战后越南人逃离越南,部分在当地国稳定下来,后续暂时居住求学、工作,或较长期侨居、定居,慢慢取得了所在国国籍,但也有一部分仍保留越南国籍。

## 三、东南亚华人企业对区内跨国投资及其对海外移民分布的影响

东南亚华人企业的对外投资,有相当大的比例是投入区内。这些数量巨大的投资,势必导致相当数量的管理和技术人员派驻当地常住,成为华人海外移民。大致可以判断,东南亚国家所接收的来自区内其他国家的投资中,很大的比例或者可以说最大的部分是来自东南亚的华人企业,因此,这些东南亚华人企业的对外投资,也将带动本国的华人进入其他东南亚国家。投资的规模和地点,与随投资而来的华人移民分布有相关性。

在东南亚各国所接收的区内投资中,新加坡都是最大的投资者。在新加坡对其他东南亚国家的直接投资中,马来西亚排第一位。至 2008 年新加坡对马来西亚的直接投资存量为 232.32 亿新元,约合 164.3 亿美元。③ 据 2010 年统计数据,到 2009 年年底,新加坡对菲律宾的累计投资为 39.46 亿美元。④ 根据东盟秘书处数据库《2003 年东盟统计年鉴》、《2008 年东盟统计年鉴》的统计数据资料,1995—2008 年,东南亚九国对泰国直接投资的存量为 179 亿美元,⑤对柬埔寨直接投资的存量为 8.944 亿美元,⑥对越南直

---

① *The 2009 Vietnam Population and Housing Census*:*Major Findings*,Central Population and Housing Census Steering Committee,Hanoi,2010,p.31.

② [越]陈庆:《越南华人的人口学分析》,黄汉宝、陈金云译,《八桂侨刊》2001 年第 3 期,第 60 页。

③ *Yearbook of Statistics Singapore 2010*,Singapore:Singapore Department of Statistics,2010,p.78.

④ *Yearbook of Statistics Singapore 2010*,Singapore:Singapore Department of Statistics,2010,p.94.

⑤ ASEAN FDI Database 2009,*ASEAN Statistical Yearbook*,2008,p.138.

⑥ 其中 2000—2008 年数据来自:ASEAN FDI Database 2009,*ASEAN Statistical Yearbook*,2008,p.129;1995—2001 年数据来自 ASEAN FDI Database:*ASEAN Statistical Yearbook*,2003,p.148.

接投资的存量 51.05 亿美元,[①]对缅甸直接投资的存量 12.874 亿美元。[②]这些巨额投资项目的主持机构,主要位于中心城市或其周边地区。随项目而来的管理和技术人员及其眷属,应主要居住在城市。

数百亿美元的东南亚国家间的相互投资额,应当主要来自华人企业,所带动的华人移民人数,应当有数万乃至十数万。因没有与投资额相对应的派出人员及其眷属的数据,故无法判定其带动的移民人数,但台湾对东南亚投资带动的台湾人常住东南亚数量可做参考。1994 年以后,台湾李登辉当局推动经济南向政策,鼓励岛内厂商增加对东南亚的投资。根据当地国投资主管机构资料,到 1999 年年底,台湾在东南亚投资累计达 423.25 亿美元。以印尼、泰国、马来西亚为最,分别达到 168.89 亿、99.14 亿、86.51 亿和 47 亿美元。[③]与规模巨大的对外投资相关的是数以万计的台商及其眷属前往东南亚常住。据台湾学者顾长永估计,到 20 世纪 90 年代末,整个东南亚的台商及与台资企业相关台籍人员在 10 万人以上。[④] 东南亚国家的相互投资数额,比 1999 年的台资数额更大,其带动的移民数量应当也很可观。

---

① ASEAN FDI Database 2009, *ASEAN Statistical Yearbook*, 2008, p. 129.
② ASEAN FDI Database 2009, *ASEAN Statistical Yearbook*, 2008, p. 129.
③ 环球经济社编辑:《华侨经济年鉴(1999 年)》,台北:"侨务委员会"发行,2000年,第 47 页。
④ 顾长永:《台商在东南亚》,高雄:丽文文化公司,2001 年,第 146 页。

第六章

# 东南亚地区华人海外移民
# 原因分析

    东南亚华人的海外移民是 20 世纪 50 年代以后在特定的历史背景条件下出现的一种复杂的社会现象。二战以后,东南亚各国高举民族主义旗帜,实现国家独立,摆脱殖民地和半殖民地的地位。但大部分东南亚国家政府都在不同历史阶段实施不同程度的排华政策,当地社会排华浪潮的不断出现,导致不少华人不得不离开已定居多年乃至数代、数十代的热土,向北美、西欧和澳洲等发达国家再次移民,如印尼华人移民荷兰,新马华人移民英国,印支难民移民法国等。东南亚地区华人海外移民的现象,在不同国家和不同历史阶段有不同因素。大体而言,经济的不景气、政治和社会环境的不稳定和反华情绪,是导致再次移民的主要内因。就外部吸引力而言,欧美国家调整移民政策、对低技术劳动力和高端专业技术人才的需求、老龄化人口的压力等,都是吸引华人海外移民的主要外因。华人海外移民是国际移民的组成部分,适用于解释国际移民现象的推拉理论,即移民输出国的推力和接收国的拉力及推拉如何合力,也适用于解释华人海外移民现象。

## 第一节　移出的内因

    东南亚是多种民族和文化并存的地区,各类民族和文化之间的冲突长期存在。二战以后的东南亚政局长期动荡,充斥着各种社会矛盾,又经历了长达 20 年的印支战争。民族文化矛盾、冲突和战乱,向来是造成大规模国际移民的普遍原因。此外,虽然自 20 世纪 70 年代以来大部分东南亚国家经济发展可圈可点,但在不同的发展时期,也存在着阶段性的发展困境,这些都导致民众移居海外寻求更好的发展空间。而对东南亚华人而言,各种歧视和排斥华人的政策,土著社会对华人的偏见,乃至专门针对华人实施的暴力,进一步强化了华人移民海外的动机,形成某个地区的华人在某个时期较大规模移居国外的移民潮。此外,导致东南亚经济恶化的国际性经济危机、金融风暴等,也促使包括华人在内的东南亚人向外移民。

## 一、战乱和政治动荡

战后东南亚各国政局长期不稳。这些国家虽先后摆脱了殖民地和半殖民地枷锁,取得独立,但政变频发。1962 年,缅甸的奈温发动军事政变,推翻了以吴努为首的政府,实行专制独裁统治。1965 年,印尼发生了"九三○"事件,大量华人受到迫害。1970 年,柬埔寨的朗诺—施里玛达集团发动政变,废黜国王西哈努克(Norodom Sihanouk),组织了亲美政府,导致之后的十多年柬埔寨陷入动乱和战火之中,尤其在红色高棉统治期间,私营企业和商贩遭到全面清算,祸及大多数华人。前后历时 20 年(1955—1975 年)的越战给越南带来了深重的灾难,尤其是 1961—1973 年美国侵越战争,造成了 800 万平民死亡。战争给越南留下了一片满目疮痍的土地和大量的孤儿、寡妇、残疾人和妓女。1978 年,越南发动了侵略柬埔寨的战争,历时 11年零 8 个月。1987 年,菲律宾发生了推翻马科斯专制独裁统治的"二月革命",科拉松・阿基诺(Corazon Aquino)在人民的拥戴下上台执政。但是,政局并未因此稳定下来,在随后的一年多时间里,又陆续发生了多达五次的军事政变未遂事件。其他的东南亚国家,如泰国、马来西亚等,也都先后发生了不同程度的军事政变或政治动乱。战乱使东南亚国家社会长期动荡不安,人民的生命财产安全时刻受到威胁,在心理上普遍缺乏必要的安全感。因此很多人,特别是华侨华人被迫移民,前往政局比较稳定的地区。下面以1969 年马来西亚的"5・13 事件"、1965 年印尼的"九三○"事件、1955—1975 年的越战等典型事件为例说明东南亚政局动荡对当地华人社会的深远影响。

### 1. 马来西亚"5・13 事件"

1969 年,马来西亚举行第三届大选,反对党民主行动党和民政党等取得胜利,获得 50.9% 的得票率。马来西亚联盟党在联邦议会中失去压倒性多数,并且失去雪兰莪、霹雳州和槟榔屿三个州的控制权。华人在野党民主行动党在 5 月 11 日进入吉隆坡庆祝胜利并游行。一些巫统的激进党员为之动怒,举行反示威游行。5 月 13 日,两派人马在街头短兵相接,最终演变成为流血大暴动。在此次骚乱中,有 150 多人死亡,绝大多数是华人。①

"5·13 事件"是马来人与华人之间的暴力流血事件,表面上源自各族间政治和经济能力的差异,实际上是马来政客为了全面掌控政权而挑起的族群冲突。"5·13 事件"之后,马来西亚政府开始进入强权改革时期,政治上明确并合法化马来人的优势地位,成立"国民阵线"加强马来人特权,经济上执行马来西亚新经济政策以消除种族间的经济差异,强行提升马来人在马来西亚的经济地位。华人在马来西亚政治、经济上都受到歧视,成为"第二等公民",很多华人选择移民以寻求更大的生存空间。

**2. 印尼"九三〇"事件**

1965 年"九三〇"事件是印尼华人移民海外的直接原因之一。该事件开启了印尼的排华浪潮,直接导致了大量华人的死亡和逃难,在印尼华人史上留下了斑斑血泪。1945 年印尼独立后,由于政党斗争,国内政局一直不稳定。当时印尼国内的主要政治力量有印尼国民党、马斯友美党、伊斯兰教师联合会和印尼共产党。1959 年年底,苏加诺总统签署了"总统 10 号令",剥夺了大量华侨的土地,并将其赶出乡村,离开几代人辛苦经营起来的家业。这一纸号令引发了更大规模的排华潮,直接导致大量华人遭到迫害,继而引发了十多万华人的再次移民,主要是返回中国。1965 年 9 月 30 日,印尼爆发军事政变,俗称"九三〇"事件,再次引发排华浪潮。右派军人集团在印尼全国实行白色恐怖,对印尼共产党人和革命群众大肆镇压,印尼共产党中央领导人全部被杀,无一幸免。由于加入印尼共产党的华人很多,印尼土著民社会向来将华人与社会主义和共产主义运动相联系,因此,印尼右翼集团的反共运动,某种程度上成为针对华人的运动,从此在印尼各地一次又一次地掀起反华排华的风潮,据称有 30 万以上的华人在排华行动中被处决。② 此外,印尼政府还出动军警和装甲车强迫西爪哇的华侨迁离,大量华人被迫离开印尼,迁居海外。

**3. 印度支那战争**

印度支那战争以越南战争(1955—1975 年)为主,简称越战,以后柬埔寨、老挝相继卷入,又称第二次印度支那战争,是由美国等反共阵营国家支

---

① 张锡镇:《当代东南亚政治》,桂林:广西人民出版社,1994 年,第 153~154 页。
② [美]约翰·F. 卡迪:《战后东南亚史》,姚楠等译,上海:上海译文出版社,1984年,第 240 页。

持的南越(越南共和国)对抗由中国等共产主义阵营国家支持的北越(越南民主共和国)和"越南南方民族解放阵线"(又称越共)的一场战争。战争发生在冷战时期的越南(主战场)、老挝、柬埔寨,是二战以后美国参战人数最多、影响最重大的战争。根据 1995 年越南政府公布数据,越南人民军(北越军队)和越南南方民族解放阵线(越共)共有 110 万人死亡,60 万人受伤,33 万人失踪。[①]

20 世纪 70 年代后期,有超过 150 万越南难民逃离越南。难民潮伊始,很多人避难的首选之地是其东南亚的邻国,如泰国、马来西亚、印尼等。但这些邻国以各种原因拒绝接收难民,绝大部分难民被安置在难民营里等待转移到第三国。于是,印支难民大量前往中国、法国、美国、加拿大、澳大利亚等国避难,其中较多是华人。此后,又由于中越边境的冲突和越柬战争的爆发,出现了第二批越南人出逃国外的难民潮,少数人从陆地逃亡,大部分则由海上逃亡出境,这些海上难民被称为"船民"。[②]

20 世纪 60 年代后,东南亚地区的战乱和政局动荡,乃至直接对华人的排斥和伤害,使得华人的生存环境日趋恶劣,在国内政治、经济生活中受到不公平的待遇。大批有能力的华人移民海外,寻求更加安全的生存环境。难民则通过人道主义援助的方式,寻求国际庇护。

## 二、排华政策和社会歧视

20 世纪 60 年代后,东南亚各国相继发生排华事件,颁布排华法令,对华人实行政治、经济和文化上的多重歧视,华人受到严重的不公平待遇。

### 1. 印支排华

1976 年,统一以后的越南政府公开推行排华政策。1977 年,越南政府在中越边境实施"净化边境"政策,有计划地把华侨成批驱赶到中国境内,同时还在北方的河内、海防两个华侨集中的城市开展有组织的反华排华活动。1978 年,越南开始大批制造和驱赶难侨,不管华侨是否自愿回国都一律强迫其填写"出境登记表"。此外,还以取消户籍和停止供应口粮等举措恐吓

---

① Philip Shenon, 20 Years After Victory, Vietnamese Communists Ponder How to Celebrate, *The New York Times*, 1995-04-23.

② Oxfam, *Vietnamese Refugees in Hong Kong: the Way Forward*, Oxford: OXFAM Publisher, 1987, p.3; H. Adelman, *World Refugee Survey*, 1983, U.S. Committee for Refugees 25th Anniversary Issue, New York, 1984.

威胁,甚至出动军警,用尽各种残酷手段,迫使华侨内迁或者驱赶华侨回国。越南的大部分华侨居住在越南南方,越南当局在南方以关闭银行、币制改革等强制手段和"打击买办资产阶级"、"废除资本主义私营商业"等运动剥夺华侨的资产。在所谓"废除资本主义私营商业"的运动中,许多华侨商户被列为"改造"对象。此外,越南还在柬埔寨和老挝煽动反华排华情绪。这种民族歧视政策,迫使大量华侨华人外流,加入印支难民的浪潮。[①] 1970 年,柬埔寨朗诺集团发动政变,建立右派政权,在朗诺集团的统治下,柬埔寨华人先是被当成柬埔寨经济恶化的替罪羊,接着又被取代了朗诺集团的红色高棉列入打击对象,红色高棉统治时期,柬埔寨华人遭受灭顶之灾,数以十万计的华人死于非命。1975 年,老挝建立了新政权,将境内的华人作为打击对象,迫使大批华人出逃。

**2. 马来西亚"马来人优先"的歧视华人政策**

马来西亚作为一个马来人、华人和印度人三大族群为主并存的多元民族国家,是华人最为集中的东南亚国家之一。2010 年的华人人口约 624 万,占马来西亚总人口 2830 万的 24.6%,是仅次于马来人的第二大族群。[②] 1957 年独立以来,在巫统主导一切的族群政治格局下,马来西亚坚持"马来人优先"的原则,实行"扶马抑华"的政策。"马来人优先"原则得到了宪法的强化规定,宪法确立马来语为母语,马来人信仰的伊斯兰教为国教,国家元首必须由马来人担任。宪法还确认了马来人保留地制度、政府公职的保留名额制度,并承诺向马来人颁发特殊行业的经营执照,把"马来人第一"的观念系统地法律化。[③] 虽然华人与马来人经济实力的差距是长期存在的客观事实,但存在于这一事实背后的是华人更加勤勉、节俭和重视教育。然而,这种差距却成为当局以牺牲华人利益扩大马来人利益的唯一理由。1957—2005 年,马来西亚政府先后实行了自由放任政策、新经济政策、国家发展政

---

① 梁志明、游明谦:《当代海外越南人的分布与发展状况研究》,《南洋问题研究》2004 年第 2 期,第 18 页;李蓓蓓、陈肖英:《香港的越南难民和船民问题》,《浙江师范大学学报(哲学社会科学版)》2003 年第 4 期第 28 卷,第 44 页。

② Jabatan Perangkaan Malaysia, *Population Distribution and Basic Demographic Characteristics*, 2010, Department of Statistics, Malaysia, http://www.statistics.gov.my/portal/index.php.

③ R. K. Vasil, *Ethnic Politics in Malaysia*, New Delhi: Radiant Publishers, 1980, pp. 42~58.

策和国家宏愿政策,旨在提升马来人的经济政治地位。马来西亚政府的政策在迅速提升马来人经济地位的同时,强制性地抑制了华人及其他非马来人经济的发展。[①] 此外,由于政府对马来人的偏袒政策,华人在其从事的传统行业,如建筑业、交通运输业以及商业等方面,面临着马来人的激烈竞争:在零售业方面,1971—1981 年期间马来人零售企业从 3311 家增长至 32800 家,增长了 8.9 倍,而同期华人零售企业从 18957 家增加到 55417 家,仅增长了 1.9 倍。[②] 至于印刷业、加油站、航空业、造船业、伐木业、锯木业、采矿业、橡胶业、木材出口业以及汽车进口业等行业的证照全部或多数都只发给马来人,政府建筑工程通常也只让马来人公司承建。华人小企业在马来人巨大竞争压力下举步维艰。在 1971—1981 年间,马来人批发业和零售业企业数增长了 10 倍,营业额增长了近 40 倍,而华人同类企业数仅增长 2 倍多,营业额也只增长了 5 倍。[③] 新经济政策改变了华人企业家与马来人的合作方式,许多华人企业家都需要获得特殊关系的保护:他们要么必须与马来人高官、马来人企业家或者马来人政治家建立特殊关系,要么必须为巫统提供资助才能维持生存和发展,更多的庇护和集权化关系渗透在政府政策和实际运作中,这对那些没有特殊政治关系的华人企业极具破坏力,部分华人企业家被迫再次移民海外寻找生存机会和归属感。[④]

此外,马来西亚政府一直秉持的以马来人优先为基本原则的族群保护政策,还体现在教育政策上,他们直接干预高等教育,给马来人以优待。马来西亚政府明确规定了马来人优先的高等教育政策,旨在使更多马来人和其他原住民接受高等教育,以适应族群平等就业和培育马来人工商业群体的需求。[⑤] 20 世纪 70 年代,马来西亚政府对宪法进行了修正,规定最高元首(国王)可以指定任何大学或学院实行以种族配额(固打制)为基础的教育

① 林勇:《马来西亚华人与马来人经济地位变化比较研究(1957—2005 年)》,厦门:厦门大学出版社,2008 年,第 341~348 页。

② Malaysian Chinese Association,*The Malaysian Unity Plan: Strategies and Programmes to Meet the Challenges of the 21st Century*,Kuala Lumpur,1989,p.91.

③ Government of Malaysia,*Fourth Malaysia Plan 1981—1986*,pp.114~115.

④ Edmund Terence Gomez, K.S.Jomo,*Malaysia's Political Economy: Politics, Patronage and Profits*,Cambridge:Cambridge University Press,1999,p.180.

⑤ Government of Malaysia:*Mid-term Review of the Second Malaysia Plan,1971—1975*,Kuala Lumpur:Government Printer,1973,p.184.

制度,而教育部可以命令所有高等教育机构制定并执行固打制。[①] 这一时期马来西亚政府的教育指导方针是:统一教育制度,加速国语——马来语的推行,以达到"创造以马来文化为主要精华的国家文化"之目的。[②] "优先培养马来人及土著的子弟"成为马来西亚政府在教育上强调的重点。而落实到具体措施上,一是在高等教育入学率上向马来人倾斜,要求按各族群人口的比例来分配名额,并在特定大学和科系中大量录取马来学生,如国民大学、国家工艺学院几乎全部录取马来学生,在各大学的理、工、医科系中也竭力提高马来学生的比例;二是在考试科目上作有利于马来人的调整。政府以马来语取代英语作为大学入学资格考试科目,使马来学生处于有利地位。实行"固打制"后,随着土著学生配额的增加,马来族及土著子弟在高等学校中的比例大幅度增加,但这项制度压缩许多非马来族接受高等教育的配额,主要是华族和印度族的青年。[③] 受到招生名额的限制,大量马来西亚华人学生出国留学,他们大量再次移民到澳大利亚、新西兰、新加坡、加拿大、英国、美国和其他国家,族群色彩浓厚的教育政策进一步阻碍了两大族群关系的正常发展。根据新经济政策实施十年后,也就是1980年的人口普查,超过80%的政府机构高级官员是马来人,75%的国家高等教育学府的学生是马来人,96%的联邦土地发展局的土地安置的对象是马来人。[④] 在这种背景下,大量马来西亚华人希望通过再次移民转换身份,摆脱歧视性的政策,并寻求能够适应的社会、文化以及归属感。[⑤] 邻近的由华人主导政权的新加坡,一直是马来西亚华人的主要移民目的地。据估计,在1980—2009年的30年间新加坡接受的164万移民中,华人移民至少有130万,主要来自马来西亚和中国。前20年的华人来源地以马来西亚最多,后10年则可能

---

① F. A. Trinidade, H. P. Lee, eds., *The Constitution of Malaysia*: *Further Perspectives and Developments*, Kuala Lumpur: Penerbit Fajar Bakti Sdn. Bhd, 1986, pp. 48～49.

② In-Won Hwang, *Personalized Politics*: *The Malaysian State Under Mahathir*, Singapore: Institute of Southeast Asian Studies, 2003, p. 245.

③ 马来西亚政府在1978年出台了规定土著学生不超过55%和非土著学生不低于45%的学额分配制,即"固打制"。

④ 柯嘉逊:《反对大马种族主义与种族歧视,争取非种族性的解决方案》,《时代报》2001年8月28日。

⑤ 刘建彪:《对战后东南亚华侨华人再移民现象的探讨》,《八桂侨刊》2000年第1期,第11页。

中国移民最多。<sup></sup>① 1990 年,新加坡常住居民中,出生于马来西亚的常住居民有 19.5 万。到 2000 年,这一数量增长到 30.4 万,②10 年间净增近 11 万。如果加上这一期间在新加坡去世的马来西亚移民,则移民新加坡的马来西亚华人更多。根据新加坡人口统计,2000 年,新加坡非常住居民有 75.4 万,其中,来自马来西亚的华人约 19.8 万。因此,仅在 1990—2000 年的 10 年间,新加坡的 64 万净移民中,来自马来西亚的华人移民约 31.8 万。③ 由于国内的各种限制,马来西亚华人还大量流向美国、加拿大、英国和澳洲等国家,寻求更好的教育、就业和投资机会。马来西亚华人再次移民导致大批马来西亚高级人才和大量投资流失海外。这批"二次移民"创立了移民的新模式,并为多重和多元文化身份认同的形成奠定了基础。④

**3. 菲化政策和社会偏见**

探讨菲律宾华人海外移民原因,自然离不开菲律宾华侨华人的经济"菲化"运动。"菲化"(Filipinization)表面上是以菲律宾经济民族化为诉求,其实质是政府通过立法排斥和限制华人的经济活动。在美国殖民当局时期,美国扶植的制宪者提出了十大菲化提案:(1)天然资源菲化;(2)公有农林地及矿地和私有农地菲化;(3)公共企业菲化;(4)零售商业菲化;(5)米麦与其他谷物之各种营业菲化;(6)劳工菲化;(7)教育菲化;(8)薄记菲化;(9)公造工程菲化;(10)血统主义国籍法。这些菲化提案为菲律宾战后长达 20 多年的菲化运动植入了美式排华意识的基调。在这十大提案中,天然资源菲化、公有农林地及矿地和私有农地菲化、公共企业菲化及血统主义国籍法四项获得通过。菲律宾宪法明文规定,只允许菲律宾公民或资金 60% 以上为菲律宾公民所有的公司组织拥有私有农地、开发天然资源及从事公共企业经营。⑤ 自此至 1997 年,菲律宾国会共通过了 47 项菲化法案,内容涉及菲律宾经济生活的方方面面。对华人影响较为严重的是 1946 年 9 月通过并经

① 谢美华:《近 20 年新加坡的中国新移民及其数量估算》,《华侨华人历史研究》2010 年第 3 期,第 57 页。
② [新加坡]苏瑞福:《新加坡人口研究》,厦门:厦门大学出版社,2008 年,第 70 页。
③ 谢美华:《近 20 年新加坡的中国新移民及其数量估算》,《华侨华人历史研究》2010 年第 3 期,第 58 页。
④ Gordon Means, *Malaysian Politics: The Second Generation*, Singapore and New York: Oxford University Press, 1991, pp. 26~30.
⑤ 刘家驹:《菲律宾菲化运动之研究》,香港:学津书店,1983 年,第 67 页。

罗哈斯在 10 月 1 日批准而成为菲律宾共和国第 37 号法律的《公共菜市优先权案》。该法律规定菲律宾公民拥有租用公共菜市场摊位的优先权。菲律宾财政部以此为依据,在 1946 年 12 月 21 日颁发第 32 号命令,取消公共菜市所有的合约,下令华人摊贩在 1946 年 12 月 31 日下午 4 时撤出公共菜市。虽然中国驻菲律宾公使馆和华人在马尼拉中华商会领导下进行了数次法律抗争,但全菲各省市县政府纷纷制定相应菜市菲化法规,并于 1948 年 1 月 25 日动用武力,把数万名华人摊贩赶出马尼拉公共菜市。[①] 1954—1961 年菲律宾国民党执政时期通过的菲化议案最多。菲律宾政府提出"菲律宾人第一"的口号,通过了对华人影响深远的《零售商业菲化案》和《米麦菲化案》。菲律宾虽然拥有政治上的独立,但土著民的经济地位却相当弱势,民族主义经济政策有其选民的根基。然而,菲律宾最高当局对华侨零售商业的扼杀,严重地影响了华侨的生计。

在社会层面,由于西班牙殖民政权对华人的长期排斥和歧视政策,菲律宾人对华人的认知受到了极大的负面影响。菲律宾电影、漫画和连环图中,充斥着对华人反面形象的描绘。在菲律宾人眼中,战后华侨社会出现以中国事务为诉求的政治运动,显示了华侨社会而非菲律宾社会的有机组成部分,是"国中之国",这给予菲律宾政府采取限制、排斥华侨政策的口实,并引发具有民族主义情感的菲律宾国民的共鸣,此后多次菲律宾排华事件均与此有关。菲律宾华人社会生存环境面临很大压力,这也是诱使华人再次移民的原因之一。

虽然从阿基诺、拉莫斯(Fidel Ramos)、埃斯特拉达(Joseph Estrada)到阿罗约(Gloria Arroyo),菲律宾政府对华人态度有所改善,不同程度向华人释放了友好的信息,但是这些善意并没有形成具体且持久的政策。相反,华人文化教育和经商活动依然受到各种限制,国会、行政部门及法庭加强了对华人经商活动、华文教育和华人传统文化继承的打击。

菲律宾社会对华人的歧视导致针对华人的犯罪率攀高,20 世纪 90 年代到新世纪初,菲律宾经济每况愈下,贫富差距悬殊,由 20 世纪 70 年代在亚洲仅次于日本的先进国家沦为东盟中经济发展速度滞后的国家。一些不

---

① 萧曦清:《中菲外交关系史》,台北:正中书局,1995 年,第 151~161 页;刘芝田:《中菲关系史》,台北:正中书局,1967 年,第 678~679 页;E. M. Alip, *Ten Centuries of Philippine-Chinese Relations*, Manila:Alip & Sons Inc. , 1959, p.154.

良政客和媒体借机攻击华人,将菲律宾的经济和政治困境归咎于华人对菲律宾经济的掌控和华商与菲律宾政客勾结,转移菲律宾民众的抗争目标。这种对华人的偏见也引发猖獗至今的绑架富人风潮,被绑架的大多数是华人。在 20 世纪 90 年代,绑架华人富商成风,一般华人也成为绑架对象。因为绑匪相信,即使绑架一般经济状况的华人,他们的家庭或其朋友也有能力支付大小不等的赎金。在菲律宾,华商富豪保镖随从较多,或可不畏绑架,但一般华商则难以应付。因此,绑架风潮引起华人社会的恐慌,不少华商将资金转移出国,本人或家眷也安排出国。据不完全统计,截至 1993 年年初,受绑架案影响而离开菲律宾的华商超过千人。[①] 据当时菲律宾首都银行某位分行经理提及,1992 年末季和 1993 年首季,华人银行的总储蓄额分别减少 1.55%、1.69%,等于数十亿比索外流。[②] 根据菲律宾中央银行的资料,1992 年前九个月的资金外流达 3.49 亿美元,是 1991 年同期的 3.42 倍。此后,绑架案仍频频发生,菲律宾华人社会人心惶惶。2001—2002 年,菲律宾共发生绑架案 250 起,受害人达 446 人,所付赎金 3.15 亿比索。2004 年发生 127 起绑架案,所付赎金近 2 亿比索。最大一笔赎金达 4000 万比索。[③]不少有条件的华商因此选择移民国外,通过再次移民保障自身和财产安全。

### 4.印尼排华法令

1966 年起,苏哈托政府颁布了数十项排华反华的法令法规,主要有:关于解决华人问题基本政策的内阁主席团 1967 年第 37 号政令,关于华人问题的内阁主席团 1967 年第 6 号通告,关于华人宗教信仰及风俗习惯的1967 年第 14 号总统令,关于成立华人事务参谋处的 1967 年第 15 号总统令,关于华人问题统筹委员会的国家情报局长 1978 年第 31 号决定书,关于禁止华人印刷品进口、发行及买卖的商业部长 1978 年第 286 号决定书,关于向商贩发放贷款的印度尼西亚银行总裁 1973 年第 6 号通知,关于整顿华人庙宇的内政部长 1985 年第 455-2-360 号政令,关于禁止印刷与发行华人书刊及广告的新闻部长 1988 年第 2 号政令等。[④]这些法令法规的实质是剥

---

① 杜若洲:《菲国:向罪恶全面宣战》,《文汇报》1993 年 2 月 22 日。

② Go Bon Juan, The Myth of Chinese Dominance, *Far Eastern Economic Review*, 1993-11-18, p. 30.

③ 庄国土、陈华岳等:《菲律宾华人通史》,厦门:厦门大学出版社,2012 年,第 564 ～568 页。

④ [新加坡]《联合早报》1999 年 12 月 7 日。

夺华人作为印尼公民本应享有的政治文化权利,强迫华人放弃本民族的语言、文化、宗教信仰和生活习俗。苏哈托政府内政部、司法部甚至多次颁发专令,要求印尼华人改名换姓,彻底放弃自己的中文名字,改用印尼化的姓名。华人不得在公共场所举行庆祝华人宗教信仰和风俗习惯的各种节日活动,与中华文化有关的各项祭祀仪式和活动只能在家庭或个人的范围内进行。苏哈托政府特别压制有中华文化传统的孔教,要求华人皈依伊斯兰教或得到印尼官方承认的佛教,不许华人以孔教名义进行结婚登记。1966 年5 月,印尼政府下令关闭全印尼的 667 所华文中小学,之后,又相继封禁了全国所有的华文报纸和华人社团。从 1967 年起,印尼政府基本上不再批准新的华人移民入境,不允许华侨华人回中国大陆探亲旅游。20 世纪 70 年代中期,苏哈托政府又连续颁布法令,对华人资本在企业中的股份比例及经营范围进行限制,禁止华人企业使用中文招牌。1987 年 12 月,雅加达市政府命令企业的华人与华人客商都必须使用印尼语会话。

在苏哈托执政的 32 年里,华人基本上被排除在印度尼西亚的政治、军事、文化等相关公共职业领域之外,在政府部门、军队以及国立学校工作的极少数华人,通常是以印尼土著身份进入。大部分华人只能在经济领域从事工商业,尤其是零售业,或在体育界求发展,但即使是为印度尼西亚赢得世界荣誉的华裔体育明星,也常常受到印尼政府机关的歧视和种种有意刁难。印尼当局所实行的这些限制和排斥华人的政策,很大程度上是一种基于血统和文化的狭隘民族主义,表现为一种明显的种族歧视政策。排华政策上升为政府行为,在法律上得到认可并在行政上予以实施,给印度尼西亚的华侨华人社会造成了特别严重的伤害。

印度尼西亚独立后,对华人不同程度的歧视和迫害无时不有,无处不在,而且经久不息。针对华人的骚乱和暴乱,几乎成了印尼社会一个反复发作的病症。在长达半个世纪的岁月里,作为一个曾对印度尼西亚的开拓与发展做出过杰出贡献的少数民族,印度尼西亚的华人并没有得到他们应该得到的尊重和保护。他们的公民权、生存权乃至基本人权没有任何保障。印尼社会稍有风吹草动,印尼华人便首当其冲,成为印度尼西亚统治阶级内部各利益集团之间斗争的牺牲品,成为印度尼西亚极端民族主义者发泄不满情绪的替罪羊。可以说,印度尼西亚华人的命运史上,充满着血泪斑斑的苦难。[①] 1998 年 5 月,在印度尼西亚雅加达等地再次发生的大规模的有组织的反华骚乱,将苦难的印度尼西亚华人推向深渊。1998 年排华与亚洲金融危机同步,直接导致更大规模的华人海外移民。印尼移民报告显示,在这个时期有超过 15 万的华人离境,前往新加坡、马来西亚、香港、中国大陆、台湾、澳大利亚和美国等国家和地区。[②]

## 三、经济因素

东南亚地区经济虽有一定程度的发展,尤其是 20 世纪 70 年代以后老东盟五国经济起飞,成为东亚经济奇迹的创造者之一,但除城市国家新加坡外,各国国内区域和阶层的贫富差距反而拉大,仍然存在大量贫困地区和贫困人口。加上动荡不安的政治局势,大批民众有强烈的移民意愿。这一期间大量泰国、越南、印尼等国华人移民海外就业。20 世纪 90 年代后期的金融危机,沉重打击了东南亚地区的经济,东南亚各国货币体系和股市受到重创,由此引发了大批的外资撤逃和国内通货膨胀。在金融危机冲击下,影响最为严重的泰国、印尼、马来西亚、菲律宾四国经济增长速度锐减,国民收入甚至大幅下降。受此影响,东南亚移民,特别是经济类移民和专业技术移民,开始大量出国,前往经济较为发达的国家寻求发展机遇。

新加坡是东南亚地区经济发展速度最快的国家,20 世纪 80 年代以后,新加坡从移民输出地转为东南亚的主要移民接收国,因此,新加坡华人的海外移民动机有别于东南亚地区其他国家。

### 1. 新加坡华人就业环境竞争激烈

首先,新加坡是亚洲四小龙之一。其建国后经济发展迅速,出口导向型经济为新加坡开拓了较大的国际发展空间。但是,新加坡经济仍高度依赖英国的军事支出,占 GDP 的 20%,与此直接相关的服务业从业人员众多,[③]因此,在 20 世纪 70 年代英国军事基地关闭后产生了大量的失业人口。20世纪 80 年代起,新加坡政府开始将经济重心转向服务和金融产业,注重技

---

① 梅显仁:《印尼排华问题探析》,《光明日报》2008 年 1 月 9 日。

② *Tempo Interaktif*,1998-07-09.

③ Situation Report on International Migration in East and Southeast Asia: Regional Thematic Working Group on International Migration including Human Trafficking,International Organization for Migration,Regional Office from Southeast Asia,2008,p. 87,http://publications.iom.int/bookstore/free/Situation_Report.pdf.

术领域的发展。在经济发展转型期间,有相当数量的失业华人无法再度就业,其中的一部分就前往海外寻找更好的就业机会。

其次,新加坡优先发展知识经济,为了追赶上社会发展步伐,要求各行业的从业人员都必须不断充电以完善自己的知识结构。因此,一部分无法适应新加坡拥挤和快节奏生活的华人就选择了离开新加坡,前往拥有更宽松、更开放的社会环境、生活空间和更舒适、更休闲的生活方式、娱乐设施以及更全面的福利制度的国家。

再次,新加坡劳动力市场竞争激烈,是否具有海外留学经历成为新加坡用人单位招聘的一个重要条件。大量新加坡人特别是华人子女前往海外主要是加拿大、美国、澳大利亚和欧洲国家留学,其中一部分没有再返回新加坡,构成新加坡华人海外移民的一个组成部分。

新加坡华人海外移民的其他较为常见的原因,还有如子女不适应第二语言、儿子不想服兵役、跟随外国配偶回母国等。以上这些因素使得新加坡在接受大量华人移民的同时,其本国的华人人口也不断外流。

**2. 影响泰国华人海外移民的经济因素**

在东南亚地区,泰国是华人与当地社会融合度最高的国家,但是即便如此,泰国仍然出现了大量的华人海外移民,泰国华人离开泰国的原因在不同时期有不同解释,但普遍而言,主要是为了获得更好的生存和发展空间。

20 世纪 50 年代初到 70 年代,泰国政府不同程度地采取了限制和排挤华人的政策,以 20 世纪 50 年代前期为最。1952—1953 年泰国政府修改国籍法,限制土生华人取得泰国国籍;修改兵役法,禁止土生华人入伍泰国军队;拘捕多名华人领袖;打砸抢 150 多家华人企业;取缔华人社团;关闭华文学校,严格限制小学的华文课时;数家华文报纸遭到封禁等。[①] 在经济方面,泰国政府推行民族主义经济政策,通过一系列法规法令,限制华侨长期从事的经济行业。1949—1960 年泰国政府陆续颁布了三项法令,将碾米、制盐、运输、木材加工等 16 项职业保留给泰人,进一步限制了华人的从业范围。1951 年,泰国政府在木材加工、汽车运输和渔业销售等行业领域实行政府垄断经营,并限制泰国华侨向中国汇款,以防止泰国资产外流。1954年,泰国政府颁布《土地法》,严格限制华人占有的土地数额。1956 年,泰国

---

① Donald E. Nuechterlein, *Thailand and the Struggle for Southeast Asia*, London: Oxford University Press, 1966, pp. 110~111.

政府颁布法令,要求拥有 10 名以上雇员的华人公司至少要雇佣 50% 的泰人。20 世纪 60 年代中期,泰国政府颁布《总商会条例》,限制华人商业工会的活动,鼓动华人工商界泰化。20 世纪 70 年代初,泰国政府发表《281 号公告》,继续增加泰人的保留职业。泰国政府针对华人的限制政策,给泰国华人社会各方面造成了严重损失,华文教育停滞不前,华人经济受到严重打击。①

泰国政府在 20 世纪 50—60 年代推行的以排华为特色的民族主义政策,既不利于解决经济困境,也不利于泰国社会的长远发展,更让华人企业惶恐不安。华人的安全感严重动摇,大量华商逃往香港、台湾、新加坡、欧美等地区。华人资本也随之投向香港、台湾、新加坡、欧美等地区。

20 世纪 70 年代以后,泰国政府重点发展面向出口的工业化政策,利用泰国充沛的农业资源与劳动力资源,大力引进外资,经济有较快发展。但到 1972 年,泰国他侬政府仍颁布《外侨企业管制法案》(第 281 号法令),该法令规定甲类行业 12 种(后增加到 14 种)属于保留给泰人的行业,外侨(主要是针对华侨)不得经营;在乙类行业的 36 种中,外侨在 1972 年以前已经进入的企业,可继续经营,此后外侨不能在乙类行业新设企业。② 这项法规对促使保留华侨身份者加入泰国国籍有较大影响,但对大多数已经进入泰国国籍的华人,尤其是那些在泰国出生的第二代华人,则不受影响。

1975 年中泰建交,泰国政府随即放开对华侨华人入籍的限制。时任泰国总理克立·巴莫(Kukrit Pramoj)还宣布,华人入籍不必改为泰国人的名字。③ 因此,20 世纪 70 年代中期以后,泰国华人甚少因为国内政局变动和排华因素离开泰国。

20 世纪 80—90 年代,泰国经济发展加速,华商企业也有较大发展。这个时期的华商企业出现新变化,其一是产业结构和技术结构的升级;其二是企业形成外向型发展趋势,以便适应国家外向型经济的发展需要;其三是大

---

① 王绵长:《战后泰国政府对华侨华人的政策》,转引自暨南大学东南亚研究所、广州华侨研究会编著:《战后东南亚国家的华侨华人政策》,广州:暨南大学出版社,1989 年,第 124~125 页。

② 郭梁:《东南亚华侨华人经济简史》,北京:经济科学出版社,1998 年,第 197 页。

③ 王绵长:《战后泰国政府对华侨华人的政策》,转引自暨南大学东南亚研究所、广州华侨研究会编著:《战后东南亚国家的华侨华人政策》,广州:暨南大学出版社,1989 年,第 97~98 页。

型综合性企业集团的不断出现。因此,这个时期泰国华人海外移民的原因,更多是因为教育、婚姻等因素。此外,华人企业的外向型发展及大型企业集团的国际化经营,也导致相当多泰国华人前往外国投资地从事经营和管理活动。20世纪70年代后期,泰国华人资本开始大规模对外投资,其投资国以欧美、澳大利亚、日本等发达国家和周边地区为主,如香港、新加坡、印度支那等地。对中国的大规模投资也在20世纪80年代后期开始。1991年,泰国正大集团旗下十几家公司位列中国大陆最大的500家外商企业之列。1995年,正大集团在中国27个省市设立100多家公司,总投资额达40亿。[①] 华人企业对外投资,带动了投资移民和商务移民,这也是这个时期泰国华人海外移民的动力之一。

20世纪80年代至今,东南亚华人企业集团的国际化发展,尤其是对外投资和国际化经营,势必带动部分华商及其眷属和华资企业的管理人员移居国外,这种现象普遍存在于老东盟五国,尤其是新加坡、马来西亚、泰国和印尼。

**3.越南的"难民贸易"和劳务输出**

20世纪70年代后,因战争的影响和国内政局的动荡,大批越南人被迫逃亡海外,越美战争结束后发生的"船民"潮就是大批越南人流亡海外的典型事件。这一时期出国的多为难民。20世纪90年代以来,劳务出口或技术出口的经济型移民增多,出国寻求经济发展空间、家庭团聚和婚姻移民成为越南人移居海外的主要动机。

除了政治因素外,经济因素也是越南难民潮形成的重要动因。越南统一之后,新政府对外扩张,将有限资金大部分用于战争开支,致使本国经济状况更为严峻。尤其在越南入侵柬埔寨以后,原来为越南提供经济援助的国家包括西欧和日本都停止了援助,仅靠苏联及东欧盟国的援助,无法填补巨额的财政赤字。越南战后重建工作基本陷于停顿,人民生活陷入窘境。在经济利益的驱使下,越南当局事实上参与了"难民贸易",对难民潮起到了推波助澜的作用。1978年年初,为便利难民外逃以减轻国内经济压力,越南当局在北部的海防市和南部的胡志明市(华人集中区域)设立了两处特别的"办公地"办理"通行证"。为逃亡国外,许多人用大量黄金贿赂公安干部

---

① 石维有:《东南亚华人资本对外投资的兴起——泰国个案》,《改革与战略》2006年第6期,第27页。

以取得通行证。越南当局对每个离境的人征收出境税,税额为 1000～1300
美元;另外,难民出逃的航运费用,一般一个成年人需要 6～10 两黄金(相
当于 1800～3000 美元),孩子费用减半,6 岁以下的孩子才可免费。据《远
东经济评论》估计,仅 1978 年一年,越南当局从难民出境税中获利就达 650
万美元。1978 年 12 月 19 日,满载 3318 名越南难民的汇丰号难民船到达
香港时,经香港警方搜查,船上藏有价值 100 多万美元的金条。① 这种直接
以输出难民发财的方式,或可谓前无古人,后无来者。

实行革新开放后,大量越南青年受政府选派或者自费出国留学。进入
20 世纪 90 年代,越南移民以劳务和技术出口人员为主,同时越南女性外嫁
也成为越南华人海外移民的原因之一。总体而言,越南华人移居海外的原
因主要分为以下几类:第一,由于经商或婚姻等原因自由出国;第二,躲避战
争逃亡国外,特指越战后的大批难民;第三,被殖民者强迫出国充当劳役和
劳工,这也是 20 世纪 60—70 年代殖民时期的常态;第四,侨居国外从事革
命活动;第五,船民事件中成为难民流亡海外;第六,出国留学;第七,劳务输
出。争取外汇是越南革新开放后大批输出劳务人员的主要动机。越南革新
开放以来,仍留在越南的华人基本上从事商贩行业。在越南输出的劳务人
员中,华人的比例应当极小。

### 4. 亚洲金融危机

1997 年 7 月 2 日,亚洲金融风暴席卷泰国,泰铢贬值。不久,这场风暴
扫过了马来西亚、印尼、菲律宾等国,受金融风暴影响的各国经济开始萧条。

泰国是 1997 年东南亚金融危机的发源地和重灾区。泰国华人经济不
可避免地受到重大冲击,损失严重。华人企业集团资本急剧减少,如享誉各
国的正大集团,在泰国的工业企业已裁减 20%的员工,工业实力下降了
30%,华人金融业亦损失惨重。金融危机中,泰铢汇率的急剧下跌与出口低
迷,毫无疑问也对泰国华人中小企业产生了严重的影响。② 泰国华人企业
为了实现转型,开始与其他国家华人企业集团展开合作,开展境外投资。很
多企业的管理人员前往国外的泰资企业谋生,或借机前往国外寻求就业
机会。

---

① Năm 2007, kiều bào đầu tư về nước 89 triệu USD, http://www.mofa.gov.vn;徐善福、林明华《越南华侨史》,广州:广东高等教育出版社,2011 年,第 283 页。
② 朱芳《泰国华人经济状况及其走向》,《当代亚太》2001 年第 9 期,第 63 页。

印尼是 1997 年受亚洲金融风暴影响最严重的国家之一,国民经济遭到严重破坏,通货膨胀严重,国内市场低迷,人民生活水平下降。印尼 1998 年全年的通货膨胀率高达 80%,政府财政货币紧缩,印尼盾贬值,物价上涨,市场萎缩。此外,金融部门和国内产业部门也受到巨大冲击,大批企业因缺乏银行资金支持,只能处于半停产或是停产状态。华人普遍经商,企业众多,受损失也最大。在金融危机迫使印尼经济增长放缓的同时,其国内政局也受到不同程度的影响。1997 年的亚洲金融危机使得在印尼国内统治 30 多年的苏哈托政权陷入困境,家族式政治和国家经济在经历数年的辉煌后宣布破产。受到金融危机影响,一部分华人企业转投东盟其他国家,还有一部分华人企业家移民海外寻求生存空间。

亚洲金融危机爆发后,菲律宾比索大幅贬值,企业债务重负,银行坏账丛生,金融和债务危机频繁。偿付债务成为菲律宾大批华人企业集团的沉重负担,一些华人企业集团开始通过出售资产或股份的方式来解决或减轻债务负担,如吴奕辉(John Gokongwei)的 JG 高峰控股有限公司,到 1998 年 6 月,该控股公司累计债务已达 514.1 亿比索(其中美元债务占 85.9%)。在金融危机期间比索大幅贬值的情况下,这些债务本息的偿付既成了该控股公司的沉重负担,也使得股市投资者对该控股公司的股票投资兴趣下降。为了减轻债务,吴奕辉企业集团在 1998 年年底把其在 20 世纪 90 年代中期多元化扩张中收购的阿波(Apo)水泥公司的全部股份出售给了墨西哥资本的公司(Cemex S. A.)和菲律宾资本的公司,用出售所得支付到期债务。[①] 此外,一些较有实力的菲律宾华人企业集团在强化其在菲律宾国内投资的同时,也已经在国外某些领域进行了一定规模的投资。金融危机之后,菲律宾一些华人企业集团转而开拓东盟国家和其他国家市场,这成为一小部分华人企业家移民的主要原因。还有部分企业集团在金融风暴的打击下经营困难,被迫倒闭。

金融危机对马来西亚的打击程度仅次于泰国和印尼。马来西亚经济结构偏向于出口导向,出口市场过分集中于美国。金融危机爆发后,马来西亚市场的资金大量外流,出现了马元汇率、股市价格、不动产价格的大幅度下跌。各行各业的华人经济体几乎都面临严重的不景气,特别是贸易、餐饮、

---

① 庄国土、陈华岳等:《菲律宾华人通史》,厦门:厦门大学出版社,2012 年,第 584～585 页。

服务、制造等原华人赖以生存的传统产业,在金融风暴里艰难求生,惨淡经营。

面对席卷整个东南亚的经济危机,首当其冲的是金融业。曾为华人经济翘楚的金融业,在这次金融危机中元气大伤,华人商业银行和金融机构大多数亏损。马来西亚最大的华资金融公司马婆金融,虽然总资产高达214亿马元,在金融危机中也亏损了3.938亿马元。其次是房地产业。房地产业历来是华人投资的重要部门之一,东南亚金融危机的重要原因之一就是房地产开发过热,发展失控导致房产严重供过于求。货币贬值和资金缩减进一步导致房产交易大幅度下跌。为此,华资企业资金流停滞,贷款利息不断增加,很多企业血本无归。再次是制造业。制造业一向是华人经济中最活跃的部分,马来西亚的制造业企业中,80%以上为华人企业。但金融危机后,华人制造业因建筑业和出口贸易的衰退以及国内消费疲软而受到很大打击。马来西亚制造业呈现负增长,华人制造业企业随之纷纷倒闭或裁员。

金融危机对马来西亚华人经济的冲击很大,不少华人漂洋过海,到经济较稳定的国家打工。据报道,在金融危机期间,马来西亚就有包括华人在内的两万多国民在英国逾期拘留,打工赚钱,多从事餐馆侍者的工作,或摆杂货摊,承接装修工程等。金融危机时,马元与英镑的比价是5∶1,到1998年3月已经降至6.5∶1。在英国餐馆工作,每周可得150~200英镑,约合1000~1300马元,包吃住,待遇相较马来西亚国内十分优越。[1]

## 第二节 移出的外因

### 一、全球化和发达国家移民政策的改变

20世纪80年代以来,随着全球化进程的加速,国际人口迁徙的范围不断扩大,成为全球化最重要的内容之一。根据国际移民组织2011年发布的数据,目前世界移民总量约有10亿,其中,国际移民总量约2.14亿,占世界人口的3.1%。换句话说,每33个人中就有一个是国际移民。[2] 当代移民

---

[1] 廖小健:《大马华人经济近况》,《八桂侨刊》1999年第2期,第20~22页。

[2] 《2011世界移民报告:关于移民的有效沟通》,中国华侨历史学会、中国华侨华人历史研究所编译,内部资料,2013年,第60页。

大部分来自资本少、劳动力多、就业率低的发展中国家,移民接纳国则大都是资本和技术密集的发达国家,这些国家由于出生率低和老龄化现象严重,需要大量外来移民的补充。尤其是空间广阔、发达程度高的北美和澳洲,更成为全球移民的最主要吸纳者。全球化的时代,人口由发展中国家向发达地区流动一直是国际移民的大趋势。

20 世纪 60 年代以来,发达国家相继改变移民政策,吸引外来移民满足经济发展对劳动力的需求。较为典型的有:英国的计分制、美国 1965 年《移民法修正案》、加拿大 1967 年《新移民条例》、澳大利亚 20 世纪 60 年代摒弃"白澳政策"等。英国、美国、加拿大和澳大利亚等欧美国家经济一体化程度较高,劳动力需求量大,社会法律环境更为包容和公平,这特别符合东南亚地区华人的诉求。而且,为了吸引人才,特别是高级专业技术人才,欧美发达国家还修改了针对移民的相关法令,采取制定专门的留学政策和人才优惠政策,如移民配额政策、专门的税收政策、移民配偶工作和子女入学教育照顾政策等积极措施吸引人才。相关国家移民法律的修改和政策措施等的改善都为东南亚华人海外移民提供了可能性和吸引力。

以下简略介绍接收东南亚华人移民的几个主要国家和地区的移民政策变化。

### 1. 欧洲移民政策改革

二战后,伴随着西欧经济的复兴与发展,所有先期进入高度工业化进程的西欧中心国家都在 20 世纪 50—60 年代大批引入外籍工人,以解决国内经济重建中劳动力严重匮乏的问题。英国在二战后的经济复兴过程中,于 1948 年出台了吸引原殖民地移民的相关法令,规定:凡持有英联邦成员国国籍的公民,均有权在英国定居。该项法令为包括新加坡、马来亚在内的英联邦公民移居英国提供了便利。[①] 战后从新加坡和马来亚地区移居英国的华人主要包括以下三大类:第一类是以劳工身份进入英国的移民,他们成为 20 世纪 50 年代后在英国蓬勃兴起的中餐业的生力军之一;第二类是专业移民。20 世纪初以来,即不断有在新加坡、马来亚接受英文教育的富裕的华裔家庭子女,继续前往英国深造;二战后的英国经济复兴,吸引了大批新马受英文教育的华人学生和专业人才前往英国深造和就业。第三类是来自

---

① 李明欢:《隔洋情怀:欧洲的东南亚华裔与海洋亚洲》,《华侨华人历史研究》2005 年第 4 期,第 3 页。

新加坡和马来亚的华裔护士。英国护士职业待遇不高,工作强度大。在其他各行业也缺乏劳力和人才的状况下,难以招聘到足够的本国护士。于是,英国各医院长期需要从来自英属殖民地或英联邦国家的外来移民中选择合格人才,补充其护士职位之空缺。战后英国的外来护士主要来自两个国家:印度和马来西亚,其中来自马来西亚的护士中包括不少华裔女性。

为了吸引外籍工人,西欧国家在 20 世纪 60 年代相继制定了一系列保护外籍工人的法令。在荷兰,1964 年 2 月 20 日通过的法令规定,地方当局不得吊销外籍工人的工作许可,必须允许外籍工人在工作许可有效期满后办理延期手续,如果遇到违反规定的行为,外籍工人可直接向荷兰社会事务部上诉。在比利时,政府规定,凡拥有工作许可的外籍工人的配偶及子女也可同样获得在比利时的工作许可,这一规定不受劳动力市场需求的左右。西欧学术界还就各国政府对外籍工人在语言技能、社会援助政策等方面的表现进行公开评分,从而促使各主要外籍工人接收国注意修订相关政策,以善待外籍工人。①

20 世纪 70 年代经济危机的冲击,使得西欧国家对外来移民的政策有所改变,不再对外来移民持普遍欢迎态度,而是有所选择并限制移民进入的数量。在 20 世纪 80—90 年代,西欧主要国家公开制定的移民政策,大致包含以下三大基本原则:一是以欧洲区域合作为主导,希望在欧共体成员国内部进行劳动力调节,不再从非欧洲国家引入劳动力;二是以人道主义为原则,对"家庭团聚"、"政治难民"入境网开一面;三是对"本国无法提供的特殊人才",给予发放有限的入境签证。1992 年,欧共体委员会再度就移民的接纳与融入问题做出如下决议:第一,欧共体不鼓励、不欢迎新移民;第二,对于业已居住在西欧国家的外来移民群体,各接收国必须采取措施促进其积极融入当地国社会;第三,欧共体应当与西欧移民的主要来源国加强联系与合作,并通过对后者的发展性援助,减少这些国家的外移人口,从而减少西

---

① Hans van Houte, Willy Melgert, ed., *Foreigners in Our Community*, Amsterdam/Antwerp: Keesing Publishers,1972, p. 193.

欧国家承受的移民压力。① 相应地,从 20 世纪 70 年代后期起,来自东南亚地区的移民前往西欧国家,主要是通过家庭团聚、获得避难准许的政治难民(如印支难民等)、拥有特殊技能的人才和投资移民等几种途径。

进入 21 世纪,英国移民制度经历了 40 年以来最大的变化,改为推行计分积点制度(points based system)。根据对申请者实行公平管理的原则,英国政府规定,希望移民英国的申请人,可以在提出签证申请之前,通过网站计算点数,自行评估是否有取得签证应具备的足够点数,再决定是否提交申请。这种新方法有别于以往申请人需向英国内政部提出申请,英国贸易文化办事处的签证官负责审核验证文件,并决定是否核发签证的流程。英国的移民积分制共分为四级签证,第一级签证的条件建立在"高技术移民计划"成功实施的基础上,其目的是吸引具有高技术或希望在英国从事商业活动或投资的人移民英国,以维持英国在金融、商业及科技创新的世界领先地位。第一级签证所优先考虑的,是科学家、企业家和高技能移民。第二级签证是针对技术员工,如护士、教师和工程师等技术人员,取代原有的多达 30 种的工作移民签证申请制度及工作许可证制度。第三级签证颁发对象,是能够满足英国劳务市场特殊需求的低技能劳工。在此之前,英国政府允许来自世界各国的民众在旅游、饭店、食品加工及农业等行业从事临时工作。但在欧盟区扩大后,欧盟国家民众不需要签证就可入境英国,从事这些工作的欧盟民众人数逐渐增加,导致这些行业的就业空间被挤占,因此,发放给外来移民的签证限制也愈加严格。第四级签证以学生为发放对象。英国政府规定,有意招收非欧洲经济区国籍学生的英国大学院校,需持有由英国移民署核发的执照。只有持有执照的教育机构,才可招收和赞助非欧洲经济区的学生赴英求学。第五级签证主要针对临时雇员和青年交流人士(youth mobility)。新设立的青年交流计划工作签证类别,目前仅开放给澳大利亚、新西兰、加拿大和日本等国 18～30 周岁的公民,允许他们取得签证后在英国工作两年。英国对移民规则的改变,尤其是签证类别的增加,有助于统一规范移民事务,也为东南亚地区各类华人海外移民提供了新的平台和

---

① 欧共体委员会 1992 年关于《移民与难民问题背景报告》(*Immigration and Asylum, Background Report*),转引自 Anthony Fielding: *Migrants, Insititutions and Policies: The Evolution of European Migration Policies; Russell King, Mass Migrations in Europe: The Legacy and the Future*, London: Belnaven Press, 1993, p. 61.

机会。

2010 年,英国高技术移民(第一级签证)开始执行最新的政策:(1)原来的评分标准废除。新的评分系统提高了收入分数标准:按照以往的收入标准,年薪两万英镑一般可以评到 15 分,而新政策下的 15 分是 3 万英镑,提高幅度较大。(2)博士学历的申请人无论年纪大小,将不再可能通过学历直接获得英国的高技术移民签证。年龄在 29 岁以下的申请人,即使是在英国获得的博士学历,也需要通过收入积分来满足最后 5 分的要求。(3)本科生将重新获得申请高技术移民的资格。(4)年薪超过 15 万英镑的申请人将不再需要学历,可以直接申请高技术移民。① 2010 年英国高技术移民申请条件的变动,对东南亚各国的华人投资移民较为有利,因为他们可以通过在所投资企业或相关企业的高薪酬,满足申请移民的条件。

**2. 1965 年美国《移民与国籍法修订案》及此后的移民政策**

美国的移民法最早是在 1881 年制定的,1952 年美国联邦议会通过了美国移民法案,此后分别在 1965 年、1978 年、1986 年进行了修订,最后一次修订是 1990 年。

1952 年,美国联邦议会通过了《移民与国籍法》,该法案亦称《麦克卡恩·沃尔特法案》,它为现今的美国移民法奠定了基础和构架。该法融合了以往有关移民的全部法案和法规,规定西半球移民不受配额限制,而其他国家则以在美人数为依据分配移民配额,同时制定了以家庭团聚、保护国内劳工市场以及要求移民拥有技术为内容的有关法规。1952 年移民法对亚洲移民的歧视和限制是明显的,但它毕竟反映了美国对亚洲移民的限制进一步放松。

1965 年,美国对 1952 年的移民法进行了改革,颁布了《移民与国籍法修订案》。该法废除了种族配额,代之以设立八个类别,以保障家庭团聚并吸收有才能和技术的外国人,同时实行"先来先得"的政策。该法规定,东半球国家每年的移民总数为 17 万,每个国家不得超过 2 万。此外,该法还规定美国公民的配偶和子女以及 21 岁以上美国公民之父母移民美国不受配额数量的限制。该法还提出对技术与非技术工人入境实施审核并配发劳工证的制度,并规定每年的难民配额为 1 万人。《1965 年移民和国籍法修正

---

① 《英国高技术移民政策 4 月 6 日再次改革》,新浪网,2010 年 3 月 25 日,http://edu. sina. com. cn/a/2010-03-25/1645186743. shtml.

案》是美国在移民限制进一步放宽过程中颁布的一项重要法案,完成了从民族来源限额体制向全球限额体制下的移民优先权制度的转变,打破了原先的移民格局,废除了明显的种族歧视条款。

1965 年移民法是美国历史上一部重要的移民法案,它对亚洲移民影响最大:第一,改变了移民来源的传统格局,促进了亚洲移民入境数量的大量增加。据统计,1965 年移民法生效到 1990 年,美国共接纳 1600 多万移民,其中亚洲移民 600 万(37.5%),只有 12%的移民来自欧洲地区。[①] 第二,亚洲移民组成结构发生变化,经济地位显著提高。移民法对技术类人才给予优先权,来自亚洲的移民中专业技术人才比例不断增加。到 20 世纪 80 年代初期,技术类移民占亚洲移民总数的 40%以上,美国学者凯文•麦卡锡(Kevin McCarthy)甚至说:"亚洲的新移民是美国专业化程度最高的移民。"[②]第三,亚洲移民的增多改变了移民的居住特点。以华人为例,在美老一代华人大多是在美国各大城市的本民族聚集区如唐人街居住。随着技术人员、女性的大量增加和华人移民置业的改变,华人也开始从东、西部(主要是纽约和加利福尼亚州)向东南部分散。

1978 年,美国再次修改移民法,废除两半球的移民配额制度,构建团聚移民和雇佣移民优先的体系。此外,20 世纪 80 年代后美国移民政策又经历了三个时期的变革。20 世纪 80 年代起,美国扩大了政治难民庇护的范围。20 世纪 50—80 年代期间,难民仅特指从共产党国家或中东政治暴乱中逃离出来的难民。20 世纪 80 年代后,美国采用联合国难民法的定义,将难民分为两类,一类是居住在国外,寻找重新安置机会的外国人,另一类指寻求政治庇护者。1990 年,美国政府实施新的移民政策,在解决非法移民问题方面双管齐下,在对非法移民进行大赦的同时,对雇用非法移民的雇主给予严惩。1996 年,美国国会颁布三个新的移民法案,即《反恐和有效死刑法案》(*Antiterrorism and Effective Death Penalty Act*)、《个人责任与工作机会和解法案》(*Personal Responsibility and Work Opportunity Reconciliation Act*)、《非法移民改革和移民责任法案》(*Illegal*

---

① 邓蜀生:《世代悲欢"美国梦":美国的移民历程及种族矛盾(1607—2000 年)》,北京:中国社会科学出版社,2001 年,第 52 页。

② 戴超武:《美国移民政策与亚洲移民》,北京:中国社会科学出版社,1999 年,第 176～177 页。

*Immigration Reform and Immigrant Responsibility Act*），进一步规范移民的管理。

### 3. 加拿大的 1967 年《新移民条例》及此后的移民政策

加拿大同美国一样，是世界上最大的移民国之一。二战前，加拿大华人成为种族主义者的攻击对象，处境困难。1923 年，加拿大征收华人移民人头税约 2300 万元，并且颁布《中国移民法案》，除外交官、商人和学生之外，华人一律不准携其亲属入境。[①] 二战后，鉴于战争中华人参加军队并积极支持反法西斯战争，加拿大政府的种族歧视政策才有所改变，最终于 1947 年废除了禁止华人移民的法令。

1962 年，加拿大通过的新移民条例宣布废除人种、肤色和国籍的歧视，以技能和训练为移民的基本条件。1967 年又一版新移民条例的颁布终于完全解除了对华人移民的种种限制。

1967 年，加拿大颁布《新移民条例》，开始实行计分制，即根据年龄、教育程度和职业对申请移居到加拿大的移民进行打分，按分数的高低安排允许滞留加拿大的时间。分数面前人人平等，使得该移民法更具客观性和公正性，从此华人新移民开始增多，新的移民不仅来自中国，还来自东南亚诸国、南北美洲和欧洲的许多地区。[②]

2002 年，加拿大移民法又将移民细分为五种类型：家庭亲属（团聚）移民、独立移民、技术移民、商业移民和难民类移民。2002 年移民法对华人影响最大的部分包括：技术移民评分制度大幅改变，家庭团聚类移民手续简化，商业类别移民甄选办法更新等。技术移民评分的门槛提高，这有利于加拿大吸引更优秀的华人移民。

除此之外，加拿大吸引东南亚移民的主要原因还包括以下几个方面：第一，加拿大经济上具有优势，失业率较低，社会福利条件好；第二，加拿大政府通过吸引各类技术人才以及借助人才培养方式增强国家竞争力；第三，通过吸引外来移民保持本国人口增长，减缓人口老龄化速度。加拿大统计局发布的人口调查报告表明，加拿大面临人口老龄化问题，因此移民成为加拿大解决人口问题的最重要措施之一；第四，加拿大大力吸引国外人才还在于其科研专家不足，实用性技术人员不足以及高等教育难以输送充足的科技

① 黄鸿钊、吴必康：《加拿大简史》，台北：书林出版有限公司，1996 年，第 212 页。
② 黄鸿钊、吴必康：《加拿大简史》，台北：书林出版有限公司，1996 年，第 213 页。

人才。因此,加拿大通过高薪吸引人才,通过增设配额,增加科研奖学金,设立充足的科研经费和良好的工作环境,设立荣誉奖励来留用精英人才等方式吸引移民。加拿大的这些移民政策持续不断地吸收来自东南亚地区的华人移民。

**4. 澳大利亚废除"白澳政策"**

"白澳政策"(White Australia Policy)是澳大利亚自 1901 年制定并作为一项基本国策而确定下来的种族歧视性移民政策。"白澳政策"包括以《移民限制法案》为主的几项重要法案和条例,旨在限制以亚洲国家为主的有色人种移居澳大利亚。

鉴于二战中国是抵抗日本侵略最久、牺牲最大的盟国之一,澳大利亚改变了对有色人种的看法,于 1950 年科伦坡会议上提出了一个援助亚洲国家的计划,即著名的"科伦坡计划"。该计划的出台大大冲击了白澳政策和种族主义思想。

20 世纪 60 年代,澳大利亚摒弃"白澳政策"后,亚洲移民成为澳大利亚移民的主体,其中主要是华人。澳大利亚的亚洲移民中,半数为永久移民,少部分为短期访问者和旅游人士。20 世纪 70 年代起,澳大利亚奉行多元文化的移民政策,主要表现在教育领域。为了能够留住众多的留学生,缓解之前的同化政策已经不能解决的日益多元的社会问题,多元文化移民政策成为澳大利亚教育和公共政策领域的分水岭,自此东南亚地区华人海外移民进入澳大利亚大多是通过留学和家庭团聚方式。

1989 年 7 月,澳大利亚出台了移民积分制度,对具有特殊职业技能、知名人士和商人以及能对澳大利亚经济做出贡献的人士给予优先照顾。[1] 马来西亚和新加坡留学生成为澳大利亚留学生的主要来源之一。由于具备流利的英语水平和高学历,新加坡移民在澳大利亚大多从事高收入专业技术职业;马来西亚长期向澳大利亚输入留学生,并且双方存在重要的经济联系。[2] 再次移民至澳大利亚的马来西亚华人大多拥有专业技术,或者拥有一定的财富,并具有相当的英语教育程度,对澳大利亚的社会发展、政治制

---

① Biziak:Interview,1991-10-01,in Graeme Hugo,Temporary Migration and the Labour Market in Australia,*Australian Geographer*,Vol. 37,No. 2,2006,pp. 211~231.

② Graeme Hugo,International Migration and The Labour Market in Australia,in OECD,*International Migration in Asia:Trends and Policies*,2001,p. 154.

度和生活习惯比较熟悉,能较快融入当地主流社会。据澳大利亚人口统计显示,马来西亚移民在澳大利亚劳动力市场上非常受欢迎,就业率约达56%,其中男性达34.2%,女性达21.8%。[①] 相对地,印支地区华人移民澳大利亚则大多以难民身份入境,此后也多以家庭团聚项目入境。印尼和菲律宾华人移民进入澳大利亚更是经常通过家庭团聚和援助项目,因为这两类移民类别不需要对英语能力和技能进行考核,他们进入澳大利亚多在工厂和制造业从事非技术手工劳动。[②] 因此,澳大利亚的东南亚地区华人海外移民按照其来源地可以分为两类,来自新加坡和马来西亚移民大多为专业高级人才,而来自印支地区、印尼和菲律宾的大多为非熟练工人。

**5. 新加坡的人力资源引进**

1968 年之前,新加坡工业发展战略是发展进口替代产业,但随着经济的迅猛发展,在之后的 20 世纪 70—80 年代,新加坡经济政策转向鼓励以出口为导向的低附加值和高附加值产品生产,特别是高技术工业发展。其劳动力市场严重依赖外来移民劳动力,吸引东南亚区域内其他国家如马来西亚、印尼、菲律宾、泰国等移民陆续前往新加坡务工。

新加坡是马来西亚移民最多的国家,马来西亚华人移民新加坡始于 20世纪 50—60 年代,当时马来半岛失业率攀高,特别是大城市中年轻人大量待业,促使华人移民新加坡寻找工作机会。在新加坡就业市场上,华人劳动力大多从事商业活动。[③] 这部分马来西亚华人大多是高技术专业人才,从事建筑业、电子服务业方面的工作,年龄在 30~40 岁之间,有家庭,正值男性事业发展的高峰期,处于中高级管理岗位。[④] 他们在新加坡的工资比在

---

① 1991 Census Matrix Table CSC 6031, Australia.

② Jock Collins, Carol Reid, *Chinese in Australia 1945—1994*: *Changing Patterns of Migration*, *Racialization and Opportunity*, Paper to the Last Half Century of the Chinese Overseas (1945—1994): Comparative Perspectives Conference, The University of Hong Kong, 19—21 December, 1994.

③ Philip E. T. Lewis, *On the Move*: *The Changing Structure of Singapore's Labour Market*, Asia Research Centre on Social, Political and Economic Change, Perth: Murdoch University, 1993, pp. 3~7.

④ Patrick Pillai, *People on the Move*: *An Overview of Recent Immigration and Emigration in Malaysia*, Kuala Lumpur: Institute of Strategic and International Studies, 1992, pp. 28; M. L. Sieh-Lee, Malaysian Workers in Singapore, *Singapore Economic Review*, Vol. 33, No. 1, 1998, pp. 73~95.

马来西亚国内的工资高,新马汇率差值是吸引马来西亚人前往新加坡工作的重要原因之一。新加坡也一直以其独特的地理位置、最适合居住的亚洲国家称号、一流的基础设施和生活水平、稳定的货币和经济、有吸引力的就业机会、自由的移民政策等优势持续地吸引大量马来西亚华人移民。[①]

## 二、人道主义的难民政策

广义上说,难民是逃离本国、失去或不愿接受本国保护的人。[②] 二战结束以来,世界上出现了数以千万计的难民。东南亚华人海外移民群体中,有相当高的比例是难民。接纳和安置这些流离失所的人,成为一向标榜人权和自由的西方国家不得不面临的人道主义问题。虽然西方各国接受难民有很多政治、外交、意识形态和历史传统等因素的权衡,但人道主义也是美国、加拿大、澳大利亚和英国等国接收较多难民的考量因素。

### 1. 美国的难民政策

对美国而言,难民政策的核心问题是选择问题,即接纳什么样的人进入美国。战后,由于反共意识形态的影响,美国通过了《1948 年战争难民法》、《1950 年战争难民法修正案》和《1953 年难民救济法》。《1948 年战争难民法》虽然确认了美国应接纳难民入境的总原则,但又对难民入境规定了严格的限制条款,如日期限制到 1949 年 12 月 22 日等。《1950 年战争难民法修正案》是为接纳苏联、东欧难民而制定的。[③]《1953 年难民救济法》第一次正式明确提出了带有反共色彩的难民定义。根据该法,难民是"因遭受迫害或担心遭受迫害而离开共产党国家以及共产党控制下的国家和地区的人,因自然灾害或军事行动而流离失所的人"。[④]

1965 年 10 月,美国国会通过了《1965 年移民与国籍法修正案》,对难民问题做了专门定义。根据该法案,难民是一个当接受审查时正在非共产党

---

① S'pore Tops in Globalization: They Look Local but Are from Afar, *The Straits Times*, 2001-01-10.

② Gil Loescher, Ebyond Charity, *International Cooperation and the Global Refugee Crisis*, New York: Oxford University Press, 1993, p. 6.

③ E. P. Hutchinson, *Legislative History of American Immigration Policy, 1798—1965*, Philadelphia: University of Pennsylvania Press, 1981, p. 74.

④ Robert Tucker, ed., *Immigration and U.S. Foreign Policy*, Boulder: Westview Press, 1990, p. 75.

国家的人：(1)由于种族、宗教或政见而遭受迫害或担心受到迫害而逃离共产党国家或地区和中东地区的人；(2)由于巨大的自然灾难(经总统认定的灾难)而流离失所无法返回其过去的居住地的人。① 此后，"难民"正式成为美国移民法中的一个法定名词。

1975年越战结束后，印支三国出现了巨大难民潮。针对印支难民，美国制订了《1980年难民法》，为接纳和安置难民，特别是印支难民，提供了法律上的保障，并将"美国对其是否有特别的人道主义关心的人"作为接纳标准。②

虽然美国的难民政策包含着很强的意识形态因素，但对于流离失所、无家可归的难民来说，无论他们离开本国的原因是什么，为其提供一个安身之地，使其维持生存本身就是一种人道主义行为，有美国学者将1975年年底美国所接纳的13万越南人作为人道主义色彩的表现之一。③ 然而，本书认为，1975年美国所接受的越南难民，绝大部分是与美国扶植的越南政府有密切关系的人，他们在越南傀儡政府垮台后逃往美国。美国政府迅速接纳他们，更多是基于政治责任而非主要基于人道主义。1977—1990年，以美国政府为首的西方国家政府所接受的大批印度支那难民，或可被认为是基于人道主义精神。

### 2. 加拿大难民政策

加拿大政府一直将难民问题视为移民的一部分。二战前，加拿大政府大多将事实上的难民归入一般移民，称之为经济性移民。二战后，加拿大移民政策更加开放，以流离失所为由收容了不少因战乱而逃离的难民。1951年，加拿大政府参与联合国对难民地位进行的审定，删除移民政策中的歧视性条例，并于1967年正式签订了难民地位议定书，于1969年正式签署了联合国难民公约，成为会员国之一，接受了联合国难民公约中对难民的定义，并确定了"难民不遣返原则"(non-refoulement)。

1976年，加拿大《移民法》将难民列入移民类别，难民的身份、地位与权利等，正式得到法律确定。也就是这个时期，大量印支难民获得加拿大接收

---

① *International Migration Review*，No. 2，1968，p. 64.

② Robert Tucker，ed.，*Immigration and U.S. Foreign Policy*，Boulder：Westview Press，1990，p. 113.

③ Bill Ong Hing，*Making and Remaking Asian American through Immigration Policy*，*1850—1990*，Standford：Standford University Press，1993，p. 126.

和保护,加拿大政府并提供资金、住房、语言学习和工作技能培训等安置措施。1975—1991 年,加拿大共接收了 94255 名越南难民、18620 名柬埔寨难民和 14840 名老挝难民。①

2002 年,加拿大《移民及难民保护法》正式生效,该法取代了已有 25 年历史的 1976 年《移民法》,对移民管理、难民管理、执法、规范移民及难民保护委员会,以及规范过渡条款、修正、废止及生效等都进行了更详尽的规定,具有更加浓重的人权色彩。

1947 年以来,一直是加拿大联邦政府管理包括难民在内的移民事务。1994 年,加拿大正式批准《公民及移民部组织条例》,根据条例规定,加拿大成立了公民及移民部、移民及难民委员会,后者全面负责受理和审理移民管理及难民保护的案件。

**3. 英国难民政策**

欧洲地区非常重视难民问题,作为欧盟的重要成员国,英国的移民和难民政策必然受到欧盟难民庇护政策的影响。欧洲地区最早将难民问题纳入法律层面,出台《欧洲人权公约》、《欧洲控制恐怖主义公约》,并设立欧洲人权法院解决难民问题案例,给难民问题解决提供了国际法方面的依据。2008 年,欧盟首脑会议通过了《欧洲移民难民庇护公约》,欧盟的移民和难民保护政策更加趋向一体化。英国的难民政策与欧盟难民庇护政策一样,经历了法制化的过程。

20 世纪 50 年代,英国签署了 1951 年和 1967 年的国际难民公约以及《欧洲人权宣言》,但并没有完全执行国际难民公约,直到 20 世纪 90 年代,英国才将国际难民公约真正纳入其国内法制体系中,以此作为赋予寻求避难者难民身份的标准。英国对难民的定义是必须证明确实有遭到迫害的危险——他们处于因其种族、宗教、国籍、政治观点而被迫害或受某个社会组织威胁的现状,并且其本国政府无法或不愿意提供保护,而寻求避难者不能返回原国。

20 世纪 70—80 年代,大量印支和非洲难民涌入英国。为了更好地规范难民管理,自 1993 年以来,英国国会通过了三部关于避难和移民的法案,

---

① Louis-Jacques Dorais, The Cambodians, Laotians and Vietnamese in Canada, *Canada's Ethnic Group Series Booklet*, No. 28, The Canadian Historical Association, 2000, p. 11.

即《1993年避难和移民申诉法案》、《1996年移民和避难法案》、《1999年避难和移民法案》。1993年避难法旨在减少已经积压的避难申请和对虚假的寻求避难者给予威慑。1996年的避难法取消了某类寻求避难者的社会安全福利,细化了避难程序,以便更有效地处理虚假的避难申请和打击非法避难者。1999年的法案建立了对寻求避难者的援助制度。2000年4月,英国设立国家避难援助服务局以实施援助行为,如提供住房、必备的生活用品、优惠购物券等,并将难民安置在伦敦和英国的东南部城市居住。

为解决国内的难民问题,英国政府颁布了《2002年国籍、避难和移民法》、《2004年避难和移民(申请处理等)法》,这些法规旨在管理英国国内数量呈直线上升的申请避难人群,特别是来自伊斯兰教国家的避难申请以及处理避难被拒者的遣返等问题。英国政府力图在对难民的政策及管理程序的制定和执行方面更加严密,使难民管理的各个环节丝丝入扣,并开设快速通道程序,推广新避难模式,调整避难援助方式,加强避难被拒者的遣返工作等。然而,无论英国的移民法有多严密,各类难民仍以各种合法和非法途径进入英国,导致英国的难民政策日趋收紧。

### 4. 澳大利亚难民政策

与欧洲国家相比,澳大利亚地广人稀,是地域面积的大国却是人口小国。其接受难民除基于人道主义因素外,尚有吸收劳动力和扩大国际影响的考量。大体而言,澳大利亚接收难民有四个原因:一是它要遵循联合国1951年的难民公约和1967年的议定书;二是它希望给国际社会留下积极参与国际合作的印象;三是难民通常很年轻,能有效补充劳动力和增加人口增长;四是一些在澳大利亚的宗教和种族群体希望减轻他们同胞在海外的痛苦。①

越战后的20世纪70年代中期,大批印支船民前往澳大利亚寻求庇护。1977年,澳大利亚制定了首个官方的难民政策,强调对船民入境的控制。1978年3月,澳大利亚政府设立了部门间难民身份审核委员会(Inter-departmental Determination of Refugee Status Committee),全面处理印支船民入境申请。随后,澳大利亚宣布1978—1979年接收9000名印支难民的决定,但随着难民数量的增多,澳大利亚将1979—1980年的难民安置计

---

① James Jupp, *From White Australia to Woomera: The Story of Australian Immigration*, Cambridge: Cambridge University Press, 2007, p. 178.

划增加至 14000 人。①

20 世纪 80 年代中期以后,涌入澳大利亚的印支难民逐渐减少。1989 年 6 月,澳大利亚和其他 77 个国家共同参与了联合国在日内瓦召开的如何解决各国难民营的印支难民的国际会议。该会议由联合国秘书长亲自主持,集中讨论如何安置印支难民营难民以便永久性解决难民外流的问题。此次会议以后,澳大利亚参与到印尼、菲律宾和马来西亚的印支难民营的清理工作中,以防止这些地方的难民继续前往澳大利亚,同时接收了一些来自印支难民营的难民。由此澳大利亚政府认为其已经履行了对难民的承诺,同时还乐观地推断,长期困扰澳政府的非法船民问题基本解决。当年 11 月,一批柬埔寨人搭乘渔船抵达澳大利亚,否定了澳政府认为印支难民问题基本解决的推断。截至 1992 年,先后有 15 艘船,搭载 654 个难民抵达澳大利亚。这些难民大部分都是来自东亚各地难民营的印支三国难民,以柬埔寨难民最多。② 1994—1996 年,甚至有已经逃亡中国近 20 年的越南难民也加入前往澳大利亚的船民行列,其理由竟然是受到中国政府实施的计划生育政策的"迫害"。③ 已经被安置在其他国家的印支难民持续前往澳大利亚的事件再次发生,引发了澳洲社会的恐慌,也让澳政府认为,澳大利亚已经成为非法移民的主要目的国。时任澳政府总理的霍克(Bob Hawk)发表公开演讲,称这些所谓的"船民"不是政治难民而是经济难民,澳洲政府不能允许这些人企图在澳洲接收难民计划中插队。④ 因此,澳大利亚对难民和其他移民的政策转为严厉管控,具体措施是尽可能不让难民入境,先将他们拘留关押并审查其难民申请,确认只有那些符合难民定义的寻求避难者才能被授予难民身份,由此形成了霍克、基廷时期的强制拘留的难民政策,登陆的难民都被关押在难民处理中心实施身份甄别。在霍华德联盟党执政时期,严格执行对难民先实行境外关押再进行甄别的政策,进一步突出了对船

① M. Vo Nghia, *The Vietnamese Boat People*, 1954 and 1975—1992, Jefferson, North Carolina: McFarland & Company, 2005, p. 168.

② James Jupp, *From white Australia to Woomera*: *The Story of Australian Immigration*, Cambridge: Cambridge University Press, 2007, pp. 184~185.

③ Don McMaster, *Asylum Seekers*: *Australia's Response to Refugees*, Melbourne: Melbourne University Publishing, 2001, p. 92.

④ Don McMaster, *Asylum Seekers*: *Australia's Response to Refugees*, Melbourne: Melbourne University Publishing, 2001, p. 75.

民入境的控制与阻止。绝大部分被羁押的难民最终都被遣返,只有少部分船民获得了澳大利亚居留权,这样严厉的执行结果也有效降低了印支难民乘船前往澳大利亚的期望值。然而,澳大利亚作为一个对移民相对宽容的国家,仍然是国际移民持续试图登陆的目的地。20世纪90年代中期以后,船民仍络绎不绝前往澳大利亚,难民处理中心人满为患,澳政府为此增设多个难民营,但仍无法满足关押船民的需求。2000年以后,甚至连伊拉克和阿富汗难民也乘船前往澳大利亚海域。澳政府认为,这些船民的到来不仅对澳大利亚经济造成沉重的负担,也对国土安全造成了威胁。因此,澳政府转而采取将试图进入澳大利亚的船民阻拦于国门之外的措施,通过援助瑙鲁和巴布亚新几内亚的方式,在这两个国家设立难民安置计划,将难民送往这些国家的难民安置点。

总体而言,作为世界上难民接受较多的国家之一,1990年以后,澳大利亚政府的难民安置政策的核心还是尽量控制其入境,采取境外关押或境外安置的方针。

## 三、收入和发展机会的差异

除躲避宗教迫害、战乱、自然灾害等外部因素外,产生移民的内因更多的是经济因素,摆脱贫困、追求更舒适的经济和人文环境是人们迁移的一个显著原因。研究表明,70%~80%的个体移动是由于经济原因,这种经济动机主要是由地区间收入水平差距和环境的不同造成的。[①]

### 1. 收入差距的吸引力

经济全球化的加速发展,拉大了发达国家和发展中国家之间的收入差距。世界银行专家布兰科·米兰诺维奇(Branko Milanovic)根据各国居民家庭收入和消费数据,使用购买力平价(PPP,Purchasing Power Parity)方法进行的测算发现,国家之间的收入差异正在迅速加大:占世界人口76%的发展中国家的PPP人均收入为1171美元,基尼系数为0.494;占世界人口16%的发达国家PPP人均收入为10919美元,基尼系数为0.344。[②] 国

---

① 林珊珊:《国际移民的走势比较与动因分析》,《亚太经济》2003年第5期,第76~78页。

② 魏众、张平:《经济全球化对各国居民收入分配的影响》,《人民日报》2003年6月13日,第9版,http://www.people.com.cn/GB/jingji/1045/1912430.html。

家间的收入差异进一步扩大了国际人口迁徙的规模和范围。下面对比越南的人均收入和越南裔美国人的收入情况。

2007 年,世界银行的统计报告显示,"25 年前,越南是世界上最贫困的国家之一。通过实行一系列改革,越南如今已成为一个中等偏下收入国家。2007 年,越南人平均月工资为 10280097 越南盾,约合人民币 3650 元。其中河内和胡志明市人均工资最高,人均约为 1887 万越南盾,折合人民币 6700 元。与中国接壤的北部高平地区最低,月均工资在 9012688～9463322 越南盾(人民币 3200～3360 元)之间"。[①] 2011 年,世界银行最新的报告显示,越南人均收入达 1260 美元,已成为中等偏下收入国家。[②]

2012 年 12 月 10 日,越南总理阮晋勇(Nguyen Tan Dung)在河内召开的越南援助咨询小组会议上表示:"1992 年越南人均所得仅 140 美元,至 2012 年提升到 1600 美元,经过 20 年不断发展,越南人均所得已增长 11.43 倍。"越南工商部表示,2011 年全年越南国内生产总值(GDP)约为 1190 亿美元,人均所得为 1300 美元,相当于 2700 万越南盾。[③]

根据 2008 年全美社区调查显示,越南裔美国人的家庭收入中位数[④]为 55667 美元。[⑤] 2012 年,皮尤研究中心报告显示,越南裔美国人的家庭收入中位数为 53400 美元,低于亚裔美国人的 66000 美元,高于全美家庭收入中位数的 49800 美元。[⑥]

如以双亲(两口人)家庭收入为参照标准,越南裔美国人的家庭收入中

---

① *Doing Business 2014*, *Economic Profile*: *Vietnam*, the International Bank for Reconstruction and Development, the World Bank.

② 《世行官员:越南应避免"中等收入陷阱"》,中国金融信息网,2013 年 7 月 6 日,http://world. xinhua08. com/a/20130706/1207319. shtml.

③ 《越南人均所得 20 年增长 11.43 倍》,台湾驻胡志明市办事处,2013 年 1 月 14 日,http://hochiminh. taiwantrade. com. tw/news/detail. jsp? id=10726&lang=zh_TW.

④ 收入中位数(median income)相比较人均收入,更能准确地反映出真实收入情况。家庭收入中位数特指双亲家庭收入中位数。

⑤ Asian/Pacific American Heritage Month: May 2010, Profile America Facts for Features: Income, Poverty and Health Insurance, http://www. census. gov/newsroom/releases/archives/facts_for_features_special_editions/cb10-ff07. html.

⑥ *The Rise of Asian Americans*, *Pew Research Social & Demographic Trends*, 2012-06-19, http://www. pewsocialtrends. org/2012/06/19/the-rise-of-asian-americans/.

位数中人均收入应为 26700 美元,高于美国两口人收入标准的 13991 美元,①也远高于越南的人均所得 1300 美元。这种收入差异自然产生了跨国迁徙。

通过跨国迁徙改善个人的收入状况,实现个人理想,是普通民众踏上跨国迁徙的基本原因。全球生产体系的结构重整,加大了工业先进国与发展中国家人民收入的落差,吸引劳动力的迁徙。当前,世界各地区经济发展不平衡,具体体现在人民收入、就业、社会福利等方面的差异。新古典经济均衡理论认为,国家之间工资上的差距是移民产生的根源,即理性个人想要获取更高生活水平的愿望和对出国后收入提高的预期。②

二战后,东南亚地区各国相继独立,走上独立发展民族经济的道路,同时也开启了工业化进程。20 世纪 70 年代,新加坡经济迅速起飞,成为世界上重要的制造业生产和出口基地、国际贸易中心、国际航运中心、国际金融中心和区域旅游中心等,并跻身亚洲新兴工业化国家和高收入国家的行列。新加坡以其高收入和就业空间吸引了东南亚其他国家如马来西亚、印尼、菲律宾等国的劳动力。20 世纪 70 年代,印尼、马来西亚、菲律宾和泰国虽逐步推行以进口替代为主的工业化战略,但是其工业体系直到 20 世纪 80 年代末 90 年代中期才初具规模,产值才超过农业,农业劳动力比重开始下降。但 1997 年的东南亚金融危机打断了各国经济的持续增长,导致各国货币贬值,经济普遍陷入严重衰退。为了摆脱经济困境,寻求更好的发展空间,大批专业技术人才和初级劳动力移民前往收入更高的欧美国家和地区。

**2. 发展空间的吸引力**

国际劳动力的供需矛盾是世界各国面临的巨大挑战。发展中国家普遍劳动力过剩,发达国家则劳动力短缺。发展中国家由于其相对落后的经济和科研环境,无法有效地吸引人才,处于人才输出国的地位,每年面临大量的人才流失。同时,随着工业化的进展,发达国家出现了资本密集型的高效高收入行业和劳动力密集型的低效低收入行业,催生了双重劳动力市场。

---

① 根据美国人口普查局 2009 年的标准,按家庭人口多少,收入低于以下水平的为贫困人口:(1)一口人:10956 美元;(2)两口人:13991 美元;(3)三口人:17098 美元;(4)四口人:21954 美元;(5)五口人:25991 美元;(6)六口人:29405 美元;(7)七口人:33372 美元;(8)八口人:37252 美元。

② 《研究移民动因的基础理论:新古典经济均衡理论》,中国国际移民研究网,2008年 5 月 25 日,http://www.ims.sdu.edu.cn/cms/index.php? modules=show&id=575.

由于当地居民不愿进入低效低收入劳动市场因而不得不靠外来移民填补空缺。外来移民已成为发达国家社会经济的结构性需求。

联合国人口署公布的数据显示,美国是全球接收移民最多的国家,在美国居住的移民人数从 1990 年的 2325 万增加至 2013 年的 4579 万,占目前全球移民总数的 1/5。2012 年,美国皮尤研究中心公布的《亚裔美国人的崛起》显示,2010 年美国新增移民中亚裔占 36%,拉丁美洲裔占 31%,亚裔首次超过拉美裔成为美国最大的移民群体。[①] 美国移民政策倾向于吸纳熟练工人和留学生,而亚洲国家非常重视教育,其移民主要通过学生签证和工作签证进入美国,多从事"白领"工作,在获得移民资格方面具备优势。报告同时还指出,亚裔人口中 80% 来自中国、印度、日本、韩国、菲律宾和越南。美国相对优越的经济、社会环境和个人发展空间对亚裔移民具有很大的吸引力,特别是受过高等教育的亚裔移民。报告还指出,亚裔美国人至少持有大学文凭的比例为 49%,高于 28% 的全国平均水平。亚裔的家庭年收入中位数为 6.6 万美元,也高于美国整体家庭年收入中位数的 4.9 万美元。[②]

**3. 移民的其他原因**

除经济因素外,交通与信息业的革命为跨国移民提供了愈来愈便利的条件。网络是移民的重要中介,也是一种社会资本,大大降低了移民的成本和风险。移民网络一旦形成便呈现出"乘法效应",并具有伴随移民过程进行自我完善和发展的内在机制。另外互联网、电子邮件、卫星电视、手机和廉价的国际电话等现代通信手段,使全球互联互通性进一步增强,缩短了世界各地的距离,大大减少了人们对于长距离国际迁徙的顾虑。

当前,发达国家人口负增长和老龄化的状态日趋严重,劳动力极度缺乏。而发展中国家人口正处于高增长期,劳动力大量过剩。人口增长与生态环境压力使越来越多的人加入移民队伍,将世界带入了前所未有的全球化移民时代。

---

① 《美国新移民亚裔首超拉美裔》,新华网,2012 年 6 月 20 日,http://news. xinhuanet. com/world/2012-06/20/c_123307876_2. htm.

② 《美国新移民亚裔首超拉美裔》,新华网,2012 年 6 月 20 日,http://news. xinhuanet. com/world/2012-06/20/c_123307876_2. htm.

# 第三节　内外因的变化

20世纪90年代以来,影响东南亚华人海外移民的内外因素发生了较大的变化,也极大影响了东南亚华人海外移民的移民动机、移民类别和在居住国的地位。大体而言,在东南亚各国,华侨华人的地位和居住环境有所稳定和改善。在主要的移民接收国,对外来移民的限制趋于严厉,主要接受高学历和商务投资类的移民。因此,东南亚华人的海外移民动机,主要是为了寻求更好的专业深造、更好的职业和商务发展机会。

## 一、内因变化

随着东南亚各国民主政治改革进程的深化,以及与中国关系的改善,各国原本的华人政策逐渐松动,华人生存环境得到明显改善。印尼、越南等一些国家先后开始善待华人,泰国华人社会趋向稳定,马来西亚放松了"马来人优先政策"的执行,这些环境的改善都缓解了华人移民海外的急迫性。

### 1. 印尼华人生存环境好转

1997年东南亚金融风暴引发了印尼的政治、经济双重危机。1998年,苏哈托总统被迫辞职,标志着威权统治结束,印尼进入了民主转型时期,政府的华人政策也在苏哈托下台后发生了实质性的变化。印尼政府采取措施,逐步取消了一部分限制和歧视华人的政策,华人处境得到一定改善。主要表现在:华人参与政治的意识增强了,创建了华人政党和华人社团;华文媒体报刊出现了;华文教育得到发展;华人经济在印尼经济复苏中发挥了积极作用。

(1)华人组建了政党和社团。先后组建的华人政党有印尼大同党、印尼同化党、印尼中华改革党、印尼协和党等。政党虽小,但有利于华人与各大党和各级官员保持沟通。华人社团有400多个,其中有综合性社团如印尼百家姓协会、印尼华裔总会、中华总商会等;以血缘、地缘和亲缘为纽带的宗亲社团如福清同乡会、客属联谊会、广肇总会、闽南同乡会等;还有各种校友会、华裔青年团体、妇女团体、文化教育团体、宗教团体等。这些华人社团将华人团结起来,一同争取华人的合法权益。

(2)华文报刊得以创办,主要有《国际日报》、《千岛日报》、《世界日报》、《呼声》月刊、《增益》月刊、《印华妇女》杂志和《望远》杂志等。这些报刊多数以华文刊行,少数兼用印尼文和华文,内容包括报道印尼国内外大事,介绍华人社会状况和维护华人合法权益。

(3)印尼新政府主张建立多元文化社会,放宽了对华文教育加以限制的政策,华文教育因而获得了迅速发展。华人社团在华人社会推广和普及华文补习班,兴办华语学校,举办华语师范学校和高等教育华文函授班。华文教育甚至争取到国家的承认,逐步被纳入国民教育的轨道。[①]

此外,印尼华人企业绝大部分是中小型企业,其经营范围逐步从传统商业向工业尤其是制造业和服务业拓展,为印尼经济复苏做出重要贡献,并在经济全球化进程中发挥了相当的积极作用。

**2.泰国华人社会进入稳定发展期**

1975 年后,泰国政府的华人政策由排斥转向宽容同化,并认为将华人同化融入泰国社会是最为有利的。[②] 泰国政府的宽容同化政策具体表现在两方面:一方面鼓励华人入籍泰国,另一方面逐渐给予入籍华人与泰人同等的各项权利,也取消了对华人从事职业的限制,华人经济因此得以迅速发展。从此,泰国的华人社会进入一个相对稳定的时期,华人社会获得新的发展。

20 世纪 70 年代后的泰国华人海外移民主要以专业技术劳动力、低技术或半熟练工人及其眷属、留学生、婚姻和退休移民为主。从这个阶段华人海外移民的类型可以看出,他们主要是寻求学业深造和更好的职业发展机会。此外,泰国华人女性通过婚姻方式移民的现象较为普遍。

泰国政府将包括华人移民在内的泰国移民视作推动泰国经济增长的助力之一,面对全球经济低迷的现状,泰国政府希望通过鼓励移民增加侨汇,拉动外资投资,拓展经济变革空间,充分利用移民所产生的净收益推动经济发展。

**3.越南华人政策变迁**

1975 年南北统一是越南华人政策发生重大变化的转折点,而且对越南华人社会之后的发展产生了深远影响。越战后,越南政府对华人进行大规

---

① 温北炎:《印尼华人应居安思危之我见》,《东南亚研究》2006 年第 5 期,第 73～74 页。

② Rajendra Kumar Jain, *China and Thailand*, *1949—1983*, New Delhi: Radiant Publishers, 1984, p. 36.

模有计划的排斥、打击甚至驱赶。直至 1986 年确立革新开放政策后,经过内外调整,越南政府逐步放松对华人的限制并加强利用。在 1991 年中越关系正常化之前,越南政府就重点纠正了以往在华人问题上的过激政策,确认华人为越南的少数民族之一,采取措施改善华人政治地位,允许华人从事工商业,"解禁"华人文化教育、社团等。

1986 年越共六大做出了"全方位改革,尤其是经济思想改革"的决定,强调市场机制,实行革新开放。华人长期以来都是越南经济特别是南方经济的重要力量,有着丰富的工商业经验,因而成为越南当局实现其经济目标必须争取的对象。这一时期越南政府的华人政策产生了明显的转变。从 1986 年开始,越共批准恢复了一批关于华人人口、风俗习惯、社会组织、文化传统等研究项目,并在理论上进一步确认华人越南公民的身份,把华人群体看作越南国内的一个少数民族,以此为出发点来调整华人政策。[①]

越南对华人政策的调整具体表现在:(1)在政治上重视华人工作,着手改善华人政治地位。在中央成立华人工作委员会,重点地区成立华人工作处。越南政府在 1987 年召开部长会议上肯定了华人在越南解放战争和经济建设中所做出的贡献,承认华人越南"公民"身份,并提出有关改善华人在经济、商业、文化教育等方面地位的若干措施。[②] (2)在经济上充分发挥华人的经营特长,允许华人领取牌照经营各种工商业。越南政府发布政令,逐步放松对私营经济的控制,鼓励华人等发展个体企业,允许创办雇工十人以下的私人企业,由政府出面保障华人等从国外引进资金、技术、设备和市场信息的做法,并鼓励其开展市场活动。[③] 与此同时,越南政府对华人经济的管理从行政手段转向以工商、信贷、财政、税收等结合的综合经济手段为主,极大地激发了华人从事工商业生产的积极性。(3)在文化上放开对华人文化教育与华人社团的禁令。越南政府准许开办中文夜校、华文中心,并恢复了华人的传统节日和文体活动。1990 年越南国会做出在各地设立"民办学

---

① Lewis M. Stern, The Eternal Return: Changes in Vietnam's Policies Toward the Overseas Chinese, 1982—1988, *Journal of China Studies and International Affairs*, Vol. 24, No. 7, 1988.

② 李白茵、罗方明:《越南各个时期的华侨政策》,《东南亚纵横》1989 年第 4 期,第 12 页。

③ 周南京、毛雄起主编:《华侨华人百科全书·法律条例政策卷》,北京:中国华侨出版社,2000 年,第 561 页。

校"的决定,为华文教育的发展开了绿灯。①

随着 20 世纪 90 年代以来全面革新开放路线的贯彻实施以及中越关系正常化的实现,越南政府在政治、经济、文化等方面制定更加积极的政策来稳定华人社会,鼓励国内和海外越南华人投身革新开放,充分利用华人群体特有的经济资源为经济建设服务,主要包括:肯定华侨华人在越南的历史地位和现实作用;重新修订政策规定,恢复华人应有的待遇和地位,并注重保障华人的政治权利;更加注重发挥华人的经济优势和经济潜力,调动其参与越南革新开放的积极性;越南政府不再严格限制华文报刊的发展,支持一些经济类媒体开办华文版,允许华文教育和华人社团的深入发展。

**4. 马来西亚华人政策的变化**

1991—2001 年,马来西亚政府奉行"国家发展政策",强调发挥华人在国家发展中的作用,肯定和落实华人作为马来西亚人的政治权利,逐步废除带有歧视倾向的法令,将华人整体看作马来西亚共荣社会的组成部分,华人的处境和与马来人的关系逐渐改善。

与新经济政策侧重于改善马来人的经济地位不同,国家发展政策强调在经济增长和平等分配的基础上实现国家现代化,目标是营造一个民主、自由、宽容、仁爱、公平的社会,而实现种族的平等则是构建上述社会形态的前提。国家发展政策提出针对整个国家的宏观经济目标,制定了消除部分种族贫困的具体计划,在某种程度上淡化了种族色彩。国家发展政策基本上是以整个马来西亚的利益为出发点,一定程度改变了新经济政策优先马来人的基点,基本上为马来西亚各种族、利益集团和人民所接受。②

20 世纪 90 年代起,马来西亚政府对华人政策做出了较大调整:(1)经济政策上,政府鼓励华人和马来人的经济合作,调整过去由政府主导的马来人优先的经济发展战略,强调私营经济的重要性,取消过去强加给华人的诸多限制,如华商参加广交会不准到外地活动,回中国探亲须年过 65 岁,参加学术会议要由内务部审批等。(2)文化教育上,马来西亚政府强调,多元文化是国家无形资产,儒家文化、伊斯兰文化和基督教文化同为世界三大文化,应予以同等的重视和发展空间。1990 年,马来西亚政府批准华文大

---

① 马涛:《略论越南对华人经济政策的调整》,转引自萧效钦、李定国主编:《世界华侨华人经济研究:世界华侨华人经济国际学术研讨会论文集》,汕头:汕头大学出版社,1996 年。

② 王绳祖主编:《国际关系史资料选编》,北京:法律出版社,1988 年,第 300 页。

学——南方大学注册,承认拉曼学院的文凭并允许其扩建分院;1994年,组织华小在职教师以领取半薪的待遇进行华文课程培训;在1995年国家预算案中首次为800多所华小拨款,鼓励华人学生到中国深造;2001年,马哈蒂尔(Mahathir Mohamed)宣布公立大学录取新生采用以成绩为标准的绩效制,取代新经济政策时期的固打制,从根本上废除了在教育领域对华人的歧视。

东南亚国家普遍长期存在华人问题。其中,马来西亚政府的华人政策值得关注,这也与马来西亚华人的特殊地位相关。第一,马来西亚华人人数比重较大,是除新加坡外华人比率最高的国家。第二,华人和马来人的文化和宗教信仰差异大,马来人所信仰的伊斯兰教被认为具有强烈的排他性,这增加了马来人和华族两族共处和融合的难度。虽然有少量华人皈依伊斯兰教,但大部分华人仍然坚守自身文化,不易与马来人融合。第三,华人在经济地位和居住区域方面和马来人差异较大。华人主要聚居于城镇,平均收入水平仍远高于马来人。经济地位和聚居地的差异影响了双方的深度交流和融合。即使有如此差异,20世纪70年代以来的马来西亚国家发展战略的实施,总体上没有使族群冲突更加激烈。马来西亚政府既没有像泰国那样采取"自然同化"政策,也不像印度尼西亚那样采取"强迫同化"的政策,而是直面马华两族的差异和矛盾,在扶持和维护马来人利益的同时,适度正视华人的存在和权益。

除了影响马来西亚华人移民的族群政治因素变化外,马来西亚华人社会的另一个重要变化是华人出生率降低。1957年,华人人口比例约为全国总人口的40%(不包括马来西亚成立前的新加坡、沙巴和沙捞越人口),到2001年已降至25.7%,而到了2010年更下降至24.6%。此外,华人人口迅速老化,15岁以下华人人口比例明显下降,到2001年甚至只有22.5%。华人出生率下降的原因之一是华人多注重子女的培养和教育,以应对未来挑战,而不愿因"多生粗养"而承受过多经济的压力。因此,相对富裕的阶层或知识水平较高者都不愿多生孩子。①

---

① 《马来西亚华人多生孩子有奖》,人民网,http://www.people.com.cn/GB/guoji/14553/2220429.html.

## 二、外因变化

2006 年以来,欧美国家纷纷对移民政策进行较大幅度调整,开始逐步收紧移民政策,对移民入境实行更严格的把控。

### 1. 欧洲各国收紧移民政策

2006 年 5 月 17 日,法国国民议会通过了一项旨在加强移民控制的法案,开始对移民实行选择性准入,提高移民的门槛。对于高学历和高技术的移民,法国政府会发放有效期 3～4 年并可续延的长期居留许可,此外还成立了跨部门委员会,专门评估移民需求和技术专业能力。法国驻外使领馆也设立"评分制",根据年龄、学历、工作经验和法语水平等标准,筛选"有专长的劳动者"。此外,非法移民在法国居留十年以上即可以自动获得正式居留许可的法规也被取消。对以结婚或亲人团聚名义移民法国的做法,新法案也有了更严格细致的规定。新的移民政策正在向"实用主义"方向迈进。

英国于 2007 年实施新移民法,对技术移民引入"计分制",提高了留学门槛,赴英学习、工作都要有雇主或学校作为担保人,同时防范滥用政治庇护等,以确保有计划地吸收高素质的技术人才,同时加强边界控制电子化,严防非法移民。2010 年年底,英国更是加快了收紧移民政策的步伐,次年 7月,英国第四部《移民入籍法》实施,规定学生签证将不再具有申请移民的资格,技术移民更加困难,与英国人结婚也要通过英语考试才能入籍。[①]

(1)学生签证不具有申请移民资格。英国留学生获取英国公民身份最常用的办法是先申请连续十年的签证,然后申请英国永居,再过一年拿到英国国籍。但是根据新的移民入籍法,2011 年 7 月后,学生签证将不具有申请移民的资格,他们也不能以十年签证来换取永居身份。英国政府移民政策的调整主要针对留学生和技术工人,新法将取消学生签证后的"自动工作签证",大大增加了留学生毕业后在英国找工作的难度。该法规定,2011 年 7 月后外国人来到英国将被称为"临时居民"(temporary residence),在有了高技术移民签证或工作签证或结婚签证后,才被视为"具有申请移民资格"(qualifying immigration status)。

(2)技术移民门槛 15 万英镑每年。2011 年 7 月后,移民持高技术移民

---

① 《英国政府收紧移民政策》,新华网,2011 年 3 月 10 日,http://big5.xinhuanet.com/gate/big5/news.xinhuanet.com/overseas/2011-03/10/c_121171112.htm.

签证(或工作签证)连续工作五年后,才可以从"具有申请移民资格"申请到"见习公民",见习期为1~5年。年收入未达15万英镑的外国人,想要以技术移民方式进入英国就业,则将受到更严格的条件限制。此外,曾被列入短缺行业的职业如厨师、钢铁工人、发型师等,将不再拥有移民优势,但是护士、教师、金融分析家等仍保有优先权。细则还特别指出,年薪超过15万英镑的高收入移民,不在工作签证数额限制之内。

(3)以同英国人结婚的方式入籍要通过考试。根据新法,外国移民在正式成为英国公民前,不管持何种身份签证(包括结婚签证),都不能申领社会福利(失业救济、住房津贴、公租屋等)。凡是与英国人结婚,在申请结婚签证时必须经过英语测试,达到A1级英语程度。即如果没有通过测试,当事人不但不能享受到英国的福利待遇,还不能赴英与家人团聚。此外,英国政府还提高了英国公民海外亲属来英团聚的门槛,进一步控制移民数量。

曾是欧洲最开放国家的荷兰的移民政策也正趋于强硬,新的移民考试将不会说荷兰语的移民拒之门外。西班牙则制定了在各经济领域分配名额接收移民的计划,疏导劳工,防止非法移民大量进入。德国则选留高科技人才,制定了方便遣返非法移民的政策。意大利的居留证则只发给有工作合同的人。

**2. 美国移民政策趋向保守**

2001年"9·11"恐怖袭击之后,美国开始收紧移民政策,对外来移民的态度有所变化。2001年,美国国会参众两院通过的"爱国者"反恐怖主义法案中,对于世界各地移民做出了严厉的限制。该移民法案以国家安全利益为由而暂停接收外来移民,以使本来已经捉襟见肘的移民局腾出人手处理现行的移民事务;取消行之已久的抽签移民政策;把签证过期的外籍人士驱逐出境;追踪外籍留学生行踪。受到这一法案的影响,整个美国的移民政策以及对待外来移民的态度发生了方向性的变化。此后,新的入籍考试题目更加严格,需要移民对美国历史、地理、政治科目中的内容完全掌握方可通过考试。[①]

美国收紧移民政策主要表现在加大打击非法移民的力度,但同时并未放宽入美学习、工作和合法移民政策:美国移民法案取消移民抽签;逾期居

---

① 《美国在收紧移民政策》,新华网,2006年12月20日,http://news.xinhuanet.com/comments/2006—12/20/content_5510673.htm.

留者可按触犯联邦刑事罪,判刑一年;加重对雇用非法移民雇主的民事及刑事惩罚等。

奥巴马上台后,为了振兴经济,降低本国失业率,美国政府于 2009 年 3 月出台了接受问题资产救助计划 TARP(Troubled Asset Relief Program)。该政策规定,所有接受政府救助的公司不得录用外籍员工。许多被这些公司录用的外籍员工,还没来得及申请工作签证,就被迫取消合同。① 实质上,奥巴马政府出台的新的移民政策举措的核心,是如何保持对高科技人才引进的同时,防止普通劳工的流入。

**3. 各主要接收国不再执行印支难民收容政策**

1975 年越战结束,印支难民大批涌现。在美国倡议下,联合国于 1979 年在日内瓦召开关于解决印支难民问题的国际会议。英国政府在会议上承诺,香港会给予印支难民以第一的、临时性的庇护,等待西方国家的永久安置,费用则由联合国难民组织承担。其他难民则陆续涌入美国、澳大利亚、英国、法国等欧美国家。欧美各国坚持遵守联合国《关于难民地位公约》等国际难民法规,加强各国之间的合作,积极承担援助难民的国际义务与责任。各国相继颁布《难民法》,并实施相关接收印支难民的难民安置政策。

20 世纪 70 年代末至 90 年代初,澳大利亚陆续收容来自越南、柬埔寨和老挝的印支难民 8 万～10 万,其中一半是华裔。美国共接受印支难民约 100 万,其中越南难民达到 61.5%。接收印支难民最多的西欧国家是法国,截至 1986 年 12 月底,法国作为印度支那地区的原宗主国,共接收印支难民 114081 人;其次是西德,接收了 30934 人;英国也接收了 20700 人;其余如比利时、荷兰、瑞典、西班牙、瑞士等国,也分别接纳了数千印支难民,全西欧接纳的印支难民总数在 20 万～25 万人之间。②

印支难民潮是战后亚洲历史上一次震惊国际社会的大灾难,欧美各国也为印支难民提供了安全的接收环境并对其进行妥善安置,但是印支难民收容政策毕竟是针对特定历史时期和历史事件而设定的,随着欧美各国难民数量的增多,国内和国际环境的改变,特别是在经济全球化背景下,各国对高科技人才的需求日益强烈,难民政策不再特别针对印支难民,而继续成

---

① 刘佳:《美国移民政策收紧,5 年将有 20 万高科技人才离开》,《第一财经日报》2009 年 8 月 3 日,http://news. sohu. com/20090803/n265661099. shtml.

② 数据统计部分请见第三章移民接收国数据统计。

为各国难民政策的一个组成部分。

**4.本地人对外来移民的抵制**

随着外来移民的增多,各主要移民接收国国民均对外来移民表现出各种负面情绪,主要表现在本地人对外来移民抢占就业机会、分享社会福利、享受公共资源等方面的不满。

在欧洲,大批移民不仅给高福利的各接收国造成沉重的财政负担,也为当地治安埋下隐患。2011年,英国《每日邮报》的一项大规模民意调查显示,近八成的英国民众希望减少外来移民规模,一半以上的英国人希望外来移民人数"大幅"减少,受访者认为外来移民增多导致公共服务差,就业机会减少。[①]

法国一直以相对宽松的移民政策吸引了大多阿拉伯和非洲国家的移民,满足劳动力需求和减缓人口下降的趋势。但随着非洲移民大量增加,以及近几年来亚洲、土耳其和东欧的移民数量猛增,移民短期内不易融入法国社会,造成了各种各样的社会问题。法国政府对移民采取"同化政策",政府修建低收入住宅区,鼓励移民申请工作,鼓励公司招募少数族裔雇员,推动移民参加选举。移民能够以生活苦难者、长期失业者、无人照顾的亲属、残疾人或者无学历青年的身份,受到某些机构的优待。但是由于政策实施的局限性,移民生活并不容易,饱受高失业率、贫困、社会歧视、受教育机会少等问题的困扰。移民大多属于工人阶层,劳动收入低。由于移民众多,人口密度高,失业率高,导致一些移民聚居区成为贫困、边缘化和犯罪率高的"敏感街区",社会问题严重。法国本地人认为外来移民教育程度低,分享社会公共福利,是社会治安混乱的主要原因。

新加坡为了应付人口老龄化、生育率下降及劳动力短缺问题,政府除鼓励生育外,还建议引入移民,将人口总数由目前的530万增至2030年的690万。当前,新加坡530万人口有62%是本地人,若按建议引入外来移民,到2030年本地人与外地人比例几乎是一比一,将会全面改变新加坡的人口结构。随着大规模移民的涌入,新加坡出现了各种各样的社会问题。2013年2月,新加坡爆发了历年来最大规模的抗议集会。4000名民众聚集

---

① 《调查:近八成英国民众希望减小外来移民规模》,中国新闻网,2011年1月14日,http://www.chinanews.com/gj/2011/01-14/2789333.shtml.

在新加坡市中心"演讲角"公园,反对政府大量引入外来人口的移民政策。[①]

新加坡本地人反对外来移民的主要原因是:新加坡外来移民的增加引发了新加坡当地人对工作就业、过度拥挤和依赖廉价外国劳动力的担忧。由于外来人口激增,各项基础设施缺口也随之增大,影响了居民的生活品质。新加坡本地人希望限制外来高端技术人才的涌入,不想面临与高端外国专业移民的职业竞争挑战,同时希望政府允许低端劳动力如建筑工人、清洁工和家政服务员等移民进入新加坡从事他们不想做的工作,从低端外国劳动力的廉价成本中获取利益。

## 三、影响

随着东南亚各国华人生存环境的改善和主要移民接收国移民政策的收紧,原本极大影响着华人海外移民动机的内外两方面原因都发生了变化,东南亚地区华人海外移民的格局也发生变化。

同东南亚其他国家相比,马来西亚华人的生存环境日益改善,特别是马来西亚公立大学在录取新生时采用了以成绩为标准的绩效制,废弃了以种族配额为标准的固打制,使得马来西亚华人终于获得了教育领域的公平待遇。在经济全球化的背景下,特别是马来西亚政府大力加强投资环境建设的同时,人才的缺乏成为马来西亚经济发展的瓶颈。马来西亚政府希望通过以能力和学习成绩为大学录取标准的绩效制解决高素质人才缺乏的现状,特别是缓解华人高素质人才的大量流失。此外,华人人口增长率缓慢,华人人口减少,马来西亚华人海外移民的数量也随之减少。

相应的,新加坡本地人对过多引入外来人的抵制,使得新加坡政府做出了政策调整:新加坡政府开始提高移民准入门槛,同时还加大了本地人与外国移民在健康护理补贴、住房保障和学生就读学校几个重要问题上的区别,优先给予新加坡人部分特权,如对公民与永久居民权益的区分政策进一步扩大至购屋、租房及就业等三大领域。[②] 同时,劳动力过多的泰国、菲律宾等国移民还将继续向外移民。

从移民接收国来看,欧美各国相继收紧移民政策,在继续吸引高技术人

① 潘加晴:《新加坡移民政策引发本地人不满》,新加坡文献馆,2013 年 3 月 7 日,http://sginsight.com/xjp/index.php? id=9594.

② 《新加坡移民政策紧字当头,新移民多感痛苦》,凤凰网,2014 年 1 月 6 日,http://sd.ifeng.com/education/yiminliuxue/detail_2014_01/06/1690851_0.shtml.

才移民的同时,对普通劳工移民、家庭团聚、留学等实施限制,这些对华人海外移民而言既是机遇也是挑战。以法国新草案为例,能否取得移民资格部分取决于申请人融入法国社会能力的强弱。这增加了老人赴法与子女团聚的困难,因为适当的法语能力可能成为检验标准之一,而不会法语的老人便可能因此失去移民资格。此外,有些老人不愿长期居留法国,只为享有移民身份之便,按原法案他们只要在法国境内逗留一年,申请移民成功后便可返回祖籍国,但新草案规定,逗留时间延为两年才有可能申请移民,这为并不适应法国生活的老人带来了极大的不便。

英国新移民法中规定的"五年移民策略书"赋予移民官拒签各类申请和剥夺申请人上诉机会的权力,这让许多希望合法入境的学生、工人和移民面临困境。对于那些准备赴英留学的东南亚学生来说,如果在学业进行中续签遭拒,又无权上诉,将面临被迫中断学业的危险。

然而应该看到,发达国家移民政策收紧的目的并非单纯削减移民数量,而是从传统移民政策向新移民政策的调整。即在保证移民数量稳定的前提下,提高移民素质,通过甄选接纳更加符合本国需要的移民人才。欧美国家为保持国家竞争力和优势地位而调整移民政策,虽然提高了移民申请的门槛,但同时又把吸引国际人才作为一项长期战略,先后出台了各自的"商务移民"、"高技术人才移民"等新移民政策和计划。

可以预见,具备高技能、为移民接纳国所需的华人移民并不会受到政策过大的冲击。但是,因家庭团聚等人道主义原因申请移民的申请人、并非接纳国社会建设发展直接需要的申请人,乃至非法移民将会大大减少。

# 东南亚地区华人海外移民的影响分析

同来自其他地区的移民一样,东南亚华人海外移民对输出国和接收国均有较大影响。东南亚华人海外移民主要由两部分组成:一部分是印度支那华人难民,他们集中移入发达国家,这一类移民对接收国造成较大负担;更大一部分是常态化移民,主要由留学生和技术移民等受过良好教育的人士及富裕的投资移民构成,他们对接收国的贡献,远大于接收国为此付出的代价。但对输出国而言,却是人才和资金的严重流失。

## 第一节　关于移民影响的理论认知

随着以人力资源国际性流动为最重要标识的全球化进程加速,移民问题是近数十年国内外学术界长盛不衰的研究领域。其中,关于移民对输出国和接收国的影响研究,一直是国际移民研究的重点,其原因不但是因为移民影响是整个移民研究领域不可分割的学理性组成部分,对经济、政治、教育、文化、社会、民族等学科和诸如全球化、非传统安全、人道主义、地缘政治和经济等具体研究领域有较高的学术价值,而且与国家安全、民族融合、宗教差异等现实问题密切相关。大体而言,对移民影响的研究,分为对接收国和输出国及对移民本身的影响。本节主要讨论对输出国和接收国的影响的理论认知。建构这些理论的依据,不但有通过移民学本身研究方法得出的规律性认知,还有各学科乃至跨学科研究和数理模型论证的理论模式。

### 一、对输出国的影响

移民对输出国的影响尤以经济层面最为显著,主要体现在缓解失业率、侨汇、对其他生产性输入的影响以及人才流失等方面。

1. 缓解失业率。研究移民在经济方面影响的著名学者托马斯·施特劳布哈尔(Thomas Straubhaar)教授指出,从国家层面看,出境移民并不是缓解国内失业率的有效手段,只有在移民接收国经济持续增长的时期,失业率才能有所缓解。他通过联立方程计量经济学模型对国际移民的原因和影响进行分析后得出结论,出境移民对缓解失业率的效果非常微弱,在统计上不具有任何研究的价值。虽然也有学者对缓解失业率的积极影响进行了探讨,但这些理论都没有实际的效果相印证。因此,若分别从长期和短期的角度分析,移民的技能水平和可替代性成为对出境移民是否缓解国内失业率这一影响的研究重点。短期来说,如果能够在国内找到相似技能水平的劳工替代移民的位置,则失业率可以得到缓解。而长期来看,则以失业劳工或求职者进入劳动力市场是否能够获得充足的培训从而可以替代移民的位置为衡量标准,目前尚未有关于探讨长期可替代性的研究成果问世。① 就东南亚华人海外移民的实证来看,马来西亚和新加坡流出的技术和专业人才移民,并不能缓解国内的失业率。因为这些高端移民在国内具有不可代替性,对国内就业状况影响不大。因此,新加坡只能通过引进中国大陆的大批高素质移民替代。其他东南亚国家的常态化华人海外移民也是如此,他们数量较少,不影响国内就业市场,却会造成国内高端人才的匮缺。

2. 侨汇。侨汇指国际移民将其在国外所得的部分收入寄回原籍用以赡养家庭或其他用途的汇款。对于移民输出国来说,侨汇所涉及的方面包括侨汇的数量、影响侨汇的因素、侨汇的直接利用率、对移民输出国收入分配的影响、对接收侨汇者参与劳动力市场的影响、对国际收支的影响、直接利用侨汇对经济发展的影响、对侨汇收入家庭进入劳动市场的影响等。多数研究成果认为,侨汇主要用于购买食物和服装、住房和教育,占家庭消费支出的大部分。此外,大量事实证明,侨汇的增加同家庭成员对国内劳动力市场的参与率成反比,特别是女性的就业情况,这在不同程度引起更多的女性参与移民。侨汇对国际收支平衡的影响最大,因为侨汇被认为是移民输出国外汇的主要来源之一。侨汇有助于改善贸易赤字和提升活期存款账户,

① Louka T. Katseli, Robert E.B. Lucas, Theodora Xenogiani, *Effects of Migration on Sending Countries: What Do We Know?*, OECD Development Center, Working Paper No. 250, 2006, p. 28.

增加了输出国的外汇和投资能力。此外,侨汇还被认为是一国出口收入的一部分,对于进口融资有辅助作用。

3.人才流失。大多数移民理论认为,对于移民输出国政府人力资本投资来说,移民是一种损失。专业技术人才是移民输出国政府教育投资的重要部分,这类人才的移民造成的人力资本损失更大。教育的固定和边际成本损失是衡量的主要标准。比如,学生教育平均成本支出、教育补贴的公共经费(包括直接教育补贴的人力资本转移净值等),扣除学生支付的成本如学费、书本费等,剩下的每名学生占有的纳税人补贴的均值,是人力资本直接损失的数量。这一点在中国移民身上体现得淋漓尽致。中国的教育基本上是公费支出,是纳税人的血汗钱。中国成为世界最大的留学生输出国,大部分留学生成为移民。仅就中国的教育投入而言,人才流失消耗了相当高比例的教育投入。在东南亚各国,华人海外移民也不同程度造成各国的人才流失。

4.回流移民的影响。回流移民被认为是出境移民的第二轮效应,包括经济影响、技能形成、储蓄与投资。研究发现,出境移民能够在回国后找到比出国前更具有技术含量的工作,但是仍有一部分回流移民没有找到合适的工作,他们更倾向于自己创办企业,并在回国前为自己回国后的事业进行充分的储蓄。调查发现,大部分回流移民创办的企业是中小企业,这些企业的成功率较高,主要投资制造业。[①] 就东南亚华人海外移民而言,除了从越南前往欧美的华人海外移民有较多回国创业的案例,其他国家的华人海外移民,似乎少见回国创业的案例。

## 二、对接收国的影响

至于移民对接收国的影响,学术界多集中探讨移民对其劳动力市场的影响,而移民进入劳动市场对接收国所造成的冲击,也常常成为反移民呼声的主要理由。此外,移民涉及的族群关系、社会凝聚力乃至非传统安全问题等,也是近年来学术界关注的问题。

### 1. 移民对接收国劳动力市场的影响

移民对接收国劳动市场的影响,涉及经济和社会一体化问题,但是在研

---

① World Bank, *World Tables 1991*, Baltimore: The Johns Hopkins University Press, 1991.

究过程中很难获取外国移民的就业人数、从事的工作,以及失业人数的准确数据。

从这一角度出发,意大利学者亚历山大·温杜里尼(Alexander Venturini)在阐述移民对接收国劳动市场的影响时,特别分析了直接竞争和间接竞争产生的影响。争论最激烈的议题是,外籍移民对本国劳动者来讲是补充还是竞争。一部分人强调,外籍劳动者的到来使得劳动供给增加,在劳动需求不变的情况下,会对本国劳动者工资产生不利影响;另一部分人则认为,外籍劳动者对于本国劳动者来讲只是一种补充。为了弄明白本国劳动者的就业是否会因外籍劳动者的存在而受到直接影响,温杜里尼分析了与直接竞争(job-to-job)相关的各种情况。这种影响是复杂的,只能通过假设数量分析模型进行研究。通过分析,作者指出,外籍合法就业者对本国合法劳动者不构成直接竞争,但在非法劳动市场,由于就业领域高度灵活,外籍非法劳动者对本国非法劳动者构成了很强的竞争,可惜缺乏有关外籍非法劳动者的准确数字。①

此外,作者还就"间接竞争"进行了探讨,即外国移民主要集中在接收国的某个城市,是否会影响生产地区性转移。作者指出,由于外籍劳动者的大量存在,使得工资难以增长,刺激内部移民的动力减弱,从而也阻碍了移民接收国内部的人员流动。

然而,移民对接收国劳动市场的影响难以一概而论,而应区别分析不同国家和不同类别的移民。通常而言,在科技发展日新月异带动产业升级加速的现代社会,常态化的(印支难民以外)东南亚华人海外移民大多具有较好的教育和技能水平,对接收国高端就业市场不会构成较大的竞争挑战。而对经常性劳动力需求较大的国家,如北美、澳洲和新加坡等国,东南亚的华人海外移民则可同时补充高端和低端劳动力市场需求。而对劳动力市场较为饱和的英法等西欧国家来说,东南亚华人海外移民的低端劳动力是较大的负担。

**2. 移民促进接收国经济发展**

首先,移民为接收国增加了人力资源,弥补了其国内劳动力的不足。移民普遍具有较高的生产知识和技能,解决了接收国相应专业人员短缺的困

---

① 〔意〕亚历山大·温杜里尼:《移民对接收国劳动市场的影响》,转引自罗红波:《移民与全球化》,北京:社会科学文献出版社,2006年。

难,又节省了培养该类专业人员的投资成本,起到促进接收国经济社会发展的作用。[①] 这点在东南亚华人海外移民身上表现得最明显,如新加坡的马来西亚华人。

其次,高级科技人才流入接收国,为接收国节省了大量的教育和培训费用。高科技人才移民普遍受过高等教育,很多拥有大学以上学历。这些移民的初级、中级和高等教育均在输出国完成,接收国在获取高科技人才专业知识的同时,节省了教育成本。就节省专业人才的教育成本而言,东南亚华人海外移民为接收国节省了不知凡几的教育经费。

再次,移民促进了接收国经济、科技的发展,为接收国创造了丰富的物质财富。研究表明,合法和非法移民对移民接收国造成的经济负担小于其为接收国经济和科技做出的贡献。[②] 移民以自己的知识、技能和专长谋求生存的同时为社会创造出物质价值,他们的创新能力也是接收国科技发展的重要推动力之一。然而,移民通常无法与接收国本土居民一样享受同等的社会福利和待遇,特别是非法移民,完全游离于社会福利体系之外,但是他们创造物质财富,刺激消费增长等,都带动了接收国经济的发展,成为接收国经济发展的动力之一。就东南亚华人难民而言,虽然接收国为他们的安置和早期培训先期付出,但他们很快就以其勤勉为接收国的发展做出贡献。基于华人高度重视教育的传统,其第二代的主体教育水平和创新能力,普遍高于住在国平均水平。

### 3. 移民对人口增长的影响

一个国家的人口增长取决于两个因素,一是国内人口的自然增长,另一个是外来移民的流入。1990—1995 年间,在较发达地区的全部人口增长中,有 45% 是由于国际迁入人口形成的。[③] 移民推动了发达国家的人口增长,缓解了人口老龄化对社会的影响,维持了人口结构的平衡。就东南亚华人海外移民的主要接收国而言,无论是新加坡还是欧美,其本地主体民族生育率都低于人口正常更替水平,移民为其人口增长做出重要贡献。

---

① 李鸿规:《国际人口迁移与国家政策》,《南方人口》1997 年第 3 期,第 29 页。

② Peter Duignan, Lewis H Gann, *The Debate in the United States over Immigration*, Standford: Standford University Press, 1998, p. 238.

③ Anthony Messina, Gallya Lahav, *The Migration Reader: Exploring Polities and Policies*, Boulder: Lynne Rienner Publishers, 2006, p. 111.

**4. 移民的消极影响**

难民问题、非法移民问题是移民带给接收国最大的消极影响。

移民特别是难民的大量涌入,加剧了世界部分地区的紧张局势和某些地区不安定的因素。难民潮产生的原因主要有两个:一是经济原因导致很多人离开自己的家园;二是内战和政治危机产生的难民。由于大量难民和非法移民的涌入,所在国政府难以在短期内解决住房和就业问题,因而加剧了当地的社会矛盾,这也是无论北美还是欧洲,在接收包括华人在内的印支难民时被当地社会激烈抨击的原因。

相比被合法接收的难民,非法移民通常会导致严重的政治、经济、社会和法律问题,对接收国的安全、经济、文化造成一定的影响。斯洛博丹·迪加杰克(Slobodan Djajic)在《非法移民趋势、政策和经济影响》一文中写道:"非法移民现象打破了发达国家对合法移民的供求平衡。大量非法移民的进入,给接收国带来了一系列的问题,它逐渐损毁了当局合法移民的需求计划。非法移民对接收国财政计划、工资、本土工人的就业机会造成了影响,对当地社区和雇佣合法外国工人的工业,造成经济影响。此外,在一些国家,当局担心有一天非法移民会对本土文化的一致性或给内部安全和国家一致性带来挑战。面对非法移民规模不断扩大的趋势,接收国采取各种措施对非法移民带来的问题进行控制。这些措施包括限制非法移民的就业机会、公共福利,增加大量费用实行边境控制,对避难者采取新的紧缩政策,通过新的法律对非法移民实行驱逐,对参与走私的外国人集团和个人实行罚款等惩罚。"①除了非法进入澳大利亚的印度支那船民,总体而言,各华人海外移民接收国中,来自东南亚的华人非法移民很少。

此外,移民对接收国是否造成消极影响的探讨还包括移民是否会成为接收国国家经济发展的负担,移民是否会导致就业职位激烈竞争、公共服务负担增加、社会关系紧张和犯罪率提升等议题。

---

① Slobodan Djajic, Illegal Immigration Trends, Policies and Economic Effects, in *International Migration: Trends, Policies and Economic Impact*, New York: Routledge, 2001, p. 139.

## 第二节　东南亚华人海外移民对输出国的影响

　　包括华人在内的出境移民,在东南亚地区各国经济发展中发挥重要的作用,主要表现为刺激贸易、分享技能、重建战后国家、降低贫困、实现国家发展计划等。出境移民对移民输出国的影响,主要表现在推动母国经济发展上,其中,侨汇的作用尤为重要。由于东南亚各国华人的现状不同,华人海外移民的层次各异,因此探讨华人海外移民对输出国的影响需要分别加以具体分析。

### 一、华人海外移民对新加坡的影响

　　新加坡华人受教育程度高,具备专业技术专长,多以技术移民、留学移民和家庭团聚为主要移民模式,他们主要移民英国、美国、澳大利亚等欧美国家。

　　新加坡华人移民海外的原因主要有:顺应新加坡对外投资的需要而移居海外;留学海外后定居;到国外寻求本地不易获得的更好的工作;为子女教育而举家迁移等。

　　大部分新加坡华人具有一定的经济基础,华人经济是新加坡国民经济的重要组成部分,华资企业遍布各个经济领域,在多元化的经济结构中占有举足轻重的地位。新加坡华人移民海外并非以求生存为主要目的,他们更多的是追求国外更自由的政治环境和学术环境、更舒适的生活环境和自然环境。因此,对新加坡来说,华人移民海外对其人才储备造成了负面影响,特别是大量留学生这一潜在专业人才群体。他们接受了新加坡逐级分流的精英教育训练,留学欧美后留在当地,是新加坡政府人力资本投资的损失。

　　与日本、韩国、台湾、香港等国家和地区相比,新加坡华人在融入西方社会时,没有太大的语言障碍和文化震荡,这导致了新加坡人才流失的可能性较其他亚洲发达地区更大。根据《李光耀回忆录》,20 世纪 70—80 年代,受过高等教育的新加坡人有 5％～10％移居海外的发达国家。20 世纪 80—90 年代,新加坡产业结构由资本密集型向技术密集型转变,对人才的需求也由过去体力劳动者转向高新技术人才和熟练劳动力,这成为新加坡吸引海外留学人才回流的基本动因。此外,新加坡政府为了防止人才流失,招揽更多本国所需的专业技术人才,吸引海归人才,采用了一系列吸引人才的政策和措施。

为了吸引新加坡的海外移民人才,21世纪初,新加坡政府在全球七个大城市中建立环球商业联系网络,以便联系海外新加坡人并为其提供彼此交流、商情互通和及时了解新加坡的机会,适时劝诱他们回国。李显龙(Lee Hsien Loong)表示,新加坡政府推动这个网络的建设,是为了加强在海外工作或留学的10万新加坡人对国家的归属感,他坦言,新加坡政府最担心的是留学海外的新加坡人不回来,如何吸引人才回国是第一要务。他甚至用岳飞"精忠报国"的事例,激发海外新加坡人的爱国情操,希望他们回国服务。新加坡人力资源部和经济发展局还联合成立了联盟组织"联络新加坡",组织了"人力之家"活动。该机构致力于吸引全球人才来新加坡工作、投资和居住,吸引海外新加坡人回国就业,以补充本地劳动力市场,推动经济发展。

在海外工作的资深新加坡科学家有相当数量,有一些还是世界级的科学家和高层学术管理人才,如大学副校长、院长和主任等,但这些人回国定居工作的不多,原因在于新加坡国家小,行业和科技高度发展的领域不多,不足以吸引各类高级人才。近十年来,新加坡一些科技领域发展迅速,从事学术研究的条件也日益改善。2013年12月,新加坡国立研究基金会实施"新加坡科学家回国计划",本地大学或研究所招聘新加坡籍科学家,让他们担任部门主管或培养他们成为未来的主管。对那些尚未决定回国定居的海外杰出新加坡科学家,政府决定提供研究经费,协助他们回国从事科研工作,推动科研水平的提升。[①]新加坡政府和企业还设立各种高额奖学金,资助新加坡人到外国留学,其条件是学成后至少回国服务若干年,包括回国后再由海外新加坡企业聘用。特别是根据投资需要前往中国的新加坡华人,他们成为海外新加坡企业投资发展所需的重要人力资源,亦是开拓中国市场的"先锋"。

除了尽量吸引海外新加坡人才回国外,新加坡政府倾全力吸引各国人才定居新加坡。新加坡重点吸引两类专业人才,一是技术投资人才,引导他们投资高新技术产业;二是科研领军人才,主持研发创新实验室或研究园。

目前,共有6000多家跨国公司在新加坡开设了分公司或办事处,有的

---

① 《新加坡政府制定政策吸引旅居海外科学家回国》,中国网,http://www.china.com.cn/news/txt/2013-12/06/content_30816637.htm.

还将地区总部设在这里。另外,新加坡还有一万多家外国中小企业。这些跨国公司和中小企业不仅给新加坡带来了大量的外国直接投资,同时也带来了大批优秀人才。从前往新加坡的海外高层次人才来源地分布看,欧美发达国家占60%以上,其中包括很多欧美海外华人专业人才返回新加坡投资,其次是印度、中国等亚洲国家。[①] 20世纪90年代中期,新加坡政府将生命科学和生物技术作为发展的重点,创办高水平的科技园区以吸引具有国际水平的科技人才和项目,并集中承接海外归国留学人才。2000年,生物医药研究园成立,吸引了大批世界级的科学家回国或者来新加坡工作。如美国的诺贝尔医学奖获得者、遗传学家悉尼·布雷内(Sydney Brenner),英国癌症研究领域的带头人大卫·莱因(David Lane),克隆羊多莉的创造人柯曼(Alan Colman),日本胃癌研究专家伊藤嘉明(Yoshiaki Ito)以及基因研究专家刘德斌(Edison Liu)等,都被招揽至此。[②]

为了吸引各国人才,新加坡政府实施免退税等优惠措施。新加坡是个人所得税税率最低的国家之一,1999年,新加坡政府在《21世纪人力报告》中提出用退税等措施吸引外国人才。[③] 目前新加坡税率为0%～22%,非居民的个人在新加坡所获得的海外收入不需要在新加坡缴税,[④]这成为吸引外籍人才的一个优厚条件。为了鼓励企业招纳外国优秀人才,新加坡政府规定,企业在招聘、培训外来人才方面的支出,以及为外来人才提供高薪和住房等福利待遇的支出,可以享受减免税。此外,政府还通过调低个人所得税,出资为在新加坡工作的外籍人员提供培训机会等手段招揽人才。

此外,新加坡政府还通过提高发放签证、协助取得土地、银行受理贷款等方面的效率,为海外人才回国和投资提供便利。

在吸引外籍人才方面,新加坡的人才政策可谓非常成功。根据新加坡贸工部的统计,1990—2000年的十年间,外籍人士对新加坡GDP的增长贡

---

① 杨新鹏:《新加坡:丰厚待遇,延揽人才》,《参考消息》2003年12月18日。

② 苗丹国:《新加坡引进国外人才制度与相关政策》,《中国人才》2011年第12期,第54页。

③ 陈力:《人力论坛之二:国际人才争夺战中的策略与做法》,中国网,2003年12月29日。

④ 《新加坡:个人所得税税率最低国家之一》,新华网,2005年8月24日,转载自《经济参考报》。

献度高达 41%,其中 37% 来自有专业技术的白领阶层。[①] 新加坡政府旨在通过改善投资、移民、教育、基础设施以及医疗系统等方面的配套设施和服务,创造良好的社会和商业环境,吸引并留住人才,使其成为新加坡经济、科技发展的助力。但在吸引本国海外人才方面,成效尚有待观察。毕竟选择离开新加坡的国民,很多并非是因为待遇或发展机会,而是对不同社会制度和生活方式的选择。

## 二、华人海外移民对马来西亚的影响

马来西亚华人海外移民以技术移民为主,留学和家庭团聚为辅。主要移民对象国是邻国新加坡和英国、美国、澳大利亚等英语国家。马来西亚华人大部分是高技术专业人才,具有高等教育背景,他们通过再次移民继续求学或寻找新的就业机会。此外,还有众多华人企业集团进行跨国投资,部分华商及其眷属和华资企业的管理人员顺应投资需要移居海外。

马来西亚华人绝大部分是中产阶级和少数的富裕阶层,尚有数十家大企业集团。20 世纪 80 年代后,华人资本积极向制造业、电子工业等资金、技术密集型企业发展,形成了一批跨国企业集团,当前最引人注目的是 17 家马来西亚华人企业集团,[②]他们资产均超过 4 亿美元,是马来西亚经济重要的资本力量。20 世纪 90 年代初,这 17 家马来西亚华人大企业集团控制的上市公司数目占全马的 14.3%,市值占 22.4%。[③] 马来西亚华人再次移民的目的,通常并非因为收入微薄,主要是由于不满马来西亚华人政策不公平、就业前景和发展空间欠佳、社会不公等而离开。对马来西亚而言,大量受过高等教育的高知识和技能的华人移民海外是严重的人才流失,与此同时还导致了马来西亚外资流失,对马来西亚经济发展造成阻碍。

根据世界银行《马来西亚经济监督:人才流失报告》,马来西亚人才外流情况严重:首先是规模巨大。截至 2010 年,约有 100 万名大马人移民海外,30 年来剧增了四倍,其中 1/3 是受过高等教育的高技能人才。其次是外流

---

① 《新加坡:向世界借人才战略》,人才中国网,2006 年 8 月 6 日。

② 大型和超大型马来西亚华人企业集团主要由郭鹤年、林梧桐、郭令灿、骆文秀、林木荣和林天杰父子、刘耀全、李莱生、邱继炳、陈志远、雷贤雄、郑鸿标、钟延森、张晓卿、刘玉波、陈伯勤、陈金火、林玉静等领导。

③ 龚维:《华人企业集团在马来西亚经济中的地位》,《东南亚研究》1996 年第 6 期,http://yunnan.stis.cn/xnjw/dmkjjj/200410/t20041030_230738.htm.

的大马人才当中,以华人为最多,占了 60％～88％。以外流到新加坡的大马人为例,88％为华人,6％为马来人,5％是印度人。再次是外流国民中,专业人才的比例很高。每十名受过高等教育的大马高技能人才中,就有两人选择离开大马。而马来西亚接收的移民,大部分是非熟练劳动力。根据这份报告,进入马来西亚的外国移民中,60％的移民只有小学或更低的教育程度,他们大部分来自发展程度较低的印度尼西亚。世界银行搜集的迁移数据显示,目前有 140 万名印尼人定居大马,大部分是非熟练工人。而流出马来西亚的国民,主要前往高度发达的国家,如新加坡、美国、英国和澳大利亚,少数人到富裕邻国文莱。其中,新加坡占 57％,澳大利亚占 15％,美国占 10％,英国占 6％,文莱占 3％,加拿大占 4％。[①]

严重的人才外流情况导致大马技术产业和科技力量储备更加薄弱,国内的高端人力资源匮缺。移出马来西亚的大多都是受过高等教育的华人,而移居马来西亚工作的外国人如印尼劳工多是低技术工人,外流人才所造成的真空没有得到有效的填补,政府又没有建立吸引外流人才回流的有效机制,导致马来西亚人才外流陷入越来越严重的恶性循环。

马来西亚华人人才流出对马来西亚社会唯一的收获可能是侨汇收入。新加坡是马来西亚华人移民最多的国家,这里的马来西亚华人大部分是高技术专业人才。在新加坡就业市场上,华人劳动力大多从事商业相关的职业,主要是建筑业和电子服务业。他们经常往返于新加坡和马来西亚之间,随身携带侨汇回国,这部分侨汇并未统计在马来西亚官方正式侨汇总量内,[②]但这种非正式的"手提急件"方式,也是马来西亚外汇收入的一部分。大部分携带侨汇返回马来西亚的华人,将侨汇用于家庭支出,直接拉动了非生产性消费。

相比马来西亚华人技术人才再次移民带来的损失,每年十多亿美元的外汇收入远远不能弥补。执政当局也对此问题有一定认知。2011 年,马来西亚首相纳吉布指出,马来西亚实现在 2020 年成为高收入发达国家目标的主要障碍即是人才外流,还有因人才外流导致的严重的外资流失。为此,马来西亚政府专门成立了人才招揽机构,并保证回流的马来西亚专才将享有

---

① 新加坡文献馆:《大马华裔人才流失严重加剧》,2011 年 6 月 2 日,http://www.malaysiaeconomy.net/business/my_people/2011-06-02/10748.html.

② 世界银行公布,2012 年马来西亚的侨汇是 12.7 亿美元。

为期五年的 15％的所得税率优惠。① 此外，针对人才流失状况，马来西亚政府还推出多项吸引高技能人才到马来西亚工作的措施，以推动马来西亚经济发展。这些措施包括：

（1）允许领取政府奖学金的马来西亚学生回国后自由选择在私人公司工作，而不必一定得在政府部门服务。

（2）创立新的居留体制，允许已放弃马来西亚国籍的前公民和国际高端人才申请马国居住证，以长期在马国服务。

（3）于 2011 年正式成立并启用专门人才机构（talent corporation），主动寻找有意到马来西亚工作的专业人士并促成他们到马来西亚工作。

2013 年 7 月，马来西亚首相署部长阿都华希指出，马来西亚政府此前已向马来西亚人才机构投资 6500 万林吉特（约合人民币 1.2 亿元），至今已吸引 2105 名人才返回马来西亚。人才招揽机构引进的人才大部分在 30 岁以上，75％是男性。从种族方面来看，60％是华人，30％是土著，10％是印裔和其他种族。这些人才主要是从新加坡、美国、中国、澳大利亚、英国、阿联酋、卡塔尔和沙特阿拉伯返回马来西亚的，他们需在马来西亚工作至少五年。② 马来西亚政府希望通过吸引这些在海外工作的马来西亚人回到马来西亚工作，逐步实现国家经济转型的计划。

马来西亚政府吸引海外人才回归的政策虽有一定成效，但两年才吸引 1000 多华人回国，相比每年数以万计的华人人才流出，实在不成比例。政府要针对马来西亚华人海外移民的原因对症下药，如摒弃种族歧视政策，才能有效防止华人人才和资本的流出。

## 三、华人海外移民对泰国的影响

总的来说，泰国华人离开泰国是为了寻求更好的生存和发展空间。20 世纪 50—60 年代，泰国推行以排华为特征的民族主义政策，华人经济受到严重打击，大量华商逃往新加坡、欧美、香港、台湾等国家和地区，华人资本也随之转移。20 世纪 70 年代后，泰国政府放开了对华侨华人入籍的限制，实行自然同化华人的政策，使得华人能够较好地融入泰国社会，泰国华商也

---

① 《马来西亚人才流失严重，阻碍经济发展》，中国经济网，2011 年 5 月 1 日，http://intl. ce. cn/specials/zxgjzh/201105/01/t20110501_22394924. shtml.

② 《马来西亚进行人才投资已吸引两千余人回流》，环球网，2013 年 7 月 19 日，http://world. huanqiu. com/exclusive/2013-07/4151245. html.

得到较好的发展机遇。

1996 年,在东南亚各国市值总额量最高的 30 家上市企业中,泰国共占 7 家,即盘古银行 106.2 亿美元(陈弼臣家族),泰京银行 68.87 亿美元(政府),泰华农民银行 67.14 亿美元(伍班超家族),暹罗水泥 56.82 亿美元(皇室),亚洲电讯 49.17 亿美元(谢国民家族),暹罗商业银行 46.31 亿美元(皇室),泰国石油公司 45.98 亿美元(政府)。[①] 在泰国的上市企业中,华人资本支配的企业数量占 3/7。从市值方面看,华人上市企业资产总值为 222.51 亿美元,政府、皇室所支配的资本总额为 217.98 亿美元,华人资本总额已大于政府、皇室资本总额,在泰国经济中占有重要比重。

除此之外,还有大量华人从事中小企业的经营。1994 年的统计资料显示,泰国华人经营的各种商行、商店超过 10 万家,平均资本额为 15 万美元。泰国华人经营的农业与农产品加工企业约 200 家,平均资本额为 600 万美元。泰国华人经营的渔业及加工企业约 4300 家,平均资本额为 50 万美元。泰国华人经营的金融与证券公司 90 家,平均资本额 4000 万美元。[②] 如果扣除著名华人企业集团的所占数额,华人中小企业以其众多的数量在泰国华人经济中占有一席之地。不仅如此,泰国华人中小企业的经营状况还直接影响着泰国国民经济的发展和结构,乃至国家的现代化进程。

随着全球化进程的不断加快,泰国华人企业集团积极拓展海外市场,跨国经营网络也日趋成熟。20 世纪 70 年代泰国制定出口导向型经济战略,由于华人企业集团资金雄厚,海外市场网络较为完善,因此即时推行了对外投资的战略。正大卜蜂集团是目前泰国最大的跨国企业集团,其海外子公司遍布中国大陆、香港、台湾、印尼、土耳其、越南、东南亚地区及英美等 20 多个国家和地区,已跨入全球 500 家最大跨国企业行列。据估计,该集团 1994 年营业总额约为 70 亿美元,其中 65% 来自海外市场;盘古银行早在 1954 年就开设了第一家海外分行——香港分行,现已在东京、新加坡、吉隆坡、雅加达、胡志明市、伦敦、纽约等地设有多家海外分行,经过长期的海外运作,其在印支地区和亚太地区拥有比较完整的分行网络。特别是 1990 年

---

① [日]岩崎育夫:《东南亚的华人资本与国民经济》(上),《南洋资料译丛》1999 年第 1 期,第 57 页。

② 云冠平、陈乔之主编:《东南亚华人企业经营管理研究》,北京:经济管理出版社,2000 年,第 54 页。

亚洲金融集团在香港上市,标志着盘古银行的海外业务又有了里程碑式的进展;王金玉的律实他尼酒店集团(泰国最大的酒店集团)也积极向外扩张,除在美国拥有分店外,还收购了德国 Kempinski 酒店集团的大部分股权,从而形成了一个国际酒店网络;廖汉渲的泰石化集团也积极拓展国际业务,在老挝、菲律宾、印度都投资了生产项目。[①]

分析泰华企业集团的跨国经营可以看出,其投资领域主要集中在金融、房地产、酒店业、制造业及农业综合开发项目;其投资区域广泛,美国、加拿大、欧洲、中国大陆、东南亚地区等都是重点投资的区域。泰国华人企业集团的跨国经营,壮大了泰国的经济力量,加快了泰国现代化的进程。

亚洲金融危机严重地打击了泰国华人经济,特别是华人经济家族式管理"单打独斗"的模式已经不能够妥善地应对危机,因此,合作经营成为华人企业集团现代经营和管理理念中的重要一环,泰华经济的合作化趋势愈加明显。在扩大境外的直接投资过程中,泰国华人企业采取合作化方式谋发展。泰国正大集团已经与另外 10 家泰国企业合作,共同投资,共同发展,同时还与东南亚地区其他企业集团以多种方式进行经济合作。如 20 世纪 90 年代末以来出现的局部小规模区域性合作:泰国南部地区与印尼苏门答腊北部亚齐及马来西亚槟榔屿组成的"北方成长三角区";泰国北部、老挝西部、缅甸东部和中国云南组成的"黄金四角区";泰国、中国、缅甸、老挝、柬埔寨及越南组成的"澜沧江—湄公河流域合作区"等。泰国华人企业集团通过这种合作化方式不断拓展经营范围,壮大了泰国经济力量。

泰国华人经济实力雄厚,大型和中小型华人企业能为泰国华人提供大小不等的谋生和发展机会,与主体民族泰族也相处和谐。因此,泰国华人海外移民的动机,并非对泰国社会的强烈不满,而是为了谋求更好的教育和职业机遇。此外,相当数量的泰国华人海外移民,是配合泰国华人企业的对外投资。20 世纪 70 年代后,华人海外移民多以留学、婚姻、家庭团聚等方式为主,流出的人口比例与泰族大概持平。但如考虑相当部分泰国华人是随华人企业集团对外投资移出,也即企业管理人员和技术人员移居国外,这实际上也造成人才和资本流出的现象。这对人才和资本都缺乏的泰国社会,也是一种负面效应。

---

① 吴崇伯:《泰国华人企业集团的兴起与发展》,《华侨华人历史研究》1998 年第 2 期,第 28 页;汪慕恒:《东南亚华人企业集团研究》,厦门:厦门大学出版社,1995 年。

## 四、越南海外华人对越南的影响

越南华人勤劳和聪慧,普遍比当地人富有。尤其在越南南部,凡涉及人民生活必需品的商贸和产业,华人都扮演重要角色。1975 年越战结束后,越南政府开始排华,导致有能力的华人几乎都离开越南。或者可以说,尽管越南当局通过"清查华人资产"和"出口人头税",在驱赶富裕华人出境时发了一笔横财,但作为越南工商业主导者的华人的海外移民,却导致了越南经济长期萧条。这也是为什么越南革新开放以后,逐渐推出以海外越南人为主的招商引资政策。

海外越南华人作为海外越南人中的重要群体,大多在越南拥有相当规模的亲缘和社会网络。美国的海外越南华人较多,出于对故乡的情感和革新开放后越南的商机,曾逃离越南的美国越裔华人移民,开始重建与越南亲属的联系和关注越南的国内经济发展。此后,汇回越南的侨汇急剧增长。1990 年,美国的越裔华人汇回越南的侨汇只有 0.23 亿美元,到 1995 年越美关系正常化时,飙升至 2.85 亿美元,增长了 12.4 倍。仅 2003 年海外华人向越南国内亲友汇款就达 27 亿美元,当年仅胡志明市第 10 郡就增加了35 家华人企业。此后更是迅速增长,到 2007 年达到 55 亿美元。[①]

随着越南社会经济的逐步发展,国内政治社会环境日趋稳定,海外越南人积极地返回越南投资、经商和探亲。20 世纪 80 年代末,海外越南人开始回越南投资,其中包括大量的华人。革新开放后,越南本地华人为了解决经商资金的短缺,利用人脉关系,积极吸纳海外华人资金——有的投入小资本经商,有的吸收资本扩大经营,有的用于项目投资。在越南华人经济的复苏中,海外华人资金起到了重要作用。

1988—1995 年,海外越南人在越南投资项目 54 个,投资总额超过 12亿美元,投资项目主要集中于宾馆和旅游业,其他分散在轻、重工业和交通等领域。海外越商主要来自新加坡、加拿大、日本、法国、菲律宾、德国、澳大利亚、美国等,其中包括大量的华人。[②]

---

① 吴功奖:《重新崛起的越南华人经济》,载吕伟雄编:《海外华人社会新透视》,广州:岭南美术出版社,2005 年,第 143 页;梁茂春:《1975—2004 年间移居美国的越南人》,《世界民族》2007 年第 1 期,第 73 页。

② [越]陈重登檀:《海外越南人》,河内:国家政治出版社,1997 年,第 20～21 页。

　　20 世纪 90 年代后期,越侨回国投资数量不断增加。截至 2004 年年底,海外越南人回国投资 1630 个项目,其中包括根据鼓励国内投资法注册的项目 1520 个,注册资金为 35000 亿越盾;根据外国投资法注册项目 110 个,注册资金为 6.3 亿美元。2006 年年底越侨回国投资项目已经达到 2050 个,投资总额为 140.5 亿美元。仅胡志明市就有海外越南人成立的 400 家公司,投资总额 9450 亿越盾(约合 5926 万美元),公司数量同比增长 37.5%,投资金额增 1.5 倍。越侨投资项目 11 个,投资总额 48.4 万美元。根据越南投资计划部国外投资局的统计,2007 年越南新增越侨投资项目为 29 个,投资总额为 8900 万美元。①

　　这个时期海外越南人的投资项目主要集中在工业上,共有投资总额为 1.5376 亿美元的 64 个项目,占所有海外越南人对越投资总额的 53.5%;其次是服务业,注册资金为 1.1943 亿美元;农、林、渔业由于风险大回报小,对于海外投资的吸引力相对较小。投资的重点在越南基础设施较好、民众物质文化生活水平较高的省市,如河内、胡志明市、永福省、海阳省、庆和省和同奈省。2003 年,海外侨胞根据外国投资法投资的项目对越南财政收入的贡献为 120 万美元,为越南国内创造了 7000 多个劳动力就业机会。②

　　除此之外,还有很多海外越侨回国探亲或工作,尤其是相当数量的越侨知识分子返回越南的大学和研究所。据统计,1993—2004 年,海外越侨回国探亲或工作的数量增加近两倍,从每年 16 万人次增加到了每年 43 万人次。③ 仅 2003 年回到越南的海外越南华人就达 30 万人次,同年他们带回的资金约 20 亿美元,用于投资或置业的占 10%。④ 这在一定程度上推动了越南旅游和服务业的发展,刺激了越南国内的消费。

---

① 黄莹:《当代海外越南人的现状及其对越南经济发展的作用》,广西民族大学未刊硕士学位论文,2008 年,第 31 页。

② [越]阮庭斌:《海外越南人:融入与心系家乡》,《共产主义杂志》2003 年第 4～5 期,第 5 页。

③ 1994—2005 年海外越南人回国返乡情况,见 **Cộng đồng người Việt, Nam ở nước ngoài--ưng vấn đề cần biết, Nxb.Thế giới, Hà Nội, 2005, p.67.**

④ 海外越南华人回国的具体数量不详,目前越南政府对海外越南人回国予以免签的优待,因此现今回国的海外越南华人数量可能会更多,参见吴功奖:《重新崛起的越南华人经济》,见吕伟雄编:《海外华人社会新透视》,广州:岭南美术出版社,2005 年,第 143 页。

就越南而言,越南当局驱赶越南华人离境,很大程度上造成越南工商业的长期萧条。革新开放以来,海外越南华人通过侨汇和投资,对越南的社会经济发展起到了重要作用。

## 五、华人海外移民对菲律宾和印尼的影响

菲律宾和印尼对海外移民的侨汇依存度较高,大量的海外劳工寄回的侨汇客观上为菲律宾和印尼的经济发展做出了贡献。

国际货币基金组织的《国际收支统计年鉴》对侨汇的统计数据大致包括三个部分:一是移民劳工收入,包括在国外劳务不满 12 个月的劳工工资和其他收入;二是侨汇,即在国外居住一年以上的出国劳工汇回祖籍地的汇款;三是移民资产转移,即出国时移民带走的财产。① 菲律宾和印尼都有一些规模较大的华人企业对外投资,虽对母国有移民资产转移等负面影响,但也有带动母国出口贸易发展的正面影响。无论是印尼还是菲律宾,其海外移民的主力军是劳务人员,尤其是菲佣和印尼佣,他们的侨汇是这两个国家外汇收入的主要来源之一。但这些海外劳工中华人的数量极少,非劳务输出的华人移民的侨汇也无从统计。因此,无法具体评估华人侨汇对菲律宾和印尼的直接影响。

### 1. 华人海外移民对菲律宾的影响

探讨华人移民对菲律宾经济的影响,需要区分永久移民和劳务输出移民两种情况。因为华人大多具备一定经济基础,很少通过劳工方式移民。就菲律宾来说,华人海外移民主要是永久移民方面的影响。永久移民本身及所携带出境的资本对移出国而言,当然是资本的流出,但评估这种流失时,还需考虑到海外移民某种程度能缓解国内的失业率,而移民寄送回国的资金和礼物,有助于增加国内亲友的收入,同时,有些商务移民还能发挥国内资源,为其在接收国创业所用。

20 世纪 60—80 年代,有相当规模的菲律宾华人移民前往美国,他们是专业和技术人才,对菲律宾而言,无疑是人才的流失。20 世纪 80 年代末以后,华人的亲属移民开始增多,包括前一批移民的长辈和子女,这些移民是菲律宾社会成本的反向转移——这部分华人劳动力空出来的位置被未就业

---

① 林勇:《浅析海外侨汇对移民母国经济发展的积极作用》,《亚太经济》2009 年第 5 期,第 109 页。

人员直接或间接填补。这批华人亲属移民的离境,其抚养、教育或养老费用由接收国承担,客观上减轻菲律宾经济的负担。海外菲律宾华人回国旅游或探亲所产生的消费,也成为菲律宾的收入。为了增加海外移民回国旅游探亲的收入,菲律宾政府特别策划了"回家"(balikbayan)项目,以招揽包括华人在内的移民回国旅游。该项目对永久移民回国探亲旅游的优惠有:享受到旗舰航空公司折扣票;便捷的入关手续;特别的住宿优待和在国内旅行的便利安排等。这个项目目前非常成功,永久移民回家度假成为当前菲律宾旅游业的主要支柱,菲律宾政府从其中获得了大量的外汇收入。

除此之外,随着菲律宾华人企业集团经济实力的发展,其跨国的投资经营活动也逐步增加。菲律宾华人企业集团跨国发展的原因主要有:躲避菲化政策的制约、寻求更稳定的政治社会环境、抵御金融危机的打击等。菲律宾华人企业集团通过国外进行投资,开拓东盟和其他国家的市场,以规避制约自身发展的限制,争取更加优越的环境。如陈永栽企业集团在亚洲各国和美洲、大洋洲建立起跨国经营网,从 20 世纪 80 年代起,其先后投资 10 亿美元在香港建立了福川贸易公司、新联财务公司和裕景房地产公司等;在联盟银行增设国外分行的同时,1981 年又在美国收购了海洋银行;1993 年在厦门独资开办了厦门商业银行;在巴布亚新几内亚购置 300 万平方米土地,开办了烟叶和薄荷种植园、畜牧场,接着又投资工业,开办炼铁厂和日产 500 吨的轧钢厂;在关岛购置了大量土地,兴建大型商场和休闲中心,并拥有当地最大的面包厂;在加拿大,也开设有地毡厂、炼钢厂、面包店和药房等。①

这些华人企业集团的对外投资带动了一批华商及其眷属和华资企业管理人员移居国外,成为华人海外移民。诚然,华人企业集团跨国投资及派出的管理和技术人员,对菲律宾社会而言,无疑是人才和资金的流出。但菲律宾华人企业集团对外投资,也带动国内相关行业的发展。尤其是与利用国内资源、产业和劳动力直接相关的外贸行业、食品加工业、酒店服务业等,有利于提升国内资源利用率和产业及劳动力的竞争力。

**2. 华人海外移民对印尼的影响**

劳务输出是印尼的经济发展战略之一,也是印尼获得外汇的有效途径

---

① 庄国土、陈华岳等:《菲律宾华人通史》,厦门:厦门大学出版社,2012 年,第 580 页。

之一。但是出境的劳务人员中,华人所占比例很小。大量华人劳动力移民,主要是在特定历史时期和历史事件背景下出现的,如1965年的"九三〇"事件和1998年的"98排华事件"。

大部分印尼华人属于印尼社会的中间阶层,如商贩、店主和中层商务管理人员等。有少部分华人以其特殊的商业才能和辛勤的劳动,在工商业方面取得比较突出的成就,形成了一个华人工商业群体,在社会经济生活中处于较高的地位。从总体看,印尼华人家庭的生活水平明显高于当地人家庭的平均生活水平。有极小部分华人大企业家与印尼政府上层人物的关系非常密切,并且利用这种密切关系通过官商合作、利益分享的方式成为举国瞩目的豪商。因此,所谓的"华人富有,华人控制了印尼的经济和财富,剥削当地民族,当地人的贫穷是由于华人的剥削造成的",不但是殖民地时期荷兰殖民当局的渲染,而且成为印尼民众和社会对华人的相当普遍的看法,这也是为什么印尼的排华活动特别激烈和持续时间特别长的潜在原因。正如王赓武教授指出的,华人和本地人民之间的经济差距,至今仍是双方关系发展遭到阻扰和隐藏着冲突的主要根源。[1]

正是由于在国内遭受排斥和歧视,一部分有能力的华人选择离开印尼,前往欧美等国求生存谋发展。这对印尼而言是一种损失,这些华人海外移民不仅带走了知识和技能,也转移了自身资产。很多印尼的华人大企业主,虽选择在印尼发展事业,但本人拥有外国国籍。如促进中国与印尼在1990年恢复外交关系的印尼大华商唐裕,[2]他在1926年出生于印尼棉兰,祖籍福建安溪蓬莱镇温泉村,是印尼知名企业家,号称"东南亚船王"。他持新加坡护照,照管在印尼的庞大企业集团。又如印尼华人豪商林绍良,早年在中爪哇靠丁香生意起家,后经营面粉厂、水泥厂等生意,并涉足地产和金融业,多次在《福布斯财富》排名中名列印尼首富。其企业帝国的指挥枢纽设在新加坡,晚年也定居新加坡,2012年在新加坡去世。1998年印尼排华以后,印尼华人资本大量转移到新加坡,更是公开的秘密。

此外,印尼华人企业绝大部分是中小型企业,随着全球化的发展,其经营范围逐步从传统商业向工业尤其是制造业和服务业拓展,客观上为印尼经济复苏做出重要贡献,并在经济全球化进程中发挥了相当的积极作用。

---

① 王赓武:《王赓武教授论文集》,北京:中国友谊出版公司,1986年,第205页。
② 任越:《"民间大使"唐裕》,《东南亚纵横》2000年第6期,第32页。

　　总体来说,对东南亚华人海外移民的输出国来说,华人海外移民的影响大体上是消极的。对印尼、菲律宾、印度支那乃至泰国这些不同程度缺乏资本和人才的国家和地区而言,华人海外移民不但是人才的损失,而且带走数量不等的资金。于新加坡和马来西亚而言,其出走的华人大多是专业人才和留学生移民,是人力资本投资的重要损失,客观上也影响了经济发展和技术进步。

　　输出国政府不同程度上也认识到华人资本和人才流失的负面影响,都不同程度上采取吸引华人海外移民回国的措施,但这些措施似乎成效不大。

# 第三节　东南亚华人海外移民对接收国的影响

　　一般而言,移民接收国通过接收移民增加了劳动力的供应,进而促进了就业和生产,提高了 GDP 的产值。此外,高素质移民所具备的创新能力,还能帮助移民接收国提高生产率。尽管移民对接收国的经济贡献不言自明,但是移民接收国的一些政策制定者和公众对移民普遍抱怀疑态度,主要理由是移民必定会成为国家发展的经济负担,担心移民导致就业职位的竞争、公共服务负担增加、社会关系紧张和犯罪率提升。[①] 实际上,就东南亚华人海外移民的状况而言,他们对接收国的贡献,远高于接收国对他们的付出。

## 一、对美国和加拿大的影响

　　探讨东南亚地区移民,尤其是华人海外移民对美国和加拿大的影响,首先应该考虑的是移民对人力资本、劳动力市场和经济的影响。若移民拥有高技能或能迅速适应接收国劳动市场,则其对接收国经济的增长起到了促进作用,而不会导致本地人税收负担(社会保障中的支出)的加重;反之,本地人的社会保障支出必然增加,且加剧了接收国业已存在的种族工资差异,对本地人就业也会产生负面影响。[②]

### 1. 华人海外移民对美国的影响

　　1965 年美国移民政策改革后,美国进入了一个全新的移民时期,包括

---

　　①　*Overcoming Barriers：Human Mobility and Development*，United Nations Development Program，New York，2009，p.70.

　　②　Jean Baldwin Grossman, The Substitutability of Natives and Immigrants in Production，*The Review of Economics and Statistics*，Vol.64，No.4，1982，pp.596~603.

华人在内的东南亚移民数量迅速增加。东南亚移民群体呈现两个层面的构成特点：一方面是接受过高等教育，具有技能的专业人士，其中华人居多；另一方面是教育水平低的半熟练工人和难民，这些难民中也包括很多华人。前者为美国创造了物质财富，推动了美国经济的发展；后者则通常被认为抢占了本地人的就业职位，增加了公共福利负担，是造成社会不安的主要因素。

移民问题是美国最有争议性的问题之一，20 世纪 80 年代以前，对美国移民的主流研究认为：移民到达之初，一般处于经济上的劣势，但他们的经济地位随时间的推移迅速提高。在 10～20 年内，移民的收入接近、到达甚至超过与其社会特征相近的本地人；而且，很少有迹象显示移民对本地人就业机会有负面影响。20 世纪 80 年代以来的研究，却得出了许多不同的结论：移民的技能持续相对下降；移民的收入未必能赶上或超过本地人；新移民可能因为其福利参与率远高于早期移民而对财政有负面影响等。但美国的劳动力经济学家们却一直认为，移民进入美国，为美国经济提供了一支更为灵活的劳力大军。这使得美国各行业在向消费者提供相对廉价的产品和服务的同时，可以维持经济的持续增长。[①] 1997 年，国家研究委员会发表关于移民对美国经济影响的研究，该研究证实了移民对美国经济的积极影响。该报告认为，移民每年为美国经济带来的净收益大约是 100 亿美元。[②]

对劳动力市场的影响是关于移民影响的主要因素之一。达拉斯联邦储备银行以移民规划局和当前人口调查的统计数据为依据，分析了移民对本土工人工资的影响。该研究认为，移民对不同技能程度的美国工人的工资有不同影响：对专业技术工人的工资并无消极影响，但却会造成体力劳动工人的工资下降。移民自身的不同状况也对本土工人工资有不同影响：新移民是唯一不对土生蓝领工人工资产生负面影响的群体，不会替换本土工人；而那些居住多年的移民，他们逐渐掌握了英语及立足美国的生存技能，增强了同本土工人竞争的能力。也就是说，随着移民同化程度的增强，其对本土

---

① Augustine J. Kposowa, *The Impact of Immigration on the United States Economy*, Lanham, Maryland: University Press of America, 1998, p. 26.

② James P. Smith and Barry Edmonston, eds., Panel on the Demographic and Economic Impacts of Immigration, National Research Council, *The New Americans*: *Economic*, *Demographic and Fiscal Effects of Immigration*, Washington, DC: The National Academies Press, 1997, p. 174.

工人工资的负面影响更加明显。①

  来自东南亚地区的华人移民对美国的经济影响与其所具有的人力资本、教育及劳动技能等相关要素紧密相关。美国著名移民专家朱利安·L.西蒙(Julian L. Simon)认为,20世纪60年代后,来自亚洲的新移民存在质量两极分化的趋势,既有许多低素质劳动力,也存在大量高学历、高技能水平的专业人才,其中从事专业技术职业者比例还高于本土美国人。② 从美国华人的职业来看,华人专业人才主要从事"白领"工作,包括软件开发、经理、管理人才、会计以及审计员。他们的家庭收入、人均收入、工资收入水平均高于美国平均水平。但是另外一些华人则从事厨师、服务员、收银员、纺织工人等"蓝领"工作,收入并不高,这与其受教育程度和在美同化程度有关。

  朱利安·R.贝茨(Julian R. Bates)和马格努斯·洛夫斯特罗姆(Magnus Lofstrom)在对1970—1990年间移民群体的研究成果中指出,相对于本土工人而言,移民的教育水平的确有所下降,根本原因是其受教育程度的增长速度低于本土美国人。但从绝对意义而言,移民的教育程度却在不断提高,其中接受过高等教育的移民比例,甚至高于本土美国人。此外,移民在美国的时间越长,其整体教育程度会越接近于本土美国人。③ 朱利安的这项研究成果是就整个美国的以墨西哥移民为主的移民群体的研究,亚裔或华裔移民群体呈现的情况则大不相同。2010年美国人口普查显示,从受教育程度来看,25岁以上处于适龄就业的华裔52%接受过高等教育,几乎是全美平均水平26.4%的两倍,同时,华裔人口中高中以下学历者为18.7%,也高于15.4%的全美平均水平。而那些拥有良好教育背景的华人新移民一般来说能进入美国的主流社会,进入主流经济的白领阶层,获得相对较高的收入。④

---

  ① Federal Reserve Bank of Dallas, *Does Immigration Affect Wages*?, http://cep. lse. ac. uk/Seminarpapers/21-01-03-Bor. pdf, 2005-12-26.

  ② Julian L. Simon, *The Economic Consequences of Immigration*, Ann Arbor, Michigan:the University of Michigan Press, 1989, p. 38.

  ③ George J. Borjas, ed. , *Issues in the Economies of Immigration*, Chicago:the University of Chicago Press, 2000, pp. 51~115.

  ④ 《华裔美国人:两极分化明显的少数族群》,新浪网,http://edu. sina. com. cn/a/2012—11—19/1047222145. shtml.

2007 年，美国加州公共政策研究所公布的一项研究报告显示，华人移民与本土工人之间互为补充而非互为竞争，对美国本土工人的薪金的正面影响从经济理论上来说是符合逻辑的。该研究根据 1960—2004 年的就业和薪金数据进行分析后发现，外籍工人的增加与本土工人薪金上升之间呈现一种明显的正相关关系。报告的作者加州大学戴维斯分校经济学副教授培利（Giovanni Peri）认为："当从事某种工作的华人移民人数增加，相应的管理、组织和培训等方面的职位需求也会增加。而这些职位一般都是由本土美国人担任的，在一定程度上提高了美国工人的收入水平。"他以加州为例进行分析：1990—2004 年间，新来的华人移民占有了加州所增加的全部就业岗位的 20％。然而，这不但没有挤占美国人的工作空间，反而提升了他们平均薪金 4％的水平。根据不同学历和经验，薪金的影响有所区别，但几乎没有例外的都是正面影响。报告举例，具有高中毕业文凭或者大学学位的土生工人，其薪金增加大约 3％；一些具有大学学位的土生工人加薪幅度竟达到 7％；即使是土生而在高中半途退学的人士，薪金亦有轻微上升（0.2％）。[①] 该研究报告至少证明，华人移民并没有像很多移民研究者认为的那样，对接收国将产生消极影响，特别是认为移民与土生美国工人争夺就业机会。

除经济影响外，移民还是美国人口增长主要动力。美国 2010 年人口普查数据显示，虽然移民家庭持续增加，但全美儿童数量占总人口的比率仅为 24％，打破 1990 年 26％的最低纪录。65 岁及以上年龄的人口比例则升高至 19％，美国社会人口老龄化问题日益严重。2010 年人口普查数据显示，18 岁以下人口，有 25％为移民，并且是美国目前年轻人口增加最快速的族群。自 2000 年以来，美国增加的儿童人口主要归功于少数族裔，其中亚裔占 4％。[②]

美国人口普查局于 2010 年发布的世界人口报告指出，目前数量为 3.1 亿的美国人口未来 40 年如何增长，取决于移民流入的态势。如果移民保持目前每年流入近 100 万的势头，2050 年美国人口将达 4.23 亿。人口参考

---

① 《最新研究推翻"抢饭碗"说，移民助美土生工人加薪》，中国侨网，2007 年 2 月 28 日，http://www.chinaqw.com/hqhr/ymzx/200702/28/63179.shtml.

② 《美国人口老龄化问题趋严重，18 岁以下人口移民占四分之一》，人民网，2011 年 8 月 4 日，http://sd.people.com.cn/GB/227603/227613/15330613.html.

局副主任琳达·雅各布森(Linda Jakobson)表示,移民有助于缓解美国的人口老龄化,增加劳动人口。[①] 东南亚的华人海外移民大多是年轻人,他们进入美国,一定程度上缓解了美国人口老化的趋势。包括东南亚华人海外移民在内的华人移民,对美国的最大贡献是他们的专业技术能力(详见第四章)。

### 2. 华人海外移民对加拿大的影响

与美国一样,华人海外移民有助于缓解加拿大人口老化的趋势。

加拿大目前人口出生率低,人口老龄化严重。2006 年,加拿大人口出生率只有 0.9‰,远低于正常人口替代率 2.1 的比率。这意味着如果没有移民的加入,加拿大将出现人口负增长的情况,由此引发的劳动力短缺将给经济发展带来负面影响。2002 年加拿大 65 岁以上老年人的比例达到 12.72%,2003 年这一比例达到了 12.83%,远超过国际认定的 65 岁老年人口 7%的比重,已经完全进入老龄化阶段。[②] 人口问题给加拿大经济增长带来的负面影响主要体现在两个方面,一方面是劳动力人口数量的下降,另一方面是老龄化引起的投资不足问题。老年人的实际收入较低,储蓄倾向也低,因此人口老龄化的结果是总储蓄水平的降低。在宏观经济中,储蓄降低会带来投资不足,影响经济发展的后劲,进而减缓经济的发展。因此,为了缓解人口老化,加拿大一直大量输入年轻的移民。1980—2000 年,移居加拿大的华人数量已接近 80 万人,占加拿大外来移民总量的 20%。[③] 近十年来,加拿大每年规划接收移民 25 万,实际接收的更多,约占加拿大总人口的 10%。近年来,华人移民一直居于外国移民的前三位。加拿大统计局报告显示,2001—2011 年间,大温哥华地区亚裔血统的人口增长迅速,三大亚裔人口分别为华裔、印裔和菲裔,其余的亚裔则包括韩国、越南、新加坡等,但所占比例较小。[④] 仅就缓解人口老化而言,华人海外移民对加拿大人口结构起到正面影响。

---

① 《美人口老龄化日显,移民被指有助缓解劳动力短缺》,中国新闻网,2010 年 8 月 11 日,http://www.chinanews.com/hr/2010/08-11/2459954.shtml.

② 段亚枫:《加拿大的移民及其对经济的影响》,《人口与经济》2008 年 4 月增刊,第 35 页。

③ 徐丹:《论加拿大华人移民人口结构的变化》,《世界民族》2007 年第 6 期,第 75 页。

④ 《大温哥华地区人口亚裔占 43%,华裔列亚裔移民首位》,中国新闻网,2014 年 3 月 31 日,http://www.chinanews.com/hr/2014/03-31/6009928.shtml.

加拿大华人主要是以投资和经商为主,大多是经济技术移民,对加拿大的经济发展有直接影响。根据安大略省皇后大学(Queen's University)经济学教授韦尔(Roger Ware)主导的有关投资移民对加拿大经济影响的研究可知,投资移民对加拿大经济具有正面影响。该研究指出:"2001—2008年旧制度下,①缴交40万加元就可当投资移民的家庭,从抵达加拿大到安家、购买生意,带给加拿大的直接经济贡献达到77万~80万加元。"韦尔对107名投资移民进行问卷调查发现,投资移民做出40万加元投资,经过五年到期无息退回,政府从中得到的利息收入,扣除管理费用,实际获利为4.5万加元。报告还指出,每年加拿大约吸纳2500名投资移民,他们一年为加拿大带来19亿~20亿加元的经济贡献。韦尔强调,研究只计算投资移民的"直接"影响部分,并不包括投资移民一家人在本地生活的个人消费,例如买衣服、买车或使用任何服务,也未去计算有投资移民后来在加拿大企业任职,对生产力所做的贡献,以及第二代融入加拿大社会后的长远贡献。韦尔认为,投资移民计划应扩大,对加拿大税收和创造就业机会均有益。②华人移民中,早期华人投资移民主要来自港台和东南亚,近十年来,则以中国大陆的投资移民为主力。

与韦尔提倡扩大投资移民计划相反的是,2012年,加拿大移民局终止了投资移民计划。加拿大移民局认为:投资移民提供80万加元获得永久居留的机会与英国、澳大利亚和新西兰相比,数额少且门槛低;投资移民向加政府支付的个人所得税低;目前已受理的投资移民申请积压数量多,无法完成。简言之,加拿大政府认为投资移民的资金并未对加拿大经济产生直接的作用,至少有一半以上没有投入到创造就业的实业中。省政府可能会投入到一些其他用途,包括基础设施建设、中小企业发展等,但如果没有对经济产生直接影响,如创造就业等,那么投资移民对加拿大社会就无所助益。加拿大移民局指出,有大量外国移民通过投资移民项目取得加拿大永久居民资格,居住三年后拿到加拿大公民身份,就返回其出生地居住。这些人不在加拿大工作,不给加政府上税,也没有带来政府期待的大量就业机会。故

---

① 1986年加拿大政府开始执行投资移民项目,加拿大政府规定一个外国公民能证明自己拥有160万加元以上的净资产,并"无息"借给加拿大政府40万加元(为期五年,2010年后改为80万加元),即可取得加拿大永久居民身份。

② 《经济学家研究:投资移民为加拿大年贡献20亿元》,中国新闻网,http://www.chinanews.com/hr/2014/03-08/5926789.shtml.

此,加拿大政府提请议会取消投资移民计划。

加拿大停止投资移民计划旨在阻挡无语言基础的申请人,希望通过制定新计划吸收对经济刺激作用更明显的移民,他们必须主动投资,并在一定期限内达成一定经济效益的目标,或者创造足够多的就业机会,之后才能获得永久身份。这项投资移民计划针对的对象,通常认为是大陆富人。前往加拿大的东南亚华人海外移民主要是来自马来西亚的专业人士,他们熟谙英语,一般不受此项限制的影响。

## 二、对欧盟的影响——以英国和法国为例

目前,外来移民无论在总体数量上,还是在欧盟各国总人口中所占的比例,都达到了空前的规模。而且,随着欧盟低出生率和人口老龄化趋势的加剧,新移民的进入和原有移民人口的高出生率将成为欧盟地区国家维持人口结构的最主要途径,这表明欧盟外来移民的总体数量和所占比重在未来还将有相当的增长。

习惯于欧洲中心主义和民族文化优越感的欧盟国家,在面对本土民族人口日益相对减少的现状时,愈来愈对外来移民产生"多数的恐惧"心理。很多欧盟国家的民众担心,逐步增多的外来移民会挤压自己的生存空间,使自己的国家失去民族特征。有些极端人士甚至认为:这样下去,外来移民将成为一种颠覆性力量,许多欧盟国家的主体民族将丧失对国家的主导权,造成用以支持和维护自身利益的国家机器以及其他制度性资源控制权的削弱甚至是旁落,这是对民族国家生存和发展的重大威胁。下面就以接收东南亚华人移民较多的英国和法国为例,简要分析移民对这两国的积极和消极影响。

### 1. 移民对英国的影响

1997 年,英国颁布新的移民政策,放弃先前最小化移民定居的政策,肯定了大规模移民对英国经济繁荣和社会发展的正面意义。自此,进入英国的移民迅速增加,每年流入的移民超过 30 万。[①] 随着移民数量的增加,英国国内出现了两种截然不同的声音,2007 年 10 月 16 日,英国内政部、财政

---

① A. M. Findlay, *The UK Experience of Attracting and Supporting Foreign Skilled Migrants*, Paper Presented to the Singapore Conference on Competing for Global Talent, 13-14 January, 2005.

部和就业与退休金部联合发布《移民的经济和财政影响报告》,对这两种不同的声音给予了概要介绍。一派充分肯定了移民对英国经济的贡献,另一派则更多地强调移民给社会带来的负面影响。①

(1)报告正面评价了移民对英国经济的积极贡献。相比英国工人来说,新移民在技能、诚信和工作的努力程度上均超过本地工人,并对英国经济发展做出了较大贡献。2004—2005年,英国经济增长总额的17%是由移民创造的。此外,调查显示:1999—2000年,在英国的移民缴纳的税款为312亿英镑,花费的公共服务和补贴为288亿英镑,对英国经济的发展做出了贡献,而且来自移民的这一贡献还呈逐年上升趋势。

(2)教育程度不高的移民从事的均是社会地位相对较低、长期受本地人歧视的行业,因而部分缓解了这些行业长期存在的劳动力短缺的状况。对雇主进行的抽样调查显示:在某些行业,相比英国本地人,移民更加诚信,更加勤奋,解雇成本相对较低,工资要求不高,且掌握英语或数学等基本技能,因此雇主更愿意雇用外来移民。

(3)移民进入英国后缴纳了88亿英镑税收,支持了英国公共服务,促进英国经济增长,缩减财政赤字并且减少本地税收。

(4)从成本与收益角度分析,移民所携带的子女、父母等都对教育、医疗、养老金等多种公共服务和补贴构成了纯粹的消耗。移民对社会的贡献大大低于其子女和父母消耗的公共服务和补贴。将这些都计算在内的话,移民带来的收益就无法弥补在公共服务资源上的消耗。

(5)移民给英国住房、医院、教育和交通等公共服务带来了沉重的压力:住房严重紧缺,房价日高;英语培训需要激增,导致现有的英语培训学校严重不足;医疗部门服务难度增加,费用上涨;犯罪率上升和社会治安问题严重,抢劫、枪杀、谋杀等恶性案件明显上升;社区凝聚力下降等。

上述关于移民的负面影响,应当多少涉及印支华人难民。但相对于其他地区来的难民,印支难民是最勤奋、勇于自助且犯罪率较低的群体。此后,英国的东南亚地区华人海外移民主要是来自新加坡和马来西亚的技术移民和留学生。整体而言,包括东南亚华人海外移民的英国华人,他们的失业率、犯罪率低,受教育程度较高,多专注于学术和专业领域,其中约20%

---

① 《英国移民政策新动向》,腾讯网,2009年2月16日,http://edu.qq.com/a/20090216/000147.htm.

在法律、医药等行业就职。此外,从事金融投资、高级管理和专业领域的人数比重也比其他英国人高。[①]

在严格控制移民总体政策框架下,英国政府明确表态英国的边境大门将会向高技术移民敞开大门,这一政策将会更加吸引新加坡和马来西亚的华人,为英国增加劳动力的同时,推动英国经济保持增长态势。

### 2. 印支华人难民对法国的影响

二战结束后,因经济的发展,法国需要大批劳动力,开始陆续与意大利、西班牙、葡萄牙、南斯拉夫、土耳其等国签订引进外来劳动力的协议。20 世纪 60 年代末,西班牙人成为主要的外来劳动力团体,其次是葡萄牙人,1975年已达 75 万。阿尔及利亚独立后,有 70 万阿尔及利亚人和大批突尼斯、摩洛哥和非洲国家的移民来到法国,他们当中 2/3 都是矿工和工厂工人。1974 年法国开始对移民潮实施控制,这是因为战后出生的年轻人开始进入劳动力市场,使劳动力缺乏的问题得到缓解,同时,还因为经济危机导致当时的失业率上升。

20 世纪 70 年代中期以后,曾是法国殖民地的印支三国的华裔难民大量涌入法国。随着大规模华裔难民的涌入和归化,法国的移民问题开始引发关注,特别是公众认为难民对法国高福利社会保障政策造成了冲击。

法国的现代社会保障制度是在二战结束后研究并借鉴英国和德国的模式基础上建立起来的,是"以行业为基础,多种制度并存,以'总制度'为主,其他制度为辅的复杂结构"。1945 年,法国政府通过《社会安全保障法》,开始建立一个具有普遍意义上的社会保障体系。到 1978 年时,社会保障人口覆盖率基本达到 100%。从保障项目来看,法国的社会保障制度主要包括养老保险、医疗保险、失业保险等内容,最重要的原则是:"法国所有公民,不分籍贯、人种和宗教,都一律平等。"因此,移民也理所当然的享有同法国人一样的社会保障权利。但是也就是 1978 年左右,印支难民日益增多,给法国社会保障制度造成了负担。

(1)印支华裔难民群体中有很多老人,这使得养老保险金覆盖范围扩大

法国社会的人口老龄化趋势对社会保障制度产生了直接和深刻的影响,使社会保障制度更加难以维持。法国早已进入了老龄化社会,2000 年

---

① *Annual Local Area Labour Force Survey*,2001/2002,Office for National Statistics.

法国 60 岁以上老人占 20.5％,其中 75 岁以上占 7.1％,85 岁以上占 2.1％,远高于联合国人口基金会认定 60 岁以上老人占 10％的标准。① 印支难民多是携家带口而来,特别是 40 岁以上的人不少,随着法国社会老龄化趋势加剧,移民年龄结构与整个社会的年龄结构日益趋同,养老金等社会福利性开支也随之增加。

(2)医疗保险中对移民的费用支出大幅增加

法国的医疗制度是中央集权式的,由社会事务部负责控制健康保险,提供资金,并决定医生的费用和医药的价格。1999 年 7 月 27 日,法国出台"全民疾病保障法",提出"人人都有健康权"的口号。1999 年,法国用于医疗卫生的支出高达 1327 亿欧元,即人均 2212 欧元左右。为此,社会保险提供了 75％的费用。印支华裔难民的医疗保险支出也在此统筹范围之内。特别是随着老年人口的增多,医疗保险开支也随之增加,这对法国医疗保障带来了相当大的负担。②

(3)印支华裔难民失业人员导致失业保险支出增加

1985 年以来,法国的失业率就一直维持在两位数左右。20 世纪 90 年代,法国经济增长开始出现滞涨现象,失业人数高达 30 万,其中外国移民占 16％。特别是印支华裔难民,他们主要是非技术性移民,较易受到失业潮的冲击。

国际劳工局的统计表明,1995 年,20％的法国移民处于失业状态,而全国平均失业率是 12％。这些移民的失业率是法国人失业率的 2～3 倍。在法国,失业者只要满足以下条件即可享受失业保障:年龄在 60 岁以下。失业前需连续工作六个月以上、有证据证明其正在积极地寻找工作。此外,失业保障还规定:失业者失业前每月工资额小于 6018 法郎的,给予月工资额 70％的补助;失业前每月工资额为 6018～10050 法郎的,给予月工资额 40.4％的补助,同时每天另加 56.4％的补助等。不能享受失业保险的失业

① 法国统计及经济发展所的调查和人口普查,转引自翟凌晨:《移民对法国社会保障制度的影响》,《福建论坛》2007 年第 4 期,第 54 页。

② Jean-Paul Gourévitch, *Immigration and Its Impacts in France*, *in the Effects of Mass Immigration on Canadian Living Standards and Society*, Paper Presented on 3—4 June, 2008 at a conference in Montreal entitled "Canadian Immigration Policy: Reassessing the Economic, Demographic and Social Impact on Canada", Vancouver, BC, 2009, pp. 41～54.

者则可以通过团结互助制度(名为民间组织,实为官方救济)获得不低于
2500 法郎的救助。失业率居高不下直接导致失业保险开支的增加,使原本
就入不敷出的社会保障计划负债累累。印支华裔难民中的失业者或多或少
都受到失业保险或团结互助制度的救济,甚至还有人利用福利国家制度的
漏洞,成功地使自己失业并顺利地拿到救济。①

针对法国移民对社会造成的压力,为了保持社会公共秩序的稳定与经
济的有序发展,法国政府不得不重新审视与调整其延续多年的宽松移民政
策。法国颁布了新移民法,变被动的"接受性移民"为主动的"选择性移民",
对凡是能够为法国经济发展和巩固法国国际地位带来贡献的优质移民敞开
大门,同时限制那些预期会带来社会公共资源负担的移民入境。为此,法国
还专门设立了一种"能力与才干"居留制度——专门为经过法国政府挑选的
"高等人才"颁发居留证。②

20 世纪 70—80 年代,法国接纳大量印支华裔难民的原因有三:一是人
口因素,法国国内人口出生率低,老龄化严重,需要接纳大量的移民;二是经
济因素,战后法国经济飞速发展,需要大量的移民参与经济建设。印支华裔
难民同其他地区的移民一样,对法国人口增长、经济发展及社会文化等都产
生了不可忽视的影响;三是印支难民是当时的国际问题,作为原宗主国的法
国,接纳印支难民除政治利益权衡外,还有部分出于人道主义的考量。

虽然印支华人难民短期间内给法国福利制度造成很大负担,但他们勤
勉节俭,善于自助,且有一部分华人难民是携带资产而来,因此,他们很快成
为财富的创造者。20 世纪 90 年代以后,印支华人难民集中的巴黎 13 区,
已经成为全欧洲最繁荣的唐人街。1975 年随父辈前往巴黎的柬埔寨华人
难民陈文雄(Tan Buon Huong),曾在巴黎第一大学获得计算机商业管理硕
士学位,他在参与家族企业管理的同时,热心参与社会活动,长期担任法国
潮州会馆的负责人。2008 年参政,成为首位华人区议员兼 13 区副区长。
他是 300 年来第一位成功登上巴黎政治舞台的华人。2014 年,陈文雄成功
当选巴黎历史上首位华人议员。③

---

① 周弘:《法国的社会保障制度危机和改革》,《世界经济》1997 年第 11 期,
第 55 页。

② 王家宝:《法国人口与社会》,北京:中国青年出版社,2005 年,第 168 页。

③ 黄冠杰:《13 区选举社会党大胜,陈文雄成巴黎首位华裔市议员》,《欧洲时报》
2014 年 3 月 31 日。

### 三、马来西亚华人移民对新加坡的影响

新加坡既是移民输出国,也是华人移民接收国。新加坡华人,特别是高技能的专业人才离开新加坡前往欧美各国,对新加坡而言是一种人才流失。同时,大批华人专才尤其是来自马来西亚的华人移民进入新加坡,弥补了这方面的损失。马来西亚华人进入新加坡,有助于新加坡保持人口增长和维持华人占绝对多数的比例。

新加坡是目前世界上生育率最低的国家之一,新加坡政府在实施一系列鼓励生育政策的同时,还引入外来人才以补充国内人才不足,保持人口增长。其中,华人生育率逐年降低,已由 1958 年的 6.4% 下降至 2006 年的1.11%,远低于人口替代率 2.1 的比例。新加坡需要大量外来华人弥补本土华人生育率不足的现状,华人移民的到来不仅能够保持新加坡人口增长,更重要的是能够维持新加坡华人占多数的族群结构。

时任新加坡总理吴作栋(Goh Chok Tong)在 2001 年国庆演说中指出:"我们缺少 14000 个婴儿,我们必须引进新移民。新加坡将会面临一个严重的问题……如果我们想要立足于世界民族之林,我们需要持续增长的人口,同时这增长的不仅是数量。我们正在寻找那样的人,他们有能力,有干劲,有能动性和创新性,而且并不只是一种类型的能动性和创新性,不仅是毕业生、专业人员、银行家或者是律师,而是所有类型的人才。新移民将会弥补新加坡的低生育率并能阻止国家经济和劳动力的收缩。"[1]为此,新加坡政府采取了一系列措施,如向留学生提供全额奖学金并且毕业后允许在新加坡工作六年,为技术移民特别是企业家提供创业启动金等经济资助等,鼓励和吸引有技能的移民。马来西亚华人的到来,一定程度上满足了新加坡对技术人才的需求。

新加坡是马来西亚人移民最多的国家,在新加坡就业市场上,华人劳动力大多从事商业活动,马来人从事交通和运输业,印度人从事建筑业。[2]1969 年马来西亚"5·13"族群大冲突,致使大量华人离开马来西亚,移民

---

① *PM's National Day Rally 2001 Speech*,Prime Minister's Office Singapore,Media Centre,2001.

② Philip E. T. Lewis,*On the Move:The Changing Structure of Singapore's Labour Market*,Perth:Murdoch University,1993,pp. 3~7.

到其他国家,特别是前往新加坡。[1] 据马来西亚人力资源部估计,截至 1992
年,共约有 15 万马来西亚人移民新加坡,他们大部分是华人。[2] 2000—
2006 年,共有 1.6 万名马来西亚人放弃国籍,前往新加坡,其中华裔有 1.4
万名。[3] 这部分马来西亚华人大部分是接受过良好教育的高技术专业人
才,从事建筑业、电子服务业。[4]

从新加坡方面来看,新加坡的华人移民大部分来自马来西亚。大量马
来西亚华人移民新加坡,缓解了新加坡较低的人口替代率带来的问题,减缓
了新加坡人口老龄化趋势,完善了新加坡的人口结构,同时也为维持华人族
群占人口优势地位扮演了关键的角色。马来西亚华人多是受过良好教育的
专业技术人才,在新加坡主要从事商业活动,不同程度地满足了新加坡对劳
动力特别是技术人才的需求。高素质的人才更为新加坡的经济发展做出了
巨大的贡献。

在 2010 年新加坡国庆节集会的讲话中,李显龙总理对移民给予了高度
评价,肯定了新移民在经济、社会和文化上方面做出的不可忽视的贡献:"如
果没有永久居民们和新公民们,新加坡将会像恐龙一样灭绝……为了维持
我们现在的生活水平,我们需要使移民让我们的人口数增多,特别是那些有
才能的,希望创业的移民。如果没有他们,我们的经济增长率很可能会直接
下降 1~2 个百分点……但除了保持我们的生活水准之外,移民更是为我们
的社会注入了一种特殊的活力,使我们的经济发展得更加蓬勃,在艺术、音
乐、体育等各个方面扩展了我们的视野。我们必须不能将自己封闭起来,而
要在现今保持开放,引进合适的人才,不断攻克各种难关,这样才能让新加

[1]  Charles Hirschman, Migration from Peninsular Malaysia, 1957—1970, *The Malayan Economic Review*, Vol. 20, No. 2, 1975, p. 41.

[2]  R. Skeldon, International Migration within and from the East and Southeast Asian Region: A Review Essay, *Asian and Pacific Migration Journal*, Vol. 1, No. 1, 1992, pp. 19~63.

[3] 《移民新加坡的大马人》,中国侨网,2007 年 12 月 19 日,http://www.chinaqw.com/hqhr/hrsj/200712/19/99737.shtml.

[4]  Patrick Pillai, *People on the Move: An Overview of Recent Immigration and Emigration in Malaysia*, Kuala Lumpur: Institute of Strategic and International Studies, 1992, p. 28; M. L. Sieh-Lee., Malaysian Workers in Singapore, *Singapore Economic Review*, Vol. 33, No. 1, 1998, pp. 73~95.

坡现在的这一代以及其后代仍旧保持繁荣与昌盛。"①

综上所述,虽然国内外学术界对移民的总体影响的评价不一而足,但就东南亚华人海外移民这一特殊群体来看,毫无疑问是移出国的一大损失,而对接收国而言,则基本上是巨大收获。

东南亚华人海外移民可分为两部分,即短时期的印支难民和其他突发性难民——如印尼和马来西亚排华活动——以及常态性的商务、技术和留学移民。无论是难民还是常态化移民,对输出国都是较大的,甚至是灾害性的损失。印支华人难民堪称印度支那三国工商界的精英,他们被驱离,不但使当地国的贸易和产业一落千丈,而且导致工商业的精英人才荡然无存。这是印度支那三国经济和人均收入在东南亚仍属垫底地位的主要原因。缅甸也是如此。缅甸在奈温政权执政时期,长期执行打击华人工商业的政策,也造成华人企业家大批离境,这是导致缅甸长期位于最不发达国家行列的主要原因之一。印尼和马来西亚对华人的歧视和排华活动,也造成了华人人才和资本外流,对本国经济发展的影响甚大。东南亚华人海外移民的输出国,普遍都缺乏人才和资金。尤其是越南、印尼、菲律宾、泰国和马来西亚,都在设法招商引资和吸引人才。因此,华人的常态性商务、技术和留学移民,对输出国而言,都是人才和资金的双重损失。20世纪90年代以后,基于各种原因,印尼、菲律宾、泰国和马来西亚的华人企业集团都在大规模对外投资,由此引发资金和管理、技术人员的流出,远非其带动国内产业或侨汇所能弥补。即使是资本充裕的新加坡,也在大力吸引外籍人才时,对其人才流出状况倍感惋惜。

对东南亚华人海外移民的接收国而言,华人移民不啻是一笔巨大财富。

首先,无论是北美、英法还是澳大利亚,东南亚华人海外移民的接收国基本上都是低出生率的高龄社会,年轻移民的到来为缓解老龄化和劳动力增长做出贡献。尤其是马来西亚华人大规模进入新加坡,不但为低出生率的新加坡华人注入人口成长活力,他们的到来还是新加坡在1980—2000年维持华人族群占人口优势地位的关键。

其次,常态化的东南亚华人海外移民,不但弥补了接收国的人力资源短

---

① National Day Rally Speech by Prime Minister Lee Hsien Loong, Prime Minister's Office, Singapore, http://www.pmo.gov.sg/content/pmosite/mediacentre/speechesninterviews/primeminister/2010/August/national_day_rallyspeechenglishbyprimeministerleehsienloongon29a.html.

缺状况,他们在输出国所受的良好教育和专业能力,也为接收国省去了大笔教育和培训投资,又增强了接收国的创新能力。无论在美国、欧洲还是澳大利亚,华人裔群的平均受教育水平、收入水平或犯罪率,在这些国家所接收的移民群体中都是最好的之一。

再次,相对其他难民群体,东南亚华人难民并没有给接收国造成很大的负担。美国是接收印支难民最多的国家。在印支难民中,相比其他族裔的难民,华人难民在职业、教育和收入状况方面都一枝独秀。而印支移民所属的亚裔群体,其状况也远远好于以拉美裔为主的美国移民裔群。究其原因,是由于华人普遍承继了克勤克俭、重视家庭亲友和重视教育的传统。克勤克俭使华人——即使是难民——也很快能累积资产,摆脱贫困地位。重视教育意味着华人第二代能通过教育进入主流社会。重视家庭和亲友意味着华人能通过宗亲、同乡联系而互助。这是华人移民与其他移民族群相比,能很快改善社会经济地位的主要原因。

## 第八章

# 结　　论

　　长期以来,中国学术界的华侨华人研究,主要关注从中国本土移出的移民及其海外后裔。国内外学术界对东南亚地区华人海外移民现象未给予足够的关注,国内外研究者也尚未有对此的系统研究成果,尽管有些华侨华人和移民的研究成果也有涉及东南亚华人海外移民的内容,但专论和系统性的研究仍基本处于空白状态。因此,本书尝试通过移民输出国和接收国两个方面,对东南亚华人海外移民规模做一大体评估。

　　同中国的海外移民大部分前往发达国家一样,东南亚华人海外移民也主要前往发达国家。二战以后,华侨华人高度集中于东南亚地区的状况发生了变化,包括东南亚华人移民在内的新华侨华人开始大量涌向发达国家,北美的美国和加拿大,大洋洲的澳大利亚,欧洲的英国、法国、荷兰,东南亚的新加坡等发达国家成为华侨华人大量迁居的国家。按保守估计,二战后东南亚地区华人海外移民总数可能近 300 万人。其中新加坡华人海外移民约 26 万人,马来西亚华人海外移民达 105 万,菲律宾华人海外移民约为 7.8 万人,印度尼西亚华人海外移民约 13.6 万人,泰国华人海外移民可能有 70 万,印支三国华人海外移民约 70 万。

　　美国、加拿大、澳大利亚、英国、法国、新加坡等发达国家接收东南亚华人海外移民约 170 万,占东南亚华人海外移民总量的 58% 左右。其中,美国华人海外移民及其后裔数量为 65 万~70 万,占美国华裔总量(2010 年为 401 万)的 16.2%~17.4%;加拿大华人海外移民及其后裔数量为 15 万,占加拿大华裔总量(2011 年为 132.5 万)的 11.3%;澳大利亚的东南亚华人海外移民及其后裔数量为 20 万,占澳大利亚华裔总量(2011 年为 86.6 万)的 23%;英国华人海外移民及其后裔数量为 6 万~6.5 万,占英国华裔总量

（2006年为40万）的15%～16.2%；法国华人海外移民及其后裔数量为16万～17万，占法国华侨华人总量（2010年为70万）的22.8%～24.2%；荷兰华人海外移民及其后裔数量为25000人，占荷兰华侨华人总量（2012年为10万）的25%；新加坡华人海外移民及其后裔数量为38万～40万，占新加坡华侨华人总量（2010年为279.4万）的13.6%～14.3%。

除发达国家外，东南亚华人海外移民的另一个重要去处是港台和中国大陆，部分原因是其遭遇排华而回国，更重要的原因则是受中国与东南亚经贸合作和东南亚华人企业集团对中国的投资所带动。特别要说明的是，由于相关准确数据严重匮缺，本书提出的东南亚华人海外移民规模只是评估，在这个学术研究的薄弱环节做一个尝试。

东南亚华人大规模前往发达国家，是20世纪50年代以后在特定的历史条件下出现的。战后东南亚地区各国政局长期不稳，社会长期动荡不安，以及当地排华浪潮的不断出现，导致不少华人不得不离开已定居多年乃至数代、数十代的热土，向北美、西欧和澳洲等发达国家和地区再移民。如由于马来西亚的"5·13事件"、印尼的"九三〇"事件、越南战争等，部分华人通过人道主义援助的方式，以难民的身份移民海外，寻求国际庇护。此外，部分国家还奉行排挤、限制华裔族群的政策，颁布排华法令，对华人实行政治、经济和文化上的多重歧视，华人受到严重的不公平待遇，如马来西亚"马来人优先"的歧视华人政策、菲律宾的"菲化政策"、印尼的"排华法令"等，这些移民主要是以经济移民、留学和家庭团聚的方式离开居住国前往海外。在经济方面，东南亚地区各国经济发展不平衡，特别是亚洲金融危机，对泰国、马来西亚、印尼等国华人经济的冲击很大，很多企业的管理人员前往海外的华资企业谋生或借机前往海外寻求就业机会，这导致经济移民和劳工移民增多。与此同时，发达国家也相继改变移民政策，吸引外来移民满足经济发展对劳动力的需求，特别是对高级专业技术人才的需求。相关国家移民法律的修改和政策措施等的改善都为东南亚华人海外移民提供了可能性，增强了吸引力。

东南亚华人海外移民对输出国和接收国均产生了较大的影响，作为难民进入接收国的华人，他们对接收国虽然造成一定程度的负担，但是因为华人相比其他族裔的难民在职业、教育和收入状况上更好，所以他们能很快累积财富，改善社会经济地位，进而为接收国经济发展做贡献。作为常态化的移民，他们主要是由留学生和技术移民等受良好教育的人士及富裕的投资移民构成,对接收国的贡献更大,他们不但弥补了接收国人力资源短缺的状况,其在输出国所接受的良好教育和专业能力,也为接收国节省了大量的教育和培训成本。此外,针对北美、英法和澳大利亚这些低出生率的高龄社会,年轻的东南亚华人海外移民的到来不仅缓解了老龄化的趋势,也为劳动力数量的增长做出贡献。但对输出国而言,这部分华人的移出则是明确的人才和资源的严重流失,使得本就在经济发展中的国家人才更加匮缺,对经济发展造成阻碍。

东南亚华侨华人一直是世界华侨华人研究的重心。当前,国内对东南亚华侨华人社会的认知,还主要停留在居住在东南亚区域的华侨华人。东南亚华人海外移民与东南亚华人有密切联系,对他们的深入了解,有助于我们全面把握东南亚地区华侨华人的国际联系。

东南亚华人海外移民是华侨华人社会的重要组成部分。改革开放以来,华侨华人在推动中国现代化建设中,发挥了独特的作用。因此,邓小平称之为"中国社会发展的独特机遇"。党和国家领导人对侨务的重视程度也与日俱增,重建侨务机构,仅在中央就设置五个正部级机构主理华侨华人事务,即全国人大侨委会、全国政协港澳台侨委会、国务院侨办、中国致公党和全国侨联。各类涉侨部门也颁布各种涉侨法规法令,试图推进华侨华人与中国的合作。制定有效的政策法规,其前提是对华侨华人社会有深度了解。然而,由于各类侨务部门对华侨华人社会的认知,集中在来自中国大陆的移民群体,因此,各项侨务政策的制定,也主要考虑中国移民群体的组织结构特点、价值倾向和中国意识,对一定程度上具有东南亚区域和文化背景的东南亚华人海外移民的诉求则有所忽视。

本书认为,占华人新移民总数约20%和占世界华侨华人总数近10%的东南亚华人海外移民及其后裔,是一个拥有一定数量规模和相当强经济、专业技术实力的群体,他们的诉求与倾向,应当成为今后制定侨务政策的重要考量因素之一。我国的侨务政策一直注重加强对华侨华人的宣传工作和引进华侨华人资金、技术、人才的工作,以满足我国加快改革开放和经济建设需要为目的。东南亚华人海外移民大多具有专业技术特长,也能成为我国潜在的引进人才对象。了解东南亚华人海外移民的概况,可以使得侨务政策所针对的对象华侨华人群体要加明确和细化,并由此开展的对华人海外移民的政策导向也会更清晰且具有可操作性。特别强调的是,针对东南亚华人海外移民的政策需更加细化。东南亚华人已经离开中国很久,在居住国生活了几年甚至几代,他们的再次移民意味着他们对于祖籍国和来源地的认同也更加多元。将东南亚华人海外移民作为侨务政策对象之一,必须对华人海外移民的状况有更全面的认知,才能有的放矢开展相关侨务工作。

# 参考文献

## 一、中文文献

### (一)学术著作

1. [越]陈重登檀:《海外越南人》,河内:国家政治出版社,1997年。

2. 陈传仁:《移民的历史与现状:海外华人的力量》,北京:世界知识出版社,2007年。

3. 戴超武:《美国移民政策与亚洲移民》,北京:中国社会科学出版社,1999年。

4. [英]戴维·赫尔德:《全球大变革:全球化时代的政治、经济与文化》,北京:社会科学文献出版社,2001年。

5. 邓蜀生:《世代悲欢"美国梦":美国的移民历程及种族矛盾(1607—2000年)》,北京:中国社会科学出版社,2001年。

6. 郭梁:《东南亚华侨华人经济简史》,北京:经济科学出版社,1998年。

7. 国务院侨务办公室编:《侨务法规文件汇编(1995—1999年)》,内部文件,1999年。

8. 黄鸿钊、吴必康:《加拿大简史》,台北:书林出版有限公司,1996年。

9. 黄滋生、何思兵:《菲律宾华侨史》,广州:广东高等教育出版社,2009年。

10. 李白茵:《越南华侨华人》,桂林:广西师范大学出版社,1990年。

11. 李会明:《知识经济全球化趋势》,北京:时事出版社,2000年。

12. 李坤望、刘重力:《经济全球化:过程、趋势与对策》,北京:经济科学出版社,2000年。

13. 李明欢:《欧洲华侨华人史》,北京:中国华侨出版社,2002年。

14. 李学举:《民政30年》,北京:中国社会出版社,2008年。

15. 林勇:《马来西亚华人与马来人经济地位变化比较研究(1957—2005年)》,厦门:厦门大学出版社,2008年。

16. 刘宏:《战后新加坡华人社会的嬗变:本土情怀、区域网络、全球视野》,厦门:厦门大学出版社,2003年。

17. 刘家驹:《菲律宾菲化运动之研究》,香港:学津书店,1983年。

18. 刘芝田:《中菲关系史》,台北:正中书局,1967年。

19. [新加坡]苏瑞福:《新加坡人口研究》,薛学了等译,厦门:厦门大学出版社,2008年。

20. 汪慕恒:《东南亚华人企业集团研究》,厦门:厦门大学出版社,1995年。

21. 王赓武:《王赓武教授论文集》,北京:中国友谊出版公司,1986年。

22. 王赓武:《中国与海外华人》,台北:台湾商务印书馆,1994年。

23. 王家宝:《法国人口与社会》,北京:中国青年出版社,2005年。

24. 王绳祖主编:《国际关系史资料选编》,北京:法律出版社,1988年。

25. 萧曦清:《中菲外交关系史》,台北:正中书局,1995年。

26. 徐善福、林明华:《越南华侨史》,广州:广东高等教育出版社,2011年。

27. [美]约翰·F.卡迪:《战后东南亚史》,姚楠译,上海:上海译文出版社,1984年。

28. 云冠平、陈乔之主编:《东南亚华人企业经营管理研究》,北京:经济管理出版社,2000年。

29. 张锡镇:《当代东南亚政治》,南宁:广西人民出版社,1994年。

30. 中华人民共和国教育部国际合作与交流司:《世界62个国家教育概况》,北京:首都师范大学出版社,2001年。

31. 周南京、毛雄起主编:《华侨华人百科全书·法律条例政策卷》,北京:中国华侨出版社,2000年。

32. 周南京主编:《华侨华人百科全书·历史卷》,北京:中国华侨出版社,2002年。

33. 庄国土:《华侨华人与中国的关系》,广州:广东高等教育出版社,2001年。

34. 庄国土:《二战以后东南亚华族社会地位的变化》,厦门:厦门大学出版社,2003年。

35. 庄国土、刘文正:《东亚华人社会的形成和发展》,厦门:厦门大学出版社,2009年。

36. 庄国土、陈华岳等:《菲律宾华人通史》,厦门:厦门大学出版社,2012年。

(二)期刊报纸

1. 艾一平:《经济全球化背景下人才跨国流动的成因研究》,中国社会科学院未刊硕士学位论文,2003年。

2. 包茂宏:《论菲律宾的民族问题》,《世界民族》2004年第5期。

3. 常州:《老挝难民问题》,《东南亚纵横》1988年第1期。

4.[越]陈庆:《越南华人的人口学分析》,黄汉宝、陈金云译,《八桂侨刊》2001年第3期。

5. 陈肖英:《论香港越南难民和船民问题的缘起》,《史学月刊》2006年第8期。

6. 陈永、游筱群:《东盟国家华侨华人经济发展新特点》,《侨务工作研究》2004年第1期。

7. 戴超武:《东南亚难民与美国1980年难民法》,《世界历史》1998年第4期。

8. 杜若洲:《菲国:向罪恶全面宣战》,《文汇报》1993年2月22日。

9. 段亚枫:《加拿大的移民及其对经济的影响》,《人口与经济》2008年4月增刊。

10. 范楷:《新加坡教育现状及其对我们的启示》,《石油教育》2004年第1期。

11. 傅义强:《国际移民及中国跨国移民发展轨迹探析》,《八桂侨刊》2006年第3期。

12. 龚维:《华人企业集团在马来西亚经济中的地位》,《东南亚研究》1996年第6期。

13. 韩更生、杨金星:《国际人口迁移概观》,《地理学与国土研究》1994年第4期。

14. 胡庆芳:《新加坡高等教育面向21世纪的适应性改革与发展》,《苏州大学学报》1999 年第 2 期。

15. [西班牙]华金·阿朗戈：《移民研究的评析》，《国际社会科学杂志（中文版）》2001 年第 8 期。

16. 黄惠莲：《越南输出难民问题概述》，《东南亚研究资料》1979 年第 2 期。

17. 黄英湖：《战后华侨的再移民及其原因剖析》，《南洋问题研究》1989 年第 2 期。

18. 黄莹：《当代海外越南人的现状及其对越南经济发展的作用》，广西民族大学未刊硕士学位论文，2008 年。

19. 康晓丽：《略论战后马来西亚的华人再移民：数量估算与原因分析》，《华侨华人历史研究》2012 年第 3 期。

20. 柯嘉逊：《反对大马种族主义与种族歧视，争取非种族性的解决方案》，《时代报》2001 年 8 月 28 日。

21. 雷春斌：《当代东南亚民族问题的类型及成因》，《东南亚研究》1999 年第 2 期。

22. 雷达、于春梅：《经济全球化影响的制度思考》，《世界经济》2000 年第 4 期。

23. 李白茵、罗方明：《越南各个时期的华侨政策》，《印度支那》1989 年第 4 期。

24. 李蓓蓓、陈肖英：《香港的越南难民和船民问题》，《浙江师范大学学报（哲学社会科学版）》2003 年第 4 期。

25. 李光辉：《越南难民问题困扰香港》，《世界知识》1988 年第 19 期。

26. 李鸿规：《国际人口迁移与国家政策》，《南方人口》1997 年第 3 期。

27. 李明欢：《一个特殊的华裔移民群体：荷兰印尼华裔个案剖析》，《华侨华人历史研究》1993 年第 2 期。

28. 李明欢：《20 世纪西方国际移民理论》，《厦门大学学报（哲学社会科学版）》2000 年第 4 期。

29. 李明欢：《隔洋情怀：欧洲的东南亚华裔与海洋亚洲》，《华侨华人历史研究》2005 年第 4 期。

30. 李其荣：《经济全球化与国际人口迁移》，《民族研究》2003 年第 6 期。

31. 李滋仁：《泰国的人口》，《人口与经济》1986 年第 4 期。

32. 梁茂春:《1975—2004 年间移居美国的越南人》,《世界民族》2007年第 1 期。

33. 梁志明、游明谦:《当代海外越南人的分布与发展状况研究》,《南洋问题研究》2004 年第 2 期。

34. 廖小健:《大马华人经济近况》,《八桂侨刊》1999 年第 2 期。

35. 林珊珊:《国际移民的走势比较与动因分析》,《亚太经济》2003 年第5 期。

36. 林勇:《浅析海外侨汇对移民母国经济发展的积极作用》,《亚太经济》2009 年第 5 期。

37. 刘建彪:《对战后东南亚华侨华人再移民现象的探讨》,《八桂侨刊》2000 年第 1 期。

38. 龙登高、张晓云:《多元族群视野下的华人特性——美国亚裔六大族群的比较》,《华侨华人历史研究》2007 年第 1 期。

39. 马涛:《略论越南对华人经济政策的调整》,转引自萧效钦、李定国主编:《世界华侨华人经济研究》,汕头:汕头大学出版社,1996 年。

40. 梅显仁:《印尼排华问题探析》,《光明日报》2008 年 1 月 9 日。

41. 苗丹国:《新加坡引进国外人才制度与相关政策》,《中国人才》2011年第 23 期。

42. 倪世雄、蔡翠红:《西方全球化新论探索》,《国际观察》2001 年第3 期。

43. 倪霞韵:《柬埔寨难民遣返计划如期完成》,《世界知识》1993 年第9 期。

44. 乔印伟:《中国大陆的马来西亚华侨华人研究》,《华侨华人历史研究》2012 年第 3 期。

45. 丘立本:《国际移民趋势、学术前沿动向与华侨华人研究》,《华侨华人历史研究》2007 年第 3 期。

46. [法]让-路易·贝梅:《法国东南亚难民的现状》,雪云译,《东南亚纵横》1989 年第 2 期。

47. [越]阮庭斌:《海外越南人:融入与心系家乡》,《共产主义杂志》2003年第 4~5 期。

48. [英]斯蒂芬·卡斯尔斯:《21 世纪初的国际移民:全球化的趋势和问题》,《国际社会科学杂志(中文版)》2001 年第 3 期。

49. 邵秦、刘显广:《关于印度支那难民迁移问题》,《亚太经济》1986年第2期。

50. 石维有:《东南亚华人资本对外投资的兴起——泰国个案》,《改革与战略》2006年第6期。

51. 台湾"侨务委员会":《华侨经济参考资料》第394期,1972年。

52. 王庚武、吴藜:《移民地位的提升:既不是华侨,也不是华人》,《华侨华人历史研究》1995年第3期。

53. 王绵长:《战后泰国政府对华侨华人的政策》,转引自暨南大学东南亚研究所、广州华侨研究会编著:《战后东南亚国家的华侨华人政策》,广州:暨南大学出版社,1989年。

54. 温北炎:《印尼华人应居安思危之我见》,《东南亚研究》2006年第5期。

55. 吴崇伯:《泰国华人企业集团的兴起与发展》,《华侨华人历史研究》1998年第2期。

56. 吴功奖:《重新崛起的越南华人经济》,载吕伟雄编:《海外华人社会新透视》,广州:岭南美术出版社,2005年。

57. 吴前进:《1990年以来中国—新加坡民间关系的发展》,《社会科学》2006年第2期。

58. 向大有:《关于印支华裔难民问题的再认识》,《八桂侨刊》1988年第1期。

59. 谢家平、马仁宏:《组织转型——从资讯服务到科技政策研究》,台北:"国家实验研究院"科技政策研究与资讯中心,2006年11月20日。

60. 谢美华:《近20年新加坡的中国新移民及其数量估算》,《华侨华人历史研究》2010年第3期。

61. 徐颖:《浅析新加坡高等教育的国际化发展战略》,《浙江师范大学学报(哲学社会科学版)》2003年第3期。

62. [意]亚历山大·温杜里尼:《移民对接收国劳动市场的影响》,转引自《移民与全球化》,北京:社会科学文献出版社,2006年。

63. [日]岩崎育夫:《东南亚的华人资本与国民经济》(上),《南洋资料译丛》1999年第1期。

64. 曾少聪:《美国华人新移民与华人社会》,《世界民族》2005年第6期。

65. 翟凌晨：《移民对法国社会保障制度的影响》，《福建论坛》2007 年第 4 期。

66. 周弘：《法国的社会保障制度危机和改革》，《世界经济》1997 年第 11 期。

67. 周聿峨、阮征宇：《当代国际移民理论研究的现状与趋势》，《暨南学报（哲学社会科学）》2003 年第 2 期。

68. 朱芳：《泰国华人经济状况及其走向》，《当代亚太》2001 年第 9 期。

69. 庄国土：《"华侨"名称考》，载于郑民等编：《华侨华人研究论文集》，北京：海洋出版社，1989 年。

70. 庄国土：《论中国人移民东南亚的四次大潮》，《南洋问题研究》2008 年第 1 期。

71. 庄国土：《东南亚华侨华人数量的新估算》，《厦门大学学报（哲学社会科学版）》，2009 年第 3 期。

72. 庄国土、黄兴华、王艳：《华侨华人经济资源研究：以华商资产估算为重点》，国务院侨办政研司刊行（内部），2011 年。

73. 庄国土、李瑞晴：《华侨华人分布状况和发展趋势》，2009—2010 年国务院侨办课题重点项目，2011 年。

## 二、英文文献

### （一）专门著作

1. Anthony Fielding：*Migrants*，*Insititutions and Policies*：*The Evolution of European Migration Policies*；Russell King，*Mass Migrations in Europe*：*The Legacy and the Future*，London：Belnaven Press，1993.

2. Anthony M. Messina，Gallya Lahav，*The Migration Reader*：*Exploring Polities and Policies*，Boulder，London：Lynne Rienner Publishers，2006.

3. Augustine J. Kposowa，*The Impact of Immigration on the United States Economy*，Lanham，Maryland：University Press of America，1998.

4. Barry Wain，*The Refused*：*The Agony of the Indochina Refuges*，New York：Simon & Schuster，1981.

5. Bernard P. Wong, *A Chinese American Community: Ethnicity and Survival Strategies*, Singapore: Chapmen Enterprises, 1979.

6. Bill OngHing, *Making and Remaking Asian America Through Immigration Policy, 1850—1990*, Stanford: Stanford University Press, 1993.

7. Don McMaster, *Asylum Seekers: Australia's Response to Refugees*, Melbourne: Melbourne University Publishing, 2001.

8. Donald E. Nuechterlein, *Thailand and the Struggle for Southeast Asia*, London: Oxford University Press, 1966.

9. Douglas S. Massey et al, *Worlds in Motion: Understanding International Migration at the End of the Millennium (International Studies in Demography)*, New York: Oxford University Press, 2005.

10. Edmund Terence Gomez, K. S. Jomo, *Malaysia's Political Economy: Politics, Patronage and Profits*, Cambridge: Cambridge University Press, 1999.

11. Eric Lai, Dennis Arguelles, eds. , *The New Face of Asian America: Numbers, Diversity & Change in the 21st Century*, Berkeley: Consolidated Printers, Inc. , 2003.

12. E. M. Alip, *Ten Centuries of Philippine-Chinese Relations*, Manila: Alip & Sons Inc. , 1959.

13. E. P. Hutchinson, *Legislative History of American Immigration Policy, 1798—1965*, Philadelphia: University of Pennsylvania Press, 1981.

14. F. A. Trinidade, H. P. Lee, eds. , *The Constitution of Malaysia: Further Perspectives and Developments*, Kuala Lumpur: Penerbit Fajar Bakti Sdn. Bhd, 1986.

15. George J. Borjas, ed. , *Issues in the Economies of Immigration*, Chicago: the University of Chicago Press, 2000.

16. Gil Loescher, Ebyond Charity, *International Cooperation and the Global Refugee Crisis*, New York: Oxford University Press, 1993.

17. Gordon Means, *Malaysian Politics: The Second Generation*, Singapore and New York: Oxford University Press, 1991.

18. Hans van Houte, WillyMelgert, ed. , *Foreigners in Our*

Community, Amsterdam/Antwerp: Keesing Publishers,1972.

19. Human Rights and Equal Opportunity Commission, State of the Nation, *A Report on People of Non-English Speaking Backgrounds*, Canberra: Australian Government Publishing Service, 1993.

20. In-Won Hwang, *Personalized Politics: The Malaysian State Under Mahathir*, Singapore: Institute of Southeast Asian Studies, 2003.

21. James Jupp, *From White Australia to Woomera: The Story of Australian Immigration*, Cambridge: Cambridge University Press, 2007.

22. Julian L. Simon, *The Economic Consequences of Immigration*, Ann Arbor, Michigan: the University of Michigan Press, 1989.

23. Leo Suryadinata, Evi Nurvidya Arifin, Aris Ananta, *Indonesia's Population: Ethnicity and Religion in a Changing Political Landscape*, Singapore: Seng Lee Press, 2003.

24. L. Potts, *The World Labour Market: A History of Migration*, London: Zet Book Ltd. , 1990.

25. M. Vo Nghia, *The Vietnamese Boat People, 1954 and 1975— 1992*, Jefferson, North Carolina: McFarland & Company, 2005.

26. N. Uchida, *The Overseas Chinese: A Bibliographical Essay Based on the Resources of the Hoover Institution*, Stanford: Stanford University, 1960.

27. Patrick Pillai, *People on the Move: An Overview of Recent Immigration and Emigration in Malaysia*, Kuala Lumpur: Institute of Strategic and International Studies, 1992.

28. Philip E. T. Lewis, *On the Move: The Changing Structure of Singapore's Labour Market*, Perth: Murdoch University, 1993.

29. Philip Martin, *Sustainable Migration Policies in a Globalizing World*, Geneva: International Institute for Labour Studies, 2003.

30. Philip Martin, *Copenhagen Consensus: Challenge Paper on Population Migration*, Cambridge: Cambridge University Press, 2004.

31. Philip Martin, *The Economic Contribution of Migrant Workers to Thailand: Towards Policy Development*, Bangkok: International Labour Office, 2007.

32. Rajendra Kumar Jain, *China and Thailand*, *1949—1983*, New Delhi: Radiant Publishers, 1984.

33. Richard H. Thompson, *Toronto's Chinatown*, *the Changing Social Organization on Ethnic Community*, New York: AMS Press, 1989.

34. Richard M. Burkley, *Ethnic & Racial Groups: The Dynamics of Dominance*, Redwood City, CA: Benjamin-Cummings Pub. Co. , 1978.

35. Robert Tucker, ed. , *Immigration and U. S. Foreign Policy*, Boulder: Westview Press, 1990.

36. Robin Cohen, ed. , *The Cambridge Survey of World Migration*, Cambridge: Cambridge University Press, 1995.

37. R. K. Vasil, *Ethnic Politics in Malaysia*, New Delhi: Radiant Publishers, 1980.

38. Saw Swee-Hock, *The Population of Singapore*, Singapore: Institute of Southeast Asian Studies, 2007.

39. Stephen Castles, Mark J. Miller, *The Age of Migration: International Population Movements in the Modern World*, New York: The Guilford Press, 1993.

40. StephanThernstom, ed. , *Harvard Encyclopedia of American Ethnic Groups*, Cambridge: Belknap Press, 1980.

41. Sucheng Chan, *Asian Americans: An Interpretive History*, Boston: Twayne Publishers Inc. , 1991.

42. Timothy J. Hatton, Jeffrey G. Williamson, *The Age of Mass Migration: Causes and Impact*, New York: Oxford University Press, 1998.

43. V. Purcell, *The Chinese in Southeast Asia*, London: Oxford University Press, 1965.

44. World Bank, *World Tables 1991*, Baltimore, Maryland: Johns Hopkins University Press, 1991.

45. W. G. Skinner, *Chinese Society in Thailand: An Analytical History*, Ithaca: Cornell University Press, 1957.

46. Yu Xie, Kimberly Goyette, *A Demographic Portrait of Asian*

Americans, New York: Russel Sage Foundation and Population Reference Bureau, 2004.

## (二)论文报告

1. Aaron Matteo Terrazas, Bhavna Devani, *Chinese Immigrants in the United States*, in Migration Information Source, Migration Policy Institute, US, 2008.

2. A. G. Chandavarkar, Use of Migrants' Remittances in Labor-exporting Countries, *Finance and Development*, Vol. 17, 1980.

3. Alvin P. Ang, Workers Remittances and Regional Economic Growth in the Philippines, presentation at the 2nd National Conference on Filipino Migrant Philosophy, 2007-08-02.

4. Australian Bureau of Statistics, *2011 Census Data*, http:// www. sbs. com. au/censusexplorer/.

5. Biziak: Interview, 1991-10-01, in Graeme Hugo, Temporary Migration and the Labour Market in Australia, *Australian Geographer*, Vol. 37, No. 2, 2006.

6. Bruce Gilley, John McBeth, Ben Dolven, Salil Tripathi, Ready, Set, *Far Eastern Economic Review*, Vol. 19, 1998.

7. Bureau of Immigration and Population Research, DEET Figures Show Major Economic Importance of Overseas Full-fee Paying Students: Asia Pacific Migration to Australia, *BIPR Bulletin*, No. 10, 1993.

8. Campell J. Gibson, Emily Lennon, *Historical Census of the Foreign-born Population of the United States*: 1850—1990, Population Division Working Paper No. 29, Washington, D. C. : U. S. Bureau of the Census, 1999.

9. *Census of Population 2010*, Table A6, Department of Statistics, Ministry of Trade & Industry, Republic of Singapore.

10. Census Tables DC2109EWr and DC2110EWr, Office for National Statistics, UK.

11. Central Population and Housing Census Steering Committee, *The 2009 Vietnam Population and Housing Census Major Findings*, HANOI

6-2010.

12. CFO，*Regional Distribution of Overseas Filipinos*，2011，p. 55.

13. CFO，Statistical Profile of Registered Filipino Emigrants，National Statistics Office，Philippine，2013.

14. Charles Hirschman，Migration from Peninsular Malaysia，1957—1970，*The Malayan Economic Review*，Vol. 20，No. 2，1975.

15. Chee-Beng Tan，Indonesian Chinese in Hongkong：Re-migration，Re-establishment of Livelihood and Belonging，*Asian Ethnicity*，Vol. 12，2011.

16. Chinese Filipino，Wikiplipinas，Philippine Encyclopedia，http：// en. wikipilipinas. org/index. php? title＝Chinese_Filipino.

17. Chooi-hon Ho，Poo-Kong Kee，Profile of the Chinese in Australia，in Peter Hanks，Andrew Perry，eds.，*The Chinese in Australia*，Monash University Working papers on Migrants and Intercultural Studies，No. 12，1993.

18. Citizenship and Immigration Canada，www. cic. gc. ca.

19. *Citizenship and Immigration Statistics Archives（1966 to 1996）*，Citizenship and Immigration Canada.

20. Colin Lindsay，*Profiles of Ethnic Communities in Canada*：The *Chinese Community in Canada*，Statistics Canada，2007.

21. *Country Migration Report*：*The Phillippines 2013*，2013 International Organization for Migration.

22. *Country of Birth Database*，Organizations for Economic Cooperation and Development，2010.

23. C. Price，The Ethnic Character of the Australian Population，in James Jupp，ed.，*The Australian People*：*An Encyclopedia of the Nation*，*Its People and Their Origins*，Sydney：Angus and Robertson，1988.

24. David Parker，Chinese People in Britain：Histories，Futures and Identities，in Gregor Benton，Frank N. Pieke，ed.，*The Chinese in Europe*，Houndmills：Macmillan Press Ltd.，1998.

25. Department of Foreign Affairs，Philippine Overseas Employment

Administration, Commission on Filipinos Overseas, *Stock Estimate of Overseas Filipinos*, 2011, http://www. cfo. gov. ph/images/stories/pdf/ 2011_Stock_Estimate_of_Filipinos_Overseas. pdf.

26. Department of Immigration and Citizenship, Australian Government, *Statistics-Population Flows: Immigration Aspects 2010— 2011 Edition*, www. immi. gov. au.

27. Department of Immigration and Citizenship, Australian Government, Community Information Summary from the Australian Bureau of Statistics Census of Population and Housing.

28. Department of Immigration and Multicultural and Indigenous Affairs, *Malaysia-born People in Australia*, http://www. immi. gov. au/statistics/ publications/community_profiles/MalaysiaNet. pdf, 2001.

29. *Detailed Country of Birth and Nationality Analysis from the 2011 Census of England and Wales*, Office for National Statistics, 2013.

30. Development Prospects Group, World Bank; UNPD 2009.

31. Dilip Ratha, Sanket Mohapatra, Elina Scheja, *Impact of Migration on Economic and Social Development: A Review of Evidence and Emerging Issues*, Policy Research Working Paper 5558, World Bank, 2011.

32. Dorothy Z. Fernandez, Amos H. Hawley, Silvia Predaza prepared, R. Chander, J. M. Y, ed. , *The Population Of Malaysia*, 1974 World Population Year, C. I. C. R. E. D. SERIES, 1975.

33. Economic Resource Center for Overseas Filipinos, http:// www. ercof. org/papers/migrationimpact. html.

34. Edgar Wickberg, Some Comparative Perspectives on Contemporary Chinese Ethnicity in the Philippines, *Asian Culture*, No. 14, 1993.

35. Edita A. Tan, The Economic Effects of Emigration: The Philippines, in Beth J. Asch ed. , *Emigration and Its Effects on the Sending Country*, Santa Monica: Rand Corporation, 1994.

36. Elizabeth M. Hoeffel, Sonya Rastogi, Myoung Ouk Kim, Hasan Shahid, *The Asian Population: 2010*, 2010 Census Briefs, 2012.

37. Ernesto M. Pernia, *Diaspora, Remittances and Poverty RP's*

Regions，UPSEDP（University of the Philippines School of Economics Discussion Papers），No. 0602，2006.

38. Euan McDougall，Claudia Natali，Max Tunon，*Out-migration from Thailand：Policy，Perspectives and Challenges*，Thailand Migration Report 2011，IOM.

39. E. G. Ravenstein，The Laws of Migration，*Journal of the Statistical Society of London*，Vol. 48，No. 2，1885.

40. E. Villaroya，Filipino Migrants' Associations in Spain as Potential Agents of Change，in F. Baggio，ed. ，*Brick by Brick：Building Cooperation between the Philippines and Migrants' Associations*，Quezon City：Scalabrini Migration Center，2010.

41. F. Rizvi，Rethinking "Brain Drain" in the Era of Globalization，*Asia Pacific Journal of Education*，Vol. 25，No. 2，2005.

42. Government of Malaysia，*Mid-term Review of the Second Malaysia Plan*，*1971—1975*，Kuala Lumpur：Government Printer，1973.

43. Government of Malaysia，*Fourth Malaysia Plan 1981—1986*.

44. G. Hugo，*Migration and the Family*，Occasional Paper Series for the International Year of the Family，No. 12，1994.

45. G. Hugo，*International Migration and The Labour Market in Australia*，in OECD，International Migration in Asia：Trends and Policies，2001.

46. Graeme Hugo，*Migration in the Asia-Pacific Region*，Global Commission on International Migration，2005.

47. G. Hugo，Indonesia's Labour Looks Abroad，Migration Policy Institute，2007，http://www. migrationinformation. org/Profiles/display. cfm? ID=594.

48. Hania Zlotnick，International Migration 1965—1996： An Overview，*Population and Development Review*，Vol. 24，1998.

49. Hock Shen Ling，*Negotiating Malaysian Chinese Ethnic and National Identity Across Borders*，M. A. Thesis，Ohio University，2008.

50. Home Office Online Report 05/03，Labour Market Performance of Immigrantsin the UK Labor Market，2011.

51. H. Jones，S. Kittisuksathit，International Labour Migration and

Quality of Life: Findings from Rural Thailand, *International Journal of Population Geography*, Vol. 9, No. 6, 2003.

52. Institute of Migration and Development Issues, *Philippine Migration and Development: Statistical Almanac*, 2008.

53. IMF Balance of Payment Statistics Year Book, as quoted in *Migration News*, http://migration. ucdavis. edu.

54. Jabatan Perangkaan Malaysia, Department of Statistics, Malaysia, Population Distribution and Basic Demographic Characteristics, 2010, http:// www. statistics. gov. my/portal/index. php.

55. Jacqueline Desbarats, Ethnic Differences in Adaptation Sino-Vietnamese Refugees in the United States, *International Migration Review*, Vol. 20, No. 2, 1985.

56. Jean Baldwin Grossman, The Substitutability of Natives and Immigrants in Production, *The Review of Economics and Statistics*, Vol. 64, No. 4, 1982.

57. Jeremy Crook, *Time for White and Black Families to Learn from the Chinese Community*, Black Training & Enterprise Group, 2012.

58. Jeremy Hein, Refugees, Immigrants, and the State, *Annual Review of Sociology*, Vol. 19, 1993.

59. Jerrold W. Huguet, Aphichat Chamratrithirong, Kerry Richter, Thailand Migration Profile, *Thailand Migration Report 2011*, Thailand Ministry of Foreign Affairs.

60. Jock Collins, Carol Reid, *Chinese in Australia 1945—1994: Changing Patterns of Migration*, *Racialization and Opportunity*, Paper to the Last Half Century of the Chinese Overseas (1945—1994): Comparative Perspectives Conference, The University of Hong Kong, 19-21 December, 1994.

61. J. R. Haris, Socialization, Personality Development and the Child's Environments, *Development Psychology*, Vol. 36, 2000.

62. J. S. Birks, A. Sinclair, *International Migration and Development in the Arab Region*, Geneva: International Labour Office, 1980.

63. Kees van Galen, Dorp Zonder Naam: de Chinezen uit Indonesie, in Gregor Benton, Hans Vermeulen, eds. , *De Chinezen*, Muiderberg: Dick Coutinho, 1987.

64. Kewarganegaraan, Suku Bangsa, Agama dan Bahasa Sehari-hari Penduduk Indonesia Hasil Sensus Penduduk 2010, Badan Pusat Statistik, 2011.

65. Kok Eng Chan, Tey Nai Peng, Demographic Processes and Changes, in Lee Kam Hing, Tan Chee-Beng, eds. , *The Chinese in Malaysia*, New York: Oxford University, 2000.

66. Leung Kwok, Sing Lau, Wai-Lim Lam, Parenting Styles and Academic Achievement: A Cross-cultural Study, *Merrill-Palmer Quarterly*, Vol. 44, No. 2, 1998.

67. Louis-Jacques Dorais, Vietnamese Communities in Canada, France and Denmark, *Journal of Refugee Studies*, Vol. 11, No. 2, 1998.

68. Louis-Jacques Dorais, The Cambodians, Laotians and Vietnamese in Canada, *Canada's Ethnic Group Series Booklet*, No. 28, The Canadian Historical Association, 2000.

69. Louka T. Katseli, Robert E. B. Lucas, *Theodora Xenogiani, Effects of Migration on Sending Countries: What do we know?*, OECD Development center, Working Paper No. 250, 2006.

70. Lucinda Platt, *Inequality within Ethnic Groups*, JRF Programme Paper, Poverty and Ethnicity, Joseph Rowntree Foundation, 2012.

72. Malaysian Chinese Association, *The Malaysian Unity Plan: Strategies and Programmes to Meet the Challenges of the 21st Century*, Kuala Lumpur, 1989.

73. Margot Cohen, Deport and Deter, *Far Eastern Economic Review*, Vol. 23, 1998.

74. Michael P. Todaro, A Model of Labor Migration and Urban Unemployment in Less Developed Countries, *American Economic Review*, Vol. 59, No. 1, 1969.

75. *Migration and Remittances Factbook 2011*, World Bank.

76. Ministry of Labour, *War Invalids and Social Affairs*, Annual Review Report on the Situation of Labor Exportation 2007, Department of the Administration of the Overseas Employed Labor Force, MOLISA, Hanoi, Vietnam, 2007.

77. M. L. Sieh-Lee, Malaysian Workers in Singapore, *Singapore Economic Review*, Vol. 33, No. 1, 1998.

78. **Năm 2007, kiều bào đầu tư về nước 89 triệu USD** .

79. *Overseas Filipinos' Remittances By Country*, *By Source*, Bangko Sentral ng Pilipinas (BSP), http:// www. bsp. gov. ph/statistics/ keystat/ofw. htm.

80. Paula Jane DG. Escasinas, *Hometowns Bait Migrant Investors*, Institute for Migration and Development Issues Policy Briefs Series, No. 14.

81. Peter Duignan, Lewis H. Gann, The Debate in the United States over Immigration, Standford University, 1998.

82. Peter Stalker, *The Work of Strangers: A Survey of International Labour Migration*, International Labour Office, Geneva, 1994.

83. Philippine Statistical Yearbook, 1990, *Foreign Exchange Regulation Department Report*, Central Bank of the Philippines.

84. Piriya Pholphirul, Labour Migration and the Economic Sustainability in Thailand, *Journal of Current Southeast Asian Affairs*, Vol. 31, No. 3, 2012.

85. Population by Country of Birth and Nationality, Office for National Statistics, http://www. ons. gov. uk/ons/datasets-and-tables/search/index. html? newquery=Population+by+Country+of+Birth+and+Nationality.

86. Population Reference Bureau Tabulations of the March 1997 Current Population Survey, 1990 Asian and Pacific Islander Population, U. S. Bureau of the Census.

87. Q. X. Gong, On the Nationality Law, *Beijing Review*, 1980.

88. Richard W. Baker, Indonesian in Crisis, *Asia Pacific Issues*, No. 36, 1998.

89. Rosalia Sciortino, Sureepom Punpuing, International Migration in Thailand 2009, Bangkok: International Organization for Migration, Thailand Office, 2009.

90. R. Skeldon, International Migration within and from the East and Southeast Asian Region: A Review Essay, *Asian and Pacific Migration Journal*, Vol. 1, No. 1, 1992.

91. Salil Tripathi, Ben Dolven, Shattered Confidence, *Far Eastern Economic Review*, 1998.

92. Sharon M. Lee,Poverity and the U. S. Asian Population, *Social Science Quarterly*, Vol. 75, No. 3, 1994.

93. Shenon Philip, 20 Years After Victory, Vietnamese Communists Ponder How to Celebrate, *The New York Times*, 1995-04-23.

94. Situation Report on International Migration in East and Southeast Asia: Regional Thematic Working Group on International Migration including Human Trafficking, International Organization for Migration, Regional Office from Southeast Asia, 2008.

95. Slobodan Djajic, Illegal Immigration Trends, Polices and Economic Effects, in *International Migration: Trends, Policies and Economic Impact*, New York: Routledge, 2001.

96. Statistics Netherlands, People with a Foreign Background, Population: Sex, Age and Nationality, http://www. cbs. nl/en-GB/menu/themas/dossiers/allochtonen/nieuws/default. htm.

97. Stephen Castles, *The Factors that Make and Unmake Migration Policies*, CMD Working Paper #03, 09a, 2003.

98. S. Boonyamanond, S. Punpuing, *The Global Financial Crisis: Impact of Internal Migration in Thailand*, Report Submitted to the United Nations Development Programme, Bangkok, Thailand, 2009.

99. S. C. Carr, K. Inkson, K. Thorn, From Global Careers to Talent Flow: Reinterpreting the "Brain Drain", *Journal of World Business*, Vol. 40, 2005.

100. S. Z. Li, Y. Shang, The Day Zhou Enlai Spoke at Bandung, *China Reconstructs*, 1985.

101. Thanh V. Tran, Thang D. Nguyen, Gender and Satisfaction with the Host Society among Indo-Chinese Refugees, *International Migration Review*, Vol. 28, No. 2, 1994.

102. The 2009 Vietnam Population and Housing Census, Central Population and Housing Census Steering Committee, 2010.

103. The Canadian Population in 2011: Population Counts and Growth, Part 3 "Portrait of Metropolitan and Non-Metropolitan Canada".

104. Tom Lam, The Exodus of Hoa Refugees from Vietnam and Their Settlement in Guangxi: China's Refugee Settlement Strategies, *Journal of Refugee Studies*, Vol. 13, No. 4, 2000.

105. T. B. Soeprobo, N. H. Wiyono, *The Process of the International Labour Migration from Indonesia*, Paper Presented at National Seminar on Isu Kebijakan, 2002.

106. T. Chutung, The Chinese Nationality Law, 1909, *The American Journal of International Law*, Vol. 4, 1910.

107. United Nations Development Program, Overcoming Barriers: Human Mobility and Development, United Nations Development Program, New York, 2009.

108. U. S. Census Bureau, 1990 *Census of Population*, *Social and Economic Characteristics United States*, 1993.

109. U. S. Census Bureau, *2011 American Community Survey*, 2011.

110. U. S. Population Census, 2000, 2010.

111. World Bank, *Determinant of Overseas Labor Migration and of Remittances in the Philippines*, 2009.

112. *Yearbook of Employment Statistics 2009*, Department of Employment, Ministry of Labour, Bangkok, 2010.

113. *Yearbook of Statistics Singapore*, Department of Statistics, Ministry of Trade & Industry, Singapore, 2012.

114. Y. Baruch, P. S. Budhwar, N. Khatri, Brain Drain: Inclination to Stay Abroad after Studies, *Journal of World Business*, Vol. 42, 2007.

115. Zeno Ronald, R. Abenoja, *Promoting Greater Use of Formal Remittance Systems by Overseas Filipinos*, 9th National Convention on

Statistics，October 4—5，2004.

## 三、网络资料

1. 新加坡统计局(Statistics Singapore)：http://www.singstat.gov.sg/.

2. 美国教育部网站：http://www.ed.gov/.

3. 美国国土安全部网站：http://www.dhs.gov/.

4. 中国网：http://www.China.org.cn.

5. 新华网：http://www.xinhuanet.com/.

6. 美国人口普查局(U.S.Census Bureau)：http://www.census.gov/.

7. 加拿大移民局（Citizenship and Immigration Canada）：http://www.cic.gc.ca/english/index.asp.

8. 加拿大统计局（Statistics Canada）：http://www.statcan.gc.ca/start-debut-eng.html.

9. 美国移民局网站：http://www.uscis.gov/portal/site/uscis.

10. 联合国教科文组织数据库中心：http://www.uis.unesco.org/ev_en.php? ID=2867_201&ID2=DO_TOPIC.

11. 凤凰网：http://www.ifeng.com/.

12. 澳大利亚移民局(Department of Immigration and Citizenship，Australia Government)：http://www.immi.gov.au/Pages/Welcome.aspx.

13. 荷兰中央统计局：http://www.cbs.nl/nl-NL/menu/home/default.htm.

14. 澳大利亚统计局（Australian Bureau of Statistics）：http://www.abs.gov.au/.

15. 英国移民局(Home Office，UK Border Agency)：http://www.ukba.homeoffice.gov.uk/.

16. 英国国家统计局：http://www.statistics.gov.uk/hub/index.html.

17. 移民政策研究院：http://www.migrationpolicy.org/.

18. 世界银行：http://www.worldbank.org/.

19. 联合国统计署：http://unstats.un.org/unsd/default.htm.

20. 联合国人口司：http://www.un.org/en/development/desa/population/.

21. 联合国难民署：http://www.unhcr.ch/.

22. 国际劳工组织：http://www.ilo.org/global/lang-en/index.htm.

23. 马来西亚移民局:http://www.imi.gov.my/index.php/ms/.

24. 马来西亚统计局:http://www.statistics.gov.my/main/main.php.

25. 越南国家统计局:http://www.gso.gov.vn/default_en.aspx? tabid=491.

26. 泰国移民局:http://www.immigration.go.th/.

27. 菲律宾国家统计局:http://www.census.gov.ph/.

28. 菲律宾移民局:http://www.immigration.gov.ph/.

29. 印度尼西亚统计局:http://www.bps.go.id/.

30. 印度尼西亚移民局:http://www.imigrasi.go.id/.

31. 泰国国家统计局:http://web.nso.go.th/.

32. 越南劳工、荣军与社会事务部:http://english.molisa.gov.vn/.

33. 中国经济网:http://www.ce.cn/.

34. 中国新闻网:http://www.chinanews.com/.

35. 人民网:http://www.people.com.cn/.

36. 新浪网:http://www.sina.com.cn/.

37. 中国侨网:http://www.chinaqw.com/.

38. 中国国际移民研究网:http://www.ims.sdu.edu.cn/.

39. 中国金融信息网:http://www.cifinet.com/2004-6-v/index.jsp.

# 后　　记

　　二战以后东南亚地区华人的海外移民是一个研究难度比较大的学术主题。言其难度大，其一是国际学术界的华侨华人研究，似乎都将世界华侨华人当作来自中国的移民，从中国已经移民至其他国家和地区的华人的再次移民现象，关注不多。其二是二战以后东南亚地区华人海外移民的计量统计难度较大。除新加坡和马来西亚外，东南亚各国都没有正式发布有关族群结构的人口统计数据。针对东南亚华侨华人数量规模的不确定性，致使在此基础上估算华人海外移民规模的基础薄弱。再加之华人身份认同呈多元化状态、国际移民统计标准差异，需要根据不同资料进行系统对比分析，这些工作对笔者来说，是比较大的挑战。

　　然而，正是在艰难的探索过程中，我感受到研究东南亚地区华人的海外移民这一主题的深刻意义。华人移民已经不再是单向的流动，而是呈现多向循环的曲线，这一现象对于把握世界华侨华人群体现状、国际关系、国家人才立国战略、中华文化传播、国际教育、移民政策等诸多领域不论是理论上还是应用上都具有重要的学术价值。由于本人能力有限，二战以后东南亚地区华人的海外移民的研究成果还只能是初步的，还有大量的问题需要通过典型地区的实证调查和系统分析来深入研究。

　　本书是本人在厦门大学三年博士研究生学习的学术总结，感谢带我进入华侨华人研究领域的恩师庄国土教授，我能在学术领域里有一得之愚和他对我倾注的心血是分不开的。感谢博士学位论文撰写期间给予我帮助和支持的所有老师和朋友们。感谢厦门大学出版社责任编辑薛鹏志的细心和学识，让我肃然起敬。感谢中共厦门市委党校的校领导和同事们,他们对本书的出版给予鼓励和支持。

　　最后,感谢我的家人,他们多年来一直鼓励和支持我追求自己的梦想,他们是我最大的动力和支撑。

康晓丽

2015 年 10 月 8 日

于中共厦门市委党校教研楼

**图书在版编目(CIP)数据**

二战后东南亚华人的海外移民/康晓丽著. 一厦门:厦门大学出版社,2015.10
(中国与东南亚关系研究丛书)
ISBN 978-7-5615-5654-2

Ⅰ. ①二… Ⅱ. ①康… Ⅲ. ①华人-研究-东南亚 Ⅳ. ①D634.333

中国版本图书馆 CIP 数据核字(2015)第 238418 号

官方合作网络销售商:  当当 dangdang.com  亚马逊 amazon.cn  JD.COM 京东

**厦门大学出版社出版发行**

(地址:厦门市软件园二期望海路 39 号　邮编:361008)
总编办电话:0592-2182177　传真:0592-2181406
营销中心电话:0592-2184458　传真:0592-2181365
网址:http://www.xmupress.com
邮箱:xmup @ xmupress.com
**厦门市明亮彩印有限公司印刷**
2015 年 10 月第 1 版　2015 年 10 月第 1 次印刷
开本:720×1000　1/16　印张:18　插页:2
字数:300 千字　印数:1~2 000 册
定价:42.00 元
本书如有印装质量问题请直接寄承印厂调换